如何欣賞
佛像藝術

佛像藝術起源於印度，中國大約在西元三世紀左右，於河西走廊開鑿佛像石窟之後，蔚為風潮。南北朝與隋唐期間大為興盛，直到明清才逐漸衰微。西藏的「唐卡」(thang-ka) 藝術，更可追溯到西元七世紀的吐蕃王朝。這二大系統，成就了中國獨特的佛像藝術風貌。佛像藝術其正的價值，不在於形式與美感的表象追求，而在於潛心觀照中的領悟思維。欣賞佛像藝術，可由三個層次進入：一、從藝術的觀點來看，美在哪裡？二、從風格上分析，每一個朝代的特色為何？三、從表達的內涵與目的去探索，創作者究竟想表達與傳遞什麼樣的生命意涵？

佛像藝術本就具有宣教的目的。佛教藝術與佛教哲學的不同點為：藝術是「著相」的；而佛法談的是「空」，是「不著相」。然而，藉由具象傳達，以舟渡岸，就是一個方便法門。

佛像原指佛陀的莊嚴法相，早期以釋迦牟尼佛為主題。隨著時代變遷，各朝代諸佛與菩薩之造像風格並不相同。北魏早期氣勢古樸雄偉，晚期神態俊秀；北齊法相沉靜，袈裝輕薄貼體；唐代雕塑寫實純熟，造像飽滿優雅；自宋代以後佛教造像逐漸走入民間而世俗化。西藏的唐卡是為了弘法與觀修的必要，在平面的卷軸上作畫，畫工精緻細膩、便於攜帶。畫師本身必須具備虔誠的宗教信仰，熟讀經典教義，並接受嚴格的技法訓練。為了宣揚佛法，通常一幅唐卡中包含著許多不同的故事，便於弘法當時，可講述不同的佛陀行儀與教理。中國的佛像藝術具有悠久的歷史，豐富的文化，精純的藝術，如今已被國際人士認定為全人類共同的文明資產。

本書所錄唐卡幅幅不同，均由長河藝術文物館提供。本書所錄佛像均由震旦文教基金會提供。

● 佛坐三尊像
黃花石 / 高 44cm / 隋代

▲ 佛座
白大理石 / 高 72cm / 徑 39cm / 唐代

▼ 佛立三尊像殘件（未完工）
石灰岩 / 高 88cm / 北魏晚期

▲ 佛頭像
泥塑 / 高 35cm / 宋代（西元 960 ～ 1279）

▼ 彌勒菩薩倚坐像
白大理石 / 高 63.5cm / 隋代

● 佛立像（局部）
白灰岩 / 高 92cm / 東魏

▲ 佛坐像
片岩 / 高 64cm / 犍陀羅（西元約 2 ～ 3 世紀）

▼ 佛三尊立像
石灰岩 / 高 53cm / 東魏

▲ 佛頭像
高 47.6cm / 北齊

▼ 佛立像
石灰岩 / 高 120cm / 北齊

● 佛坐像
石灰岩 / 高 90cm / 北魏

● 比丘僧志造佛三尊立像碑
石灰岩 / 高 132cm / 東魏

● 李阿師造阿彌陀佛像
石灰岩 / 高 36cm / 唐代

釋迦牟尼佛廣傳

下冊

全知麥彭仁波切．著

● 菩薩立像
石灰岩 / 高 87cm / 東魏

● 金銅 / 高 5.8cm / 唐代

序言 007

釋迦牟尼佛儀軌 013

一

目次

目次

序言

《釋迦牟尼佛廣傳》是全知麥彭仁波切甚深智慧之結晶，是整個佛教史上前所未有、圓滿齊備宣說釋迦牟尼佛生平事蹟之鉅著。全知麥彭尊者以超拔的智慧與由衷的敬仰，為後世留下一部記載佛祖行持的光輝論典。

一九九六年的時候，法王如意寶晉麥彭措曾用半年多的時間，在五明佛學院為六、七千名漢藏四眾弟子宣講過這部著作。記憶中，每當上師宣說釋迦牟尼佛因地時廣行佈施、安忍、精進求法等公案時，他老人家總會為這些展示世尊奉獻、苦行等感人情懷的精彩故事流出信心的淚水。特別是在傳講世尊行菩薩道時以身佈施的諸多公案過程中，法王經常是淚流滿面、哽咽難言，有時竟無語凝咽很長時間。他曾經這樣說過：「無等大師釋迦牟尼佛為我們這些濁世眾生付出如此難以描述、難以盡數的代價與心血、若沒有他的精進修行與終成正果，這娑婆世間哪裡還會有佛法？我們這些愚痴眾生又何以擺脫輪迴？他如果不成佛，或不宣說佛法，身陷無明暗夜中的眾生又怎會知道這世上還有朗朗慧日，還有湛湛乾坤？」當時在場的幾千名有緣弟子也常常被打動得淚濕雙眼，他們對世尊割捨一切、放下一切的大無畏之舉生起了強烈信心。

我那時也為四、五百名漢族四眾弟子同時口譯法王的傳講，儘管這部廣傳被本人從頭至尾口譯過一遍，且有多人做過筆錄，但因時間倉促、無暇細校等原因，這部書稿始終未能與廣大讀者見面。這次我重新按照藏文原著，一字一句將其全部筆譯出未，這才有了這部廣傳的完整版本。由於是對照原文反覆校改、審慎斟酌，故而我本人對此譯本還是比較滿意的。

我想任何有智慧、又不抱偏見、成見的讀者一定可以看出，這本《釋迦牟尼佛廣傳》絕非世間凡夫所可能駕馭、創作，它完全是從尊者的深廣慧海裡、從他的心性當中自然流露的一部傑作。他將所有存在於世的關於世尊的傳記全部匯總起來，再加以自己的慧眼關照，終於使涓涓細流匯聚成功德大海，在濁世眾世面前豎立起一座關於世尊的永恆豐碑。

這本傳記主要記述佛祖因地時，上以國王之軀、下憑畜牲之身為利益眾生而發心、修持、犧牲等種種驚天地、泣鬼神的壯舉。如果說當今大多數人，包括眾多佛教徒，對釋迦牟尼佛的理解僅僅停留在他曾是印度王子、後出家求道並最終正悟成佛的層次上的話，這本廣傳將第一次向世人全面、詳細、系統介紹世尊無數劫中六度萬行之行蹟，能聽聞讀誦到這本傳記，能多多少少對佛祖多一些感性認識與理性了解，對所有末世眾生而言，都是一件多麼值得人慶幸的事情。

每當看到這本《釋迦牟尼佛廣傳》，或者想起上師的話，總會令人不由自主就聯想起身邊的人與事。現今的社會、時代可能太缺乏慈悲、關愛，所以全社會都在大張旗鼓地鼓勵捐血、捐骨髓、捐贈器官；而當有人在生命歷程中的某個瞬間、某天、或幾個、幾年、幾十年中，以自私自利之心或為達到某種目的而做下一些功德善事的時候，各種報導、獎勵、榮譽便會紛至沓來；我們還沒有「見義勇為基金會」；我們的耳邊經常都會響起「英雄流血又流淚」的哀嘆......。

去看看釋迦牟尼佛的心行吧，看看他如何無數次地施身、施眼、施骨髓......；哪怕為一個再微不足道的眾生，他也能心甘情願、滿含喜悅、無私毫利己之心與後悔之意地捨身取義。是他的行為太高尚，還是我們的道德水準太低劣？

本書所講的佈施身肉、甚深空性等法門，相信藏地民眾都能完全理解，不會有什麼惡劣的分別念產生，因藏族人從小到大接受的都是大乘佛法的理念。但對一些不信佛、或初入佛門的人而言，希望他們看到佛祖不可思議的舉止言行的，千萬不要妄加評議，更不要隨意誹謗，不要在博大精深的佛法面前展現自己的淺薄無知，不要對難行能行、難忍能忍的世尊生起邪見。有些境界、現象、行為，論點必須通達佛法的真實教理，才有可能完全理解，那時你再下結論並不為遲。

另外，本書中經常提到一些數量詞，諸如八萬四千國家、無數劫、幾十萬由旬、成千上萬國土、人壽無量歲等，有些是定數，有確切所指；有些則可能只是泛指數量眾多。在提到一些國家、地區及生活習俗等概念時，也可能會與現代風尚有些出入，這一點想來大家也都能理解。我們上一輩人的生活與我們這一代人的生活，在短短幾年，十幾年中都有翻天覆地的變化，你能指責老一輩人的生活方式，作風、觀念全都是垃圾嗎？

還有一點要提醒大家注意：不要以為本書是一部神話傳說大全。因神話傳說是虛幻不實的東西，而本書中所述全是釋迦牟尼佛掉血掉淚的真實紀錄！每一句話、每一段情節、每一種道理都有足夠的教證、理證，它們完全能經得起任何科學的推敲與實修的檢驗，當然也包括歷史的考證。經常都會有人把自己理解不了的現象或本身就非常深奧的某種理論與實修體系簡單掃入神話、迷信之列，這實在不是智者所應有的行為，只有愚痴者才會人云亦云，才會不經自己思索就輕下妄斷。真的永遠也假不了，時間是最好的裁判。

作為佛教徒，了解佛祖的行持是天經地義的責任與修習內容；即便是一個非佛教徒，了解一位傳人、一位導師的靈魂發展史也當屬應為之事，更何況見聞、讀誦、受持、為人演說、書寫此書還有不可思議的功德隨身。麥彭仁波切在本傳記中就曾說過：「聽到本傳記中的任何一個公案後，僅僅於一剎那間生起信心，解脫的種子就會播植在自相續中，無量無邊功德就此孕育、產生。若全部聽聞、完整閱讀，並對之生起恭敬心與信心的話，所得功德更無法用言語描述。以此種方式了知大乘菩薩道之內容，並對其生起信解心，此種作為對自他都能帶來極大利益。正如馬鳴論師所說：『以殊勝感人故事，宣說如來與佛法，不信之人令生信，對佛法生歡喜心。』」

既然如此，就希望所有佛門弟子，對佛法感興趣之人，

或者並不信仰佛教、但卻願意汲取全人類所有崇高智慧與卓絕人格的人士，都能用心打開這本《釋迦牟尼佛廣傳》。

而今許多人整日只忙於吹噓自己，對於大慈大悲的佛陀事蹟倒隻字不提，還真令人遺憾。我們原本應該廣宣有功德之人的傳記以利群生，而佛祖的功德難道不應該被放在最重要的位置上嗎？有智之人真應該沉下心來走入佛陀的心地，然後把自己的所得以最大的可能、權巧方便地向眾人訴說。眾多經論中都說：一個人只要能口誦一句「南無釋迦牟尼佛」都能對今生來世帶來不可思議的利益。那麼如果有人能發心印行、繕寫、贈送、流通此書，所獲功德自不必多言。

大恩上師法王如意寶晉麥彭措說過：「作為佛門弟子，每天都應該念誦釋迦牟尼佛的儀軌及心咒，如果做不到這一點，那就太令人慚愧了。」正是在法王的帶動下，當時聽講的幾千名四眾弟子與後來的無數有緣者，才發願要不間

斷地念誦此儀軌及咒語。為方便以後的修行者也能如法念誦、如理行持，在本書正文之前特意附上此篇儀軌，真誠希望大家每天都能堅持念誦，以期能早日像釋迦牟尼佛那樣福慧圓滿、終成正果。

需要說明的是，這部論點記敘的是佛祖因地時於大乘根機眾生面前顯現的行為，世尊在小乘根機或密乘根機眾生前的顯現，在別種論典中有不同論述，讀者可互為參考。另外為了方便閱讀，本書在翻譯時加上一些小標題，但由於原文內涵非常博大豐富，因此每個小標題並不能完全包容它題下的所有內容，更何況還有一些不同的故事、情節，由於篇幅所限被放在了一個標題之下。希望讀者在閱讀時不要望文生義，也不要牽強附會。

最後，希望所有於茫茫輪迴迷途中，有幸讀到這本傳記的這一代以及後代讀者，都能在心間永遠銘刻世尊的不朽風範。願他們暫時能享人天福報，最終皆證圓滿佛果！

索達吉

佛曆二五四六年神變月十五日公元二〇〇二年二月二十七日

༄། །ཐུབ་ཆོག་བྱིན་རླབས་གཏེར་མཛོད་བཞུགས་སོ། །

釋迦牟尼佛儀軌

༄། །ན་མོ་གུ་རུ་ཤཱཀྱ་མུ་ན་ཡེ།

那莫革熱夏迦牟那耶

དེ་ཡང་མདོ་ཏིང་འཛིན་རྒྱལ་པོ་ལས། འཆག་དང་འདུག་དང་འགྲེང་དང་ཉལ་བ་ན།།
如《三摩地王經》云：「散步安坐站
མི་གང་ཐུབ་པའི་ཟླ་བ་དྲན་བྱེད་པ། །དེ་ཡི་མདུན་ན་རྟག་ཏུ་སྟོན་པ་བཞུགས། །དེ་ནི་རྒྱ
立臥，何人憶念能仁尊，本師恆時住彼
ཆེན་མྱ་ངན་འདའ་བར་འགྱུར། །ཞེས་དང་། སྐུ་ལུས་དག་ནི་གསེར་གྱི་མདོག་འདྲ
前，彼者將獲廣大果。」又云：「身體
བས། །འཇིག་རྟེན་མགོན་པོ་ཀུན་ནས་རབ་ཏུ་མཛེས། །དམིགས་པ་འདི་ལ་གང་གི
宛若純金色，世間怙主極莊嚴，何者之
སེམས་འཇུག་པ། །བྱང་ཆུབ་སེམས་དཔའ་དེ་ནི་མཉམ་བཞག་ཡིན། །
心專注此，菩薩彼者即入定。」

ཞེས་གསུངས་པ་བཞིན་དུ། བདག་ཅག་རྣམས་ཀྱི་སྟོན་པ་མཚུངས་པ་མེད་པ་ཐུབ་
隨念我等無比本師釋
པའི་དབང་པོ་རྗེས་སུ་དྲན་པའི་རྣལ་འབྱོར་དུ་བྱ་བ་ནི། འདི་ལྟ་སྟེ།
尊之修法，首先唸誦皈依偈：

སངས་རྒྱས་ཆོས་དང་ཚོགས་ཀྱི་མཆོག་རྣམས་ལ།།

桑 吉 秋 當 湊 戒 橋 南 拉

乃至菩提之間永皈依，

བྱང་ཆུབ་བར་དུ་བདག་གིས་སྐྱབས་སུ་མཆི།།

香 切 瓦 德 達 給 嘉 色 切

一切殊勝佛法及僧眾，

བདག་གི་དཀོན་བཟླས་བསྒྱུས་པའི་བསོད་ནམས་ཀྱིས།།

達 各 滾 逮 及 畢 索 南 吉

以我稀有唸誦之福德，

འགྲོ་ལ་ཕན་ཕྱིར་སངས་རྒྱས་འགྲུབ་པར་ཤོག།

珠 拉 盼 謝 桑 吉 哲 巴 修

爲利眾生願成就佛果。

ཚད་མེད་བཞི་བསྒོམ་པ་སྔོན་དུ་བཏང་སྟེ། ཆོས་ཐམས་ཅད་སྣང་ལ་རང་བཞིན་མ་གྲུབ་པའི་དོན་ཡིད་ལ་དྲན་པའི་ངང་ནས། །

之後發心、修四無量心，意念諸法現而無自性之義中唸誦：

ཨཿ སྐྱེ་མེད་སྟོང་པ་ཉིད་དང་རྟེན་འབྱུང་གི།

阿 吉 美 東 巴 涅 當 屯 炯 各

無生空性以及緣起性，

སྣང་བ་འགག་མེད་ཟུང་འཇུག་སྒྱུ་མའི་ཚུལ།།

囊 瓦 嘎 美 宗 杰 杰 咪 策

顯現不滅雙運幻化相，

རང་མདུན་ནམ་མཁར་མཆོད་སྤྲིན་རྒྱ་མཚོའི་དབུས།།

讓　屯　南　卡　秋　珍　嘉　促　魏

自前虛空如海供雲中，

རིན་ཆེན་སེང་ཁྲི་པད་ཉི་ཟླ་བའི་སྟེང་།།

人欽桑砌班涅達為當

觀想寶獅座蓮日月上，

སྟོན་པ་མཚུངས་མེད་ཤཱཀྱ་སེང་གེ་ནི།།

敦巴聽美夏迦桑給訥

無等本師釋迦牟尼佛，

གསེར་གྱི་མདོག་ཅན་མཚན་དང་དཔེ་བྱད་ལྡན།།

色　戒　斗　堅　煽　當　慧　夏　且

身爲金色具足相隨好，

ཆོས་གོས་གསུམ་གསོལ་རྡོ་རྗེའི་སྐྱིལ་ཀྲུང་བཞུགས།།

秋　故　色　瘦　多　吉　傑　中　葉

身著三衣金剛跏趺坐，

ཕྱག་གཡས་ས་གནོན་ཕྱག་རྒྱ་ལེགས་བརྐྱངས་ཤིང་།།

夏　意　薩　磨　夏　嘉　樂　江　相

右手壓地手印妙舒展，

ཕྱག་གཡོན་མཉམ་བཞག་བདུད་རྩིའི་ལྷུང་བཟེད་བསྣམས།།

夏　云　年　壓　德　賊　轟　則　南

左手等印持納甘露缽，

གསེར་གྱི་རི་ལྷུར་གཟི་བརྗིད་དཔལ་འབར་བ།།

色　戒　熱　達　則　傑　花　白　瓦

宛如金山威嚴極耀眼，

ཡེ་ཤེས་འོད་ཟེར་དྲྭ་བས་མཁའ་དབྱིངས་ཁྱབ།།

意　西　喔　色　札　魏　卡　揚　恰

智慧光芒遍布虛空界。

ཉེ་བའི་སྲས་བརྒྱད་གནས་བརྟན་བཅུ་དྲུག་སོགས།།

尼　魏　哲　嘉　內　旦　傑　哲　素

八大菩薩十六羅漢等，

འཕགས་ཚོགས་རྒྱ་མཚོའི་འཁོར་གྱིས་ཡོངས་བསྐོར་ཞིང་།།

啪　湊　嘉　促　扣　吉　勇　夠　揚

如海聖眾眷屬皆圍繞，

དྲན་པ་ཙམ་གྱིས་སྲིད་ཞིའི་མཐའ་གཉིས་ལས།།

沾　巴　匝　吉　哲　意　塔　尼　累

儀念解脫有寂之二邊，

རྣམ་གྲོལ་བདེ་བ་མཆོག་གི་དཔལ་སྩོལ་བ།།

南　珠　逮　瓦　喬　各　花　奏　瓦

賜予殊勝吉祥之大樂，

སྐྱབས་ཀུན་འདུས་པའི་བདག་ཉིད་ཆེན་པོར་གསོལ།།

嘉　根　諦　華　達　涅　欽　波　薩

皈依處之總集大主尊。

ཞེས་དེ་ལྟར་སངས་རྒྱས་ཀྱི་སྐུ་ལ་དམིགས་ཏེ་དེ་ན་དངོས་སུ་བཞུགས་ཡོད་སྙམ་པའི
如是觀想佛陀身，結果馬上想到佛

སེམས་བསྐྱེད་མ་ཐག་ཏུ། སངས་རྒྱས་རྣམས་ཀྱི་ཡེ་ཤེས་ཀྱི་སྐུ་ལ་ཕྱོགས་དང་དུས་གང
眞正安住在自前虛空中，因諸佛之智慧

དུའང་ཉེ་རིང་མི་མངའ་བའི་ཕྱིར། གང་དུ་དམིགས་པ་དེ་ཉིད་དུ་ངེས་པར་བཞུགས་པར
身何時何地都無有遠近故。觀想佛於何

འགྱུར་ཏེ། མདོ་ལས། གང་ཞིག་སངས་རྒྱས་ཡིད་བྱེད་པ། །དེ་ཡི་མདུན་ན་དེ
處佛必定安住於彼處。經中云：「何者

བཞུགས་ཏེ། །རྟག་པར་བྱིན་གྱིས་རློབ་བྱེད་ཅིང་། །ཉེས་པ་ཀུན་ལས་རྣམ་པར་གྲོལ།།
做意佛，佛安住彼前，恆時賜加持，解

ཞེས་གསུངས་ཤིང་། རྒྱལ་བ་ཉིད་ལ་དམིགས་ནས་ཚོགས་བསགས་པའང་མི་ཟད་པའི
脫一切罪。」觀想佛陀，所積之資糧也

དགེ་རྩ་ཆུད་མི་ཟ་བ་ཡིན་ཏེ། ཕལ་པོ་ཆེ་ལས། རྒྱལ་བ་དེ་དག་ཐོས་མཐོང་མཆོད་པ་
不會耗盡，善根不會虛耗。《華嚴經》

བྱས་པས་ཀྱང་། །ཚད་མེད་པ་ཡི་བསོད་ནམས་ཕུང་པོ་འཕེལ་བར་འགྱུར། །ཉོན
中云：「聞見供養彼等佛，無量福德將

མོངས་འཁོར་བའི་སྡུག་བསྔལ་ཐམས་ཅད་སྤོང་འགྱུར་དུ། །འདུས་བྱས་འདི་ནང་བར་མ
增上，斷諸煩惱輪迴苦，此善中間不窮

དོར་ནི་ཟད་མི་འགྱུར། །ཞེས་དང་། དེའི་མདུན་དུ་སྨོན་ལམ་ཇི་ལྟར་བཏབ་པ་ཡང་དེ་
盡。」於佛前如何發願也會如是實現。

བཞིན་དུ་འགྲུབ་སྟེ། འཇམ་དཔལ་ཞིང་གི་ཡོན་ཏན་བསྟན་པ་ལས། ཆོས་རྣམས
《宣說文殊剎土功德經》中云：「諸法

ཐམས་ཅད་རྐྱེན་བཞིན་ཏེ། །འདུན་པའི་རྩེ་ལ་རབ་ཏུ་གནས། །གང་གིས་སྨོན་ལམ
依緣生，住於意樂上，何者發何願，將

ཅི་བཏབ་པ། །དེ་འདྲའི་འབྲས་བུ་ཐོབ་པར་འགྱུར། །ཞེས་གསུངས་པའི་ཚུལ་རྣམས་
或如是果。」對此中所說之理生起穩固

ལ་ངེས་པ་བརྟན་པོ་བསྐྱེད་དེ།
定解。

再念誦：

སྙིང་རྗེ་ཆེན་པོས་རྩོད་ལྡན་སྙིགས་མའི་ཞིང་།།
釀 吉 欽 布 奏 旦 涅 咪 揚
大 悲 攝 受 具 淨 濁 世 剎 ，

བཟུང་ནས་སྨོན་ལམ་ཆེན་པོ་ལྔ་བརྒྱ་བཏབ།།
宗 內 門 蘭 欽 波 鄂 嘉 達
爾 後 發 下 五 百 廣 大 願 ，

པད་དཀར་ལྟར་བསྔགས་མཚན་ཐོས་ཕྱིར་མི་ལྡོག།
瑪 嘎 達 鄂 煽 吐 謝 莫 到
贊 如 白 蓮 聞 名 不 退 轉 ，

སྟོན་པ་ཐུགས་རྗེ་ཅན་ལ་ཕྱག་འཚལ་ལོ།།
敦 巴 特 吉 堅 拉 夏 擦 漏
恭 敬 頂 禮 本 師 大 悲 尊 。

བདག་གཞན་སྒོ་གསུམ་དགེ་ཚོགས་ལོངས་སྤྱོད་བཅས།།
達 煙 移 色 給 湊 龍 秀 吉
自 他 三 門 善 根 及 受 用 ，

ཀུན་བཟང་མཆོད་པའི་སྤྲིན་དུ་དམིགས་ནས་འབུལ།།
根 桑 秋 畢 珍 德 莫 內 本
觀 爲 普 賢 供 云 而 奉 獻 。

ཐོག་མེད་ནས་བསགས་སྡིག་ལྟུང་མ་ལུས་པ།།

吐 美 內 薩 的 凍 瑪 利 巴

無 始 以 來 所 積 一 切 罪 ，

སྙིང་ནས་འགྱོད་པ་དྲག་པོས་སོ་སོར་བཤགས།།

釀 內 久 巴 扎 布 瘦 素 夏

則 以 猛 烈 悔 心 分 別 懺 。

འཕགས་དང་སོ་སོའི་སྐྱེ་བོའི་དགེ་བ་ནི།།

啪 當 瘦 素 吉 梧 給 瓦 訥

於 諸 聖 者 以 及 凡 夫 眾 ，

དུས་གསུམ་བསགས་ལ་རྗེས་སུ་ཡི་རང་ངོ་།།

諦 色 薩 拉 吉 色 葉 讓 噢

三 時 所 積 善 根 作 隨 喜 。

ཟབ་ཅིང་རྒྱ་ཆེ་ཆོས་ཀྱི་འཁོར་ལོའི་ཚུལ།།

則 江 嘉 氣 秋 戒 扣 路 策

祈 請 十 方 一 切 佛 菩 薩 ，

ཕྱོགས་བཅུར་རྒྱུན་མི་འཆད་པར་བསྐོར་དུ་གསོལ།།

笑 傑 堅 莫 恰 白 故 德 素

恆 轉 甚 深 廣 大 之 法 輪 。

ཁྱོད་ནི་ནམ་མཁའ་ལྟ་བུའི་ཡེ་ཤེས་སྐུ།།

秋 訥 南 卡 達 魏 意 西 各

汝 如 虛 空 般 之 智 慧 身 ，

དུས་གསུམ་འཕོ་འགྱུར་མེད་པར་བཞུགས་མོད་ཀྱི།།

諦 色 剖 傑 美 白 葉 謀 戒

雖 住 三 世 無 有 遷 變 中 ，

གདུལ་བྱའི་སྣང་ངོར་སྐྱེ་འཇིག་ཚུལ་སྟོན་ཀྱང་།།

德 謝 囊 噢 吉 傑 策 敦 江

然 於 所 化 前 示 生 滅 相 ，

སྤྲུལ་པའི་གཟུགས་སྐུ་རྟག་ཏུ་སྣང་བར་མཛོད། །

哲 華 則 各 達 德 囊 瓦 湊

恆 時 顯 現 幻 化 之 色 身 。

བདག་གིས་དུས་གསུམ་བསགས་པའི་དགེ་ཚོགས་ཀྱིས།།

達 給 諦 色 薩 華 畢 給 湊 吉

我 以 三 世 所 積 之 善 根 ，

མཁའ་ཁྱབ་འགྲོ་བ་ཀུན་ལ་ཕན་སླད་དུ།།

卡 恰 珠 瓦 根 拉 盼 拉 德

願 利 遍 布 虛 空 界 有 情 ，

ཆོས་ཀྱི་རྒྱལ་པོ་རྟག་པར་མཉེས་བྱེད་ཅིང་།།

秋 戒 嘉 波 達 白 尼 雪 江

令 釋 尊 您 恆 時 生 歡 喜 ，

ཆོས་རྗེ་རྒྱལ་བའི་གོ་འཕང་ཐོབ་པར་ཤོག།

秋 吉 嘉 魏 夠 胖 透 白 修

獲 得 法 王 如 來 之 果 位 。

བདག་ཅག་སྙིགས་མའི་འགྲོ་བ་མགོན་མེད་རྣམས།།

達 嘉 涅 咪 珠 瓦 棍 美 南

無有怙主我等濁世眾，

ཐུགས་རྗེས་ལྷག་པར་བཟུང་བའི་བཀའ་དྲིན་ལས།།

特 吉 拉 白 宗 魏 刮 珍 累

蒙以悲心攝受之恩德，

ཞིང་དང་དུས་འདིར་རིན་ཆེན་རྣམ་གསུམ་གྱི།།

揚 當 諦 的 仁 欽 南 色 戒

此剎此時一切三寶相，

སྣང་བ་ཇི་སྙེད་ཁྱེད་ཀྱི་ཕྲིན་ལས་ཉིད།།

囊瓦傑尼器戒陳累涅

均是佛陀您之事業也。

དེ་ཕྱིར་སྐྱབས་མཆོག་མཚུངས་མེད་གཅིག་པུ་རུ།

逮 謝 嘉 喬 聽 美 戒 波 熱

故於無等唯一勝依怙，

ཡིད་ཆེས་དད་པས་སྙིང་ནས་གསོལ་འདེབས་ན།།

葉 氣 達 倍 釀 內 瘦 逮 內

虔誠信仰誠心而祈禱，

སྔོན་གྱི་དམ་བཅའ་ཆེན་པོ་མ་བསྙེལ་བར།།

溫戒達嘉欽波瑪尼瓦

莫忘昔日所發大誓願，

བྱང་ཆུབ་བར་དུ་ཐུགས་རྗེས་རྗེས་འཛིན་མཛོད།།

相 切 瓦 德 特 吉 吉 怎 奏

乃 至 菩 提 前 以 大 悲 攝 。

ཅེས་ཡིད་ཆེས་ཀྱི་དད་པ་དྲག་པོས་སྟོན་པ་དངོས་སུ་བཞུགས་ཡོད་སྙམ་པས་སྐུ་ལ་རྩེ་

以 猛 烈 虔 誠 的 信 心 觀 想 釋 尊 真 正 身 相 ， 一

གཅིག་ཏུ་དམིགས་ཏེ།

緣專注其身而盡力唸誦：

བླ་མ་སྟོན་པ་བཅོམ་ལྡན་འདས་དེ་བཞིན་གཤེགས་པ་དགྲ་བཅོམ་

喇 嘛 敦 巴 久 旦 諦 逮 云 相 巴 扎 久

「 頂 禮 、 供 養 、 皈 依 上 師 、 本 師 、

པ་ཡང་དག་པར་རྫོགས་པའི་སངས་རྒྱས་དཔལ་རྒྱལ་བ་

巴 揚 達 白 奏 畢 桑 吉 花 嘉 瓦

出 有 壞 、 善 逝 、 真 實 圓 滿 正 等

ཤཱཀྱ་ཐུབ་པ་ལ་ཕྱག་འཚལ་ལོ། །མཆོད་དོ། །སྐྱབས་སུ་མཆིའོ།

夏 迦 特 巴 拉 夏 擦 漏

覺 釋 迦 牟 尼 佛 。 」 以 懇 切 祈 請 之 方

།ཞེས་ཅི་འགྲུབ་དང་། ཐུགས་རྒྱུད་བསྐུལ་བའི་ཚུལ་དུ་ཤེར་

式盡力持誦《小般若經》中所說的陀羅尼咒

ཕྱིན་ཡི་གེ་ཆུང་ངུ་ལས་གསུངས་པའི་གཟུངས་ནི། ཏདྱ་ཐཱ། ཨོཾ་མུ་ནེ་མུ་ནེ་མ་

「 達 雅 塔 ， 嗡 牟 尼 牟 尼 瑪 哈 牟 尼 耶

ཧཱ་མུ་ན་ཡེ་སྭཱ་ཧཱ། ཞེས་ཅི་རིགས་དང་། ཨོཾ་མན་ཆད་ཅི་འགྲུབ་ཏུ་བཟླའོ། །

索哈。再盡力唸誦「嗡牟尼牟尼瑪哈

འདི་དག་གི་སྐབས་སུ་སྟོན་པའི་ཡོན་ཏན་རྗེས་སུ་དྲན་ཏེ་དད་པའི་སེམས་ཀྱིས་རྩེ་གཅིག་ཏུ་སྐུ་

牟尼耶索哈」。此等之時隨念釋尊的功德，

ཡི་གསལ་སྣང་ལ་དམིགས་ནས་

以信心一緣專注其明顯身相而誦一遍

མཚན་བརྗོད་པ་དང་། གཟུངས་བཟླས་པའི་རྐྱེན་གྱིས་སྟོན་

煽久巴當宗逮畢近吉敦

「觀想依靠持誦名號、念誦陀羅尼

པའི་སྐུ་ལས་ཡེ་ཤེས་ཀྱི་འོད་ཟེར་སྣ་ཚོགས་པའི་སྣང་བ་ཆེན་པོས་

畢各累意西戒哦色那湊畢囊瓦欽布

咒之緣以本師之身中放射種種智慧

བདག་དང་སེམས་ཅན་ཐམས་ཅད་ཀྱི་སྒྲིབ་པ་ཐམས་ཅད་བསལ་

達當彬（sei）堅塔嘉戒哲巴塔嘉薩

大光芒遣除我與一切眾生之諸罪

ཞིང་། ཐེག་པ་ཆེན་པོའི་ལམ་གྱི་ཡོན་ཏན་ཚུལ་བཞིན་དུ་སྐྱེས་

揚特巴欽布蘭戒云旦策云德吉

障，並如理生起大乘道功德而獲

ཏེ་ཕྱིར་མི་ལྡོག་པའི་ས་ནོན་པར་བསམས་ལ་……

逮謝莫到畢薩磨白薩拉

得不退轉果位」

དེ་ལྟར་ཅི་ནུས་སུ་བརྗོད་པར་བྱའོ། །ཐུན་མཚམས་རྣམས་སུ་མཎྜལ་སོགས་མཆོད་

པ་དང་། ཐུབ་
平時盡力精進唸誦。座間時根據情
བསྟོད་ཀྱི་རིགས་དང་། སྙིང་རྗེ་པད་དཀར། རྒྱ་ཆེར་རོལ་པ། སྐྱེས་རབས་སྣ
況供曼茶羅，誦各種釋尊贊，閱《大悲白蓮
ཚོགས༏ དེ་བཞིན་གཤེགས་པའི་མཚན་བརྒྱ་རྩ་བརྒྱད་པ་སོགས་མདོ་གང་འདོད་ཅི་ལྷར
經》《廣大遊舞經》各種《釋尊經》《如來
ནུས་པར་བཀླག་དགེ་བའི་རྩ་བ་རྣམས་བླ་མེད་བྱང་ཆུབ་ཏུ་བསྔོ་བ་དང་སྨོན་ལམ་གྱིས་རྒྱས
一百零八種名號》等，盡力隨意誦讀經典，
གདབ་པར་བྱའོ། །སྤྱིར་འགྲོ་འཆག་ཉལ་འདུག་གི་སྐབས་ཀུན་ཏུ་སྟོན་པ་ཉིད་མ་བརྗེད
一切善根以迴向無上菩提及發願印持。總之，
པར་དྲན་པ་དང་། མཚན་མོ་ཡང་སྟོན་པ་དངོས་སུ་བཞུགས་པའི་སྐུ་ཡི་འོད་ཀྱིས་ཕྱོགས
行住坐臥一切十分都應當憶念本師，夜間也
ཐམས་ཅད་ཉིན་མོ་ཤིན་ཏུ་དྭངས་པའི་དུས་ལྟ་བུར་སྣང་བའི་འདུ་ཤེས་ཀྱི་ངང་དུ་གཉིད་ལོག
觀想釋尊之眞實身體發光照耀諸方如同極爲
པར་བྱ། དུས་རྒྱུན་དུ་སྟོན་པ་ཉིད་ཀྱིས་སྔོན་ཇི་ལྟར་ཐུགས་བསྐྱེད་པའི་ཚུལ་ལས་བརྩམས
晴朗之白晝時一般，於此境界中入眠。平時
ཏེ༏ དུས་གསུམ་གྱི་སངས་རྒྱས་དང་བྱང་ཆུབ་སེམས་དཔའ་ཆེན་པོ་རྣམས་ཀྱི་རྣམ་པར་ཐར
也隨念釋尊昔日如何發心的情形，勤隨三世
པ་ལ་རྗེས་སུ་གཞོལ་བའི་བྱང་ཆུབ་ཀྱི་སེམས་རིན་པོ་ཆེའི་དམ་བཅའ་ལྷོད་པ་མེད་པའི་ངང
諸佛大菩薩事蹟，堅持珍寶菩提心之誓願而
ནས་བྱང་ཆུབ་སེམས་དཔའི་སྤྱོད་པ་སྤྱི་དང་ཁྱད་པར་དུ་ཞི་ལྷག་གི་རྣལ་འབྱོར་ལ་ཅི་ནུས་སུ
行持菩薩行，尤其盡力勤修止觀瑜珈，如此
བརྩོན་པས་དལ་འབྱོར་ཐོབ་པ་དོན་ལྡན་དུ་འགྱུར་ཏེ། བདག་ཅག་གི་སྟོན་པ་འདི་ཉིད་ཀྱི
將使所獲得的暇滿人身有意義。經中說僅以
མཚན་ཐོས་པ་ཙམ་ཞིག་གིས་རིམ་གྱིས་བྱང་ཆུབ་ཆེན་པོའི་ལམ་ལས་ཕྱིར་མི་ལྡོག་པར་མདོ
聽聞我本師之名號也逐漸於大菩薩道中不退轉。
ལས་གསུངས་ལ། གོང་དུ་བསྟན་པའི་གཟུངས་འདི་ལས་སངས་རྒྱས་ཐམས་ཅད་འབྱུང
《小般若經》中說：「諸佛皆從此陀
ཞིང༏ གཟུངས་འདི་རྙེད་པའི་མཐུས་ཤཱཀྱའི་རྒྱལ་པོ་ཉིད་སངས་རྒྱས་ཤིང་། སྤྱན་རས

羅尼咒中生，釋迦佛亦從此陀羅尼咒之威力
གཟིགས་དབང་ཕྱུག་སེམས་དཔའི་མཆོག་ཏུ་གྱུར་པ་དང་། གཟུངས་འདི་ཐོས་པ་ཙམ་གྱིས···
而成佛，觀世音依此現前菩薩勝果，僅僅聽
བསོད་ནམས་རྒྱ་ཆེན་པོ་ཚོགས་མེད་པར་འཐོབ་ཅིང་ལས་ཀྱི་སྒྲིབ་པ་ཐམས་ཅད་བྱང་བ་དང་།
聞此陀羅尼咒也將無勤獲得廣大福德並清靜
སྔགས་བསྒྲུབ་པ་ན་བགེགས་མ་མཆིས་པར་གྲུབ་པར་འགྱུར་རོ་ཞེས་ཤེས་རབ་ཀྱི་ཕ་རོལ་ཏུ···
一切業障。若修密咒，則無有磨障而成就。」
ཕྱིན་པ་ཡི་གེ་ཉུང་ངུ་ཞེས་པ་དེ་ཉིད་ལས་གསུངས་ཤིང་། བཀའ་གཞན་ལས་ཀྱང་གཟུངས
其餘經典中也說唸誦一遍此陀羅尼咒可清靜
འདི་ལན་གཅིག་བཟླས་པས་བསྐལ་པ་བྱེ་བ་ཕྲག་བརྒྱད་ཁྲིའི་བར་དུ་བྱས་པའི་སྡིག་པ་ཐམས···
俱胝八萬劫中所造成的一切罪業等具無量功德
ཅད་བྱང་བར་འགྱུར་བ་སོགས་ཕན་ཡོན་ཚད་མེད་པ་དང་ལྡན་ཞིང་། དེ་བཞིན་གཤེགས་པ་
利益，此乃釋迦如來之殊勝心咒。對釋尊如
ཤཱཀྱ་ཐུབ་པའི་སྙིང་པོ་དམ་པ་ཉིད་དུ་གསུངས་སོ། །དད་པ་བསྐྱེད་པ་དང་ཞི་ལྷག་གི་རྣལ···
何升起信心及止觀之修法其他論典中有宣
འབྱོར་ལ་ཇི་ལྟར་བརྩོན་པའི་ཚུལ་ཟུར་དུ་བཤད་པར་བྱའོ། །
說。（即於《釋尊廣傳白蓮花傳論》中有宣說）

ཞེས་པ་འདི་ནི་བསླབ་གསུམ་ནོར་བུའི་མཛོད་མངའ་དབོན་ཡོ་རྒྱན་བསྟན་འཛིན་ནོར་བུ་ནས
此修法儀軌是具三學寶藏之文鄔金丹增諾
བཀྲ་ཤིས་པའི་ལྷ་རྫས་དང་བཅས་ཏེ་ནན་ཏན་དུ་བསྐུལ་བ་ཡིད་ལ་འཛགས་པའི་སྟེང་དུ་ཉེ་ཆར་ཡང་
吾供養吉祥哈達懇切勸請，我也銘記於心。
དགོན་རིན་པོ་ཆེ་ཉིད་ནས་སྤྲུལ་པའི་སྐུ་འཇིགས་མེད་པདྨ་བདེ་ཆེན་ལ་སྦྲན་ཏེ། རིན་ཆེན་དང་པོ་
最近文仁波且又委託晉美班瑪德欽活佛，其
སོགས་བཀྲ་ཤིས་པའི་ལྷ་རྫས་ཀྱི་སྐྱེས་དང་བཅས་མྱུར་དུ་གྲུབ་པར་གྱིས་ཞེས་དམ་པ་ཟུང་གི་བཀས···
以純金、吉祥哈達等供品請求速疾完成此修
བསྐུལ་བ་ལ་བརྟེན་ནས། སྟོན་པ་མཆོག་ལ་མི་ཕྱེད་པའི་དད་པ་ཐོབ་ཅིང་། དུས་མཐར་ཆོས···
法儀軌。應此二位大德勸請，於勝殊本師有
སྨྲ་བའི་མིང་ཙམ་འཛིན་པ། ཤཱཀྱའི་རྗེས་འཇུག་མི་ཕམ་འཇམ་དབྱངས་རྒྱ་མཚོས། རྫ་རྗོ་རྗེ···
不退信心、濁世名相說法者、釋迦世尊之弟

འཕན་ཕྱུག་གི་རི་ཞོལ་ཕུན་ཚོགས་ནོར་བུའི་གླིང་དུ། ཀུན་ལྡན་ལྕགས་བྱི་གསར་ཚེས་ཆོ་འཕྲུལ་
子美彭嘉揚嘉措，鐵鼠年神變月初八於石渠
ཆེན་པོའི་ཡར་ཚེས་བརྒྱད་ལ་གྲུབ་པར་བགྱིས་པ་འདིས་ཀྱང་བསྟན་འགྲོ་ལ་ཕན་པ་རྨད་དུ་བྱུང་བ་
多吉攀修神山附近圓滿寶珠寺院造華。願依
རྒྱུན་མི་འཆད་པར་བྱེད་པ་དང་། ཚུལ་འདི་མཐོང་ཐོས་དྲན་རེག་གི་འགྲོ་བ་རྣམས་ཀྱི་རྒྱུད་ལ་སྟོན་
此不斷弘法利生，今見聞念觸此儀軌之一切
པ་ཐུབ་པའི་དབང་པོའི་བྱིན་རླབས་མཚུངས་པ་མེད་པ་མངོན་དུ་འཇུག་པར་གྱུར་ཅིག ། །མངྒ་
眾生相續中眞正獲得本師佛之無量加持。願
ལཾ།། །།
吉祥！

南無哥熱滿吉些皃哥嘛喦佛陀耶！

獲得諸佛同等果　無等本師釋迦佛

憶念其德及深恩　盛開信蓮遍虛空

於諸如日般佛法　受持弘揚有緣眾

造此佛傳白蓮園　汝當歡喜而享用

一切憶念觀想釋迦牟尼佛的之人，如能在穩固信心的基礎上，通過觀佛陀身相、修寂止、勝觀瑜伽，則所有事業皆得成辦。以此緣故，以下簡述釋迦牟尼佛傳記。

勸人學佛求道

無量無邊、不可思議劫之前，有個世界名為寂滅世界，正處喜愛劫中，淨現如來應世說法。人民生活快樂幸福、財富圓滿，壽量可達八萬四千年。當時有一王子名為吉祥寶，相貌端嚴、財富廣積、為人傲慢，他從未拜見過淨現如來，也從不供養、承侍世尊。淨現如來早已了知王子根基，覺其應有成佛之善根，只是因貪戀財物故而不來禮敬佛陀。若有人願持之以恆對其進行勸請，王子想必應能親近、參訪佛陀。

淨現如來於是對眾人說道：「在我們八萬四千菩薩中，有哪位心地善良、能以不厭倦之心態、於八萬四千年中在吉祥寶王子門前甘願承受痛苦、忍受詆毀勸其發心？如此漫長過程中，他不會聽聞悅耳言詞，亦無坐墊，整日飽受惡語中傷、粗言譏毀。如此境界，有誰自願前往？」如來言畢即用籌碼（佛教僧侶舉行大規模法會時，用以計算人數，由檉柳製成的木籌碼）開始點名前往，但八萬四千人中竟無一人願意接受。如來三次以籌碼喚人，但均無人願意領取。

無等大師釋迦牟尼佛當時名為精進力菩薩，聞聽如來多次懇切召喚後，即從諸眷屬中離於坐墊、趨於佛前。他將法衣披於肩上，右膝著地，恭敬合掌頂禮淨現如來正等覺後說：「世尊，我願於八萬四千年中遠離一切快樂享受、不生厭煩心、承擔一切痛苦與不悅意言詞，前往吉祥寶處勸其學佛。」精進力言畢，大地即六次震動，虛空中成千上萬天子也嘖嘖讚嘆：「奇哉！大菩薩精進力誓披精進鎧甲真乃善妙。」

於是精進力就前往王子宮殿，當他坐於門外後，眾人見之馬上開始用種種污言惡語對其加以傷害。有人還揚起灰塵向他拋灑，兼以拳腳、木棒、糞便痛擊。精進力儘管飽受如是令人耳目不悅之對待，身體亦遭受各種痛苦，但他內心從未被其擾亂，也從未生起嗔恨心與仇恨之意。他既不退轉心志，也不落荒而逃，反而因之更加精進不懈。精進力即如此以大悲心在其門外靜等一千年。

千年後當精進力進入大門時，又開始遭受眾人詆毀、譴責、辱罵、毆打，但他依然未生嗔恨，一安住就是一萬年。之後精進力又進入王子宮殿二門，至其離開時，已於其中度過兩萬年難握歲月。精進力又依次進入第三門，至此，七萬年時光已悄悄流逝。接下來，精進力再繼續往裡深入，過得第六門，又入第七門，此時已過八萬四千年時間。吉祥寶王子終於開口對他說道:「比丘尊者，你欲何求儘管提出，我盡量滿足。」

王子此刻對精進力菩薩生起強烈好奇心，他心想：此人居留於此長達八萬餘年，竟然還未生厭離心真是稀有。精進力看到王子情緒尚好就回答道：「我根本不為飲食、衣物等財物而來，我以清淨心欲勸你學道，故而才奔赴此地。世間犬估主淨現如來現正為眾生宣說斷除煩惱痛苦法門，若錯失聽法良機則太過可惜。無數百千萬億劫中，如來出世稀有難得，而如今正因有具圓滿功德之佛陀應世說法，此黑暗世界才被光明充滿。但你卻一直貪戀世間妙欲，沉湎於財色酒氣之中，如一直這樣陶醉於王位及王宮幸福生活，始終不曾拜見如來，這才真正令人痛惜。因你所為實在了無實義，如來說過財富無常，王位生命亦都如草上露珠一樣無常消逝。你雖已聽聞並且了知如來出世，但仍一直沉迷於世間享樂，這太不應該。你應趨入菩提道，並勸化你能調伏之眾生亦趨入佛法。如你自己尚且為欲望奴僕，那又如何調化其他眾生？真希望你能斷除我慢煩惱，立即前往淨現如來座前，以精進心對世間眾生生起悲心。若不如此行事，你未來定會生後悔心。」

王子聽到精進力發自肺腑之勸告後，自然滅盡傲慢心。他以恭敬心頂禮精進力雙足道：「我現在誠心誠意懺悔以前對你所作之傷害，我願把自己王位及一切妙欲、受用統統捨棄以斷除傲慢心，並立即前往拜見如來。」說完就攜帶八千萬眾生眷屬手捧鮮花、妙香、甘美飲食前去拜見如來。

吉祥寶見到如來後即恭敬頂禮，並獻上供養，又坐於如來法座下說道：「多虧精進力菩薩勸請，我方才來至如來面前。我本該早行供養，但卻從未如此行持，現在我於世間估主前至誠懺悔，懺悔以前對精進力菩薩種種非理、不恭敬言行。我真是愚癡眾生，請如來垂憐救護，對我等眾生以大悲心慈悲攝受。我願趨入殊勝菩提道，及至取得殊勝佛果之前，永不行持放逸行為。」王子隨後就捨棄王位，與八千萬眾生一道開始希求無上菩提道，並最終於如來腳下出家。

如來瞭解了眾人不同意樂，就為他們宣說殊勝菩提道法門，眾人最後均獲得與各自根基相應之安忍境界。

當時之吉祥寶王子即為後來之彌勒菩薩。

桑嘎拉頑強抗拒誘惑

久遠之前有一王宮名為雄獅王宮，國王名為獅髻，財富豐饒，且如理如法治理國家。他手下有一獅子商主，財富圓滿猶如多聞天子一般。商主娶了與他同一種姓之妻子，釋迦牟尼佛當時即轉生為二人之子，名為桑嘎拉。桑嘎拉外相俊美、可愛，長大後開始學習文字，不久即精通八種觀察法等一切學問。父親為他能安享四季美妙生活，就給他建造了多處不同房舍以供春夏秋冬之用。桑嘎拉妻子所居屋室亦分上、中、下三等，桑嘎拉與妻子在上等屋室中盡度美好時光，兩人還經常以美妙樂音愉悅身心。

桑嘎拉後來在父親面前請求能去海中取寶，父親勸解道：「兒啊，我財富如此圓滿，大米、芝麻等物永遠不會被你耗盡，你盡可隨意享用。我只希望能在自己健在時與你共度快樂時日，等我死後你再去求財也不為遲。」但桑嘎拉不為父親勸說所動，他仍再三祈求能得父親應許。父親深覺兒子可能正被業力催動，最後只好說道：「既如此，你就出發吧。」同時又對兒子提出警告說：「你必然會承受種種痛苦、危險。」

桑嘎拉便集中了五百人欲赴海中取寶，並且帶有施資者、善游水者、張帆者等五種特殊人才。因桑嘎拉想到此次航行能否順利歸來尚難料定，他便備齊大量海上救生設備，諸如木板等各種應急物件一應俱全，桑嘎拉全部收拾妥當後便率船出發。

結果眾人不幸碰到一條大鯨魚，船隻被牠徹底摧毀。幸虧眾人備有木板等救生物，便爭先恐後游向岸邊。借助風力，最後大家被刮向南方海岸。那裡有一銅洲，聚集有眾多羅剎女守護，整個地區被劃分為勝幢歡喜地，與貧乏痛苦地兩塊區域。

當他們即將接近岸邊時，勝幢歡喜地之吉祥幢開始震動，眾羅剎女立刻明自瞻部洲有一商船已被損壞，船上眾人均已漂流至此。羅剎女急忙趕往岸邊，結果發現這些人正往此處游來。她們連忙把自己裝扮成美麗漂亮之女人，梳洗打扮一番後，這些羅剎女說道：「諸位好哥哥，請上岸與我們一同生活，我們大家無拘無束、自由自在豈非再好不過？我們已帶來飲食、衣物、臥具、各種珍珠、藍寶石、右旋海螺，有生之年，這些物品能令我們盡享美滿幸福生活。但你們無論是誰都不要前往南方。」

男人原本就易受美女美色吸引，她們美麗誘惑能束縛住任何男人。聽罷羅剎女所言，眾商人開始一一與她們各自組建安樂窩，不惟快樂生活，還生兒育女、繁衍後代。而桑嘎拉商主則一直在思索：為何她們不讓我們前往南方？為何翻來覆去強調不已？有次等妻子睡著後，他就悄悄起床，腋下夾著一把寶劍就直奔南方而去。結果走到後來，桑嘎拉聽到一片哭訴聲，還有人言道：「悲哉！我等現已遠離父母妻子及所有瞻部洲眾人與國土。」桑嘎拉聽到後稍感恐慌，他屏住呼吸又靜聽片刻，然後鼓起膽子繼續向前走。

不久即來到一座鐵城前，鐵城四周有高大鐵牆圍繞。桑嘎拉想：這鐵城想必應有城門吧。他於是開始四下打探，但仔細搜尋半天，竟連一個老鼠洞都未發覺。此時他發現北方一株高大樹木，隨即他就直奔而去，且爬上高高樹幹，結果發現鐵城中有一鐵屋。

桑嘎拉問屋中人：「為何在這裡痛苦哀嚎？」那些人一看來人急忙回答說：「我們本是瞻部洲商人，前往大海取寶途中碰到鯨魚，牠毀壞我們所乘船隻，我們依靠船上救生設施才游至岸邊。銅洲羅剎女以美色誘惑我等，用甜言蜜語令我們與其共同生活，還育有子女。但她們一旦找到新上岸之瞻部洲商人後，就欲將我們全部吞食乾淨。我們中已有多人被其吃光啃淨，她們吞食時甚至連頭髮、指甲都不放過，連落於地上之一滴鮮血亦會被其用手捧起吃掉。現在我們已被吃剩至十人左右。」

桑嘎拉急忙向其中幾人打探道：「具智者，你們是否通曉前往瞻部洲之方法？」

這些人無奈說道：「大智者，我們自身已無任何方法解脫，我們若欲逃跑，此鐵城上下左右便會層層生出無窮鐵牆將我們團團圍困，不過你們可能尚有逃脫希望。以前聽天人在虛空中說過：『每月十五日，瞻部洲商人可直接前往北方，北方有一駿馬王名云行力，牠日常均以自然成熟之莊稼為食，享用過後身體就會力大無窮，且將馬背靠向欲離開此地之商人，並向他們說：「你們有誰欲回返，我會把他們順利送至瞻部洲。」駿馬王會將此話連說三遍，此時大家可逕直走到牠面前說：「我們欲往瞻部洲。」駿馬王便會將你們平安送抵瞻部洲。』我們即如是聽聞，故而料想你們應能返家。」

桑嘎拉商主得到信息後便悄悄返回住地，此時羅剎妻子還在睡覺，他也就滿懷心事地躺到床上。

第二日早，商主起床後依次悄悄告訴眾商人道：「不遠處有一寂靜花園，希望大家都前往集會，我有秘密、重要話語要與諸位商量。不過請萬勿攜帶妻子兒女同來，即便再貪戀、喜愛他們也勿拖兒帶女。」眾人最終均按商主要求集中起來，桑嘎拉便把所聽訊息告訴他們，大家為擺脫羅剎女控制，便約定十五日前往北方。

十五日這天，眾人一起來到地處北方之島，隨後果然看見駿馬王正享用自然成熟莊稼。大家正準備開口請求，商主勸阻道：「據我知道的被關押之人所言，現在請求時機尚未成熟，待駿馬王吃飽後，於其心情舒暢、力氣倍增之時，牠自會開口講話，那時我們再提出要求。」等駿馬王吃飽後，身軀陡然增大，並且將脊背靠攏眾商人問道：「你們當中有誰欲返回瞻部洲？」結果所有人均上前恭敬合掌道：「我們皆欲返回，請你務必護送我等圓滿、順利抵達瞻部洲。」

駿馬王則殷切叮嚀說：「你們既要返回，那就必須牢記：返程途中，羅剎女們會打扮得特別艷麗，且攜兒帶女對你等祈求：『諸位大哥，你們理應與我們繼續生活，繼續作我們的估主、依投處。這些飲食、妙衣、住處、樂苑、森林、泳池、你們自己家鄉瞻部洲所有之珍寶、珍珠、藍寶石、白水晶、珊瑚、金、銀、石精、紅冰石精、右旋海螺，統統盡屬你們私人財富，請千萬勿回瞻部洲，趕快返回與我輩女人共享幸福美滿生活。若你們已不再需要我們，那也請無論如何將兒女一同帶走。』這些羅剎女到時即會如此哀懇。你們如果認為『此乃我之妻子、我之飲食……』等等，直至『我之右旋海螺』，一旦有此種念頭生出，那儘管身還在我身上，但就如成熟果實必墮於地上一般，你們亦不可能再安住我身之上，必會自然墜地，被這些羅剎女吃光，連一根頭髮都不會剩下，一滴鮮血也會被她們與土一起攪和吃盡。你們當中若有誰不產生、我所言之念，那他即便沒抓牢我也不會落下，他必定能順利、吉祥返回瞻部洲。」

駿馬王說完即將脊背轉向他們，眾人便翻上馬背，或坐於馬脖頸之上，有些則抓住馬鬃，駿馬王則漸漸騰空升起。此時於眾羅剎女所居之地，勝幢開始不吉祥地發生震顫，她們馬上明白這是商人們欲返回瞻部洲之信號。羅剎女急忙打扮好，並攜帶兒女前往駿馬王處。她們一見眾商人便高聲喊道：「諸位大哥，懇請你們能將我等當作家屬，我們已無任何家人親戚，只有你們可作我們估主、依投處、無偏親友。此乃你們所有飲食、妙衣……右旋海螺。」眾羅剎女所說果如駿馬王所言。

商人們聽罷，有些開始生出「我之妻子」念頭，有些想到兒女，有些則想起飲食等物，結果這類商人全部相繼落馬，眾羅剎女頃刻就將他們全部吃光，連落於地上之一滴鮮血亦被含食於口中。只有桑嘎拉一人無思無念順利返回，其餘人眾全被殘食。

釋迦牟尼佛後來曾告訴諸比丘道：「諸位比丘，所有騎於馬上、但卻貪執自己妻子、兒女、飲食、財富等人全部墮於馬下，並被羅剎女吞食；不對諸種人、財、物生貪之人則順利回至瞻部洲。你們諸比丘中如是貪執眼、耳、鼻、舌、身、意，或色、聲、香、味、觸、法，或地、水、火、風，或眼識、耳識、鼻識、舌識、身識、意識，或色、受、想、行、識等我及我所執者，均會感受無邊痛苦，並墮入輪迴深淵；而無有我與我所此等執著之眾生，則如返回瞻部洲之人一般，必能從輪迴中獲得解脫。任何具智慧、且對佛法生信者，均會如雲行力駿馬王一樣順利走出輪迴大海、登上解脫彼岸；任何愚癡、不信佛法者，則如同墮地於羅剎女前感受痛苦者一樣，永陷輪迴深淵中。」

桑嘎拉商主如是獲得解脫後，眾羅剎女便紛紛對他的羅剎妻子說：「我們均已將自己丈夫吃掉，惟獨你卻讓丈夫漏網逃脫。你必須將其捕回，否則我們就要吃你。」此羅剎女恐懼萬分地央求道：「請你們務必為我延長期限，我一定將他抓獲帶回。」羅剎女們最終應許了她所提要求。

此羅剎女隨即幻化成一令人非常恐懼之形象，來到瞻部洲找桑嘎拉商主，而商主則揮舞寶劍嚇唬她，她不敢近身，只得倉皇逃竄。一位從中部地區前來此地之商人恰好路過，羅剎女便在他面前現身，並於其腳下頂禮道：「我乃銅洲國王公主，桑嘎拉商主之妻，他所乘商船在大海中遇到鯨魚攻擊受損，當時他對我說：『你是不吉祥女人』，隨後就將我捨棄。不知你這位商主是否有辦法能令他再重新接納我？」

此商主答應了羅剎女請求後便來到桑嘎拉面前說道：「你將銅洲國王公主娶為妻子，那就勿將其捨棄，你們共同生活豈非善妙？」桑嘎拉聞言回答說:「聰明商主汝應知，她非公主乃羅剎。」商主驚訝問道:「那她何以至此？」桑嘎拉便將前後經過向其詳述一番。

等桑嘎拉回到自己家中後，羅剎女又帶著兒子來到他家門口。此時有許多人都看見一女人在商主門前，她所牽孩童長相與商主幾乎一模一樣，一望便知是其親生兒子。正當眾人紛紛稱其為桑嘎拉之子、並沸沸揚揚議論之時，羅剎女則趁機說道：「想必你們都已清楚，此乃桑嘎拉兒子。」眾人便向她詢問：「你如何到達此地？你又是誰？」羅剎女就將編撰情節再次復述一遍：「我乃銅洲國王公主、桑嘎拉商主之妻，他所乘商船在大海中遇到鯨魚攻擊受損，當時他對我說：『你是不吉祥女人』，隨後就將我捨棄。不知你們有無辦法能令他重新接納我？我們已從海上歸至此處。」

那些人連忙將此信息告訴桑嘎拉父母，二老便找來兒子說道：「國王公主你怎能捨棄？你應該接納妻兒，真不知你何以做下此等不近人情之事！」

桑嘎拉辯解說：「二位老人，她根本就不是人，她乃銅洲羅剎女。」父母不滿指責道：「你不要胡言亂語，女人原本就為羅剎女。」桑嘎拉堅決說道：「你們二位老人若喜歡她，可將其直接領進家門，我肯定不會接受她。她若進家，我立即離家。」父母無奈又略帶氣憤地說道：「我們本是為你著想，若你不願接納她，我們何苦還要將其領進家門？」二老於是又將羅剎女趕往它處。

羅剎女不甘心，她最終又找到獅髻國王。當她來到王宮門口，並要求拜見國王時，大臣向國王通報說：「有一青春貌美女子欲與國王約定見面時間。」國王聞言不覺心中一動：「她若有事，現在就可進來。」待羅剎女被領進來後，國王一見立刻對其生起貪戀心，因女人美色一般說來非常容易就能將眾人吸引。國王不由自主脫口而出：「你來的正好，不知美女從何而來？」羅剎女便再次重演一番所撰謊言：「我乃銅洲國王公主、桑嘎拉商主之妻，他所乘商船在大海中遇到鯨魚攻擊受損，當時他對我說我是不吉祥女人，隨後就將我捨棄。現在我們已尋至這裡，請大國王讓桑嘎拉照顧我們母子。」

國王便派大臣喚來商主詢問，並告訴他說：「你不要捨棄妻兒，應與他們好好生活。」桑嘎拉堅定說道：「大國王，她根本不是國王公主，而是銅洲羅剎女。」國王面露不悅之色：「女人原本就為羅剎女，你應立即接納她。若你實在不欲與她重新生活，不妨將她送與我。」桑嘎拉無奈答應道：「國王，她確確實實是羅剎女。不過我也不會勉強國王，請國王自己斟酌。」

國王則將其當作王妃一般看待，並最終立其為王妃。某日深夜，國王與眷屬均已睡熟，羅剎女則自行回到銅洲羅剎國。她告訴眾羅剎女道：「諸位姊妹，桑嘎拉實在無用，我已把國王及王妃等眷屬全部想辦法收入囊中，你們要盡快隨我前去，我們大家共同吞食他們。」

眾羅剎女聽罷就氣勢洶洶地幻化成恐怖魔女前往瞻部洲。於半夜時分，她們來到王宮，隨後就將所有人眾，包括國王與眷屬統統吃光。

第二日天亮時，王宮大門無人打開，而食人肉之鷲鷹卻在王宮上方盤旋往還。所有大臣、長官等臣民紛紛聚集在王宮門口，待消息四散傳開後，商主也聽聞到種種議論。他就將寶劍夾於腋下，對圍觀眾人中所有智者說道：「諸位智者，國王定是被羅剎女吃掉，我們應想辦法挽救局面。」眾大臣均問：「你有何良策？」「你們去拿梯子，我上去看看。」桑嘎拉對大臣們說道。

待他藉著梯子爬進王宮後，便揮動寶劍奮力嚇唬那些羅剎女。此時有羅剎女手拿人頭，有羅剎女懷抱手腳，看到桑嘎拉後便四處逃竄。商主下來為眾人打開宮門，眾人這才發現所有宮內人眾均已被羅剎女吃光盡淨，大家只得把王宮裡外洗滌一番。

眾人隨後集中起來議論道：「國王、王妃均已被吞食，國王又無太子，誰來繼承王位？」此時有人建議說：「誰具備智慧、力量，誰就應當國王。」有人緊接話頭說：「除桑嘎拉外，還有誰具備智慧與力量？」於是眾人紛紛應和說應舉桑嘎拉為國王，並請求他能接受王位。

桑嘎拉則說道：「我為商主種姓，理應以商主身份存世，要王位有何用處？」眾人鼓動說：「將王位交與別人都不適宜，大商主，你一定要接受王位。」「既然你們都這樣認為，我也只得順從民意，但從今往後你們均需按我教言行事。」桑嘎拉最終應承下來。眾人則爽快答應說：「只要你同意當國王，我們定會依教奉行，不違你教言。」國中民眾隨後就開始裝飾城市，並以極大恭敬心為新國王行加冕大典。

桑嘎拉國王則開始召集其它地方咒士，讓他們學會明咒；又聚集別處精於射箭之人，令其精進演習且廣泛傳授技藝與眾人。然後國王便對這些人說：「你等大智者應準備齊四種軍隊，我們要前往銅洲驅趕羅剎女。」隨即便率領四種軍隊登船前往銅洲。

即將接近岸邊時，眾魔女所居貧乏痛苦地之勝幢開始動搖，羅剎女議論紛紛：「此種不吉祥之徵兆表明瞻部洲人肯定要來此與我們作戰，我們不妨先去探察一番。」眾羅剎女便來至海邊，結果發現許多船隻正向她們開來。羅剎女急忙應戰，而桑嘎拉手下念咒之人立即依靠咒語威脅她們，射箭勇士也開始萬箭齊發。不久功夫，大多數羅剎女都已被降伏，剩餘諸羅剎女便在桑嘎拉國王腳下頂禮道：「懇請國王能饒恕我等。」國王則命令說：「我可以寬恕汝等，但你們從此就得離開此處前往別地生存，且自此之後永遠不得損害眾生，如此才能得我赦免。」羅剎女連忙答應說：「我們可以離開此地。」說完就匆匆逃離此島、前往別處求生。桑嘎拉國王於是重新規劃、建設此城，這個地方從此以後就被稱為斯里蘭卡。

當時桑嘎拉商主之羅剎女妻子，在釋迦牟尼成佛後，便成為一名為瑪得之人的女兒，叫無喻姆。無喻姆長相艷麗、身材苗條，堪稱世間無與倫比，故而眾人才將其喚作無喻姆——她的美麗已無法以任何言語形容。瑪得心中盤算道：「不管對方種姓如何高貴、財富多麼圓滿、或者如何廣聞博學，我都不願把女兒嫁與此類人為妻。若此人長相與我女兒一樣，端嚴善妙、無人可比，這人方才夠格作我女婿。」

瑪得一日看見坐於樹下之釋迦牟尼佛，頓覺此人煞為莊嚴俊美，不禁立即生起歡喜心。他心中想到：此人應為整個瞻部洲尊主，若能娶我女兒真乃我們莫大榮幸，將女兒交與他定無後顧之憂。瑪得回家後便告訴妻子說：「我今日已為女兒相中了丈夫。」隨後就讓女兒梳妝打扮一番，帶著妻子便趕赴釋迦牟尼佛所居之地。

瑪得妻子名為烏爾瑪，她以前曾見過世尊，此次相見後便對丈夫說道：「我曾見過大仙人（指釋迦牟尼佛）去城中化緣，他若向下壓，則可壓垮高山；他若向上舉，則可抬低為高，這種人看來不會接受任何美女，我們還是打道回府為妙。」瑪得憤憤阻止她道：「烏爾瑪，你真是不吉祥女人。今天正逢吉日，你萬勿說不吉祥之語。如我們能以方便法，令其接受，他日後定會慢慢習慣享受男女妙欲。」

當時釋迦牟尼佛恰好從一處森林正前往另一處森林，他們看見釋迦牟尼佛所用坐墊及住處後，瑪得又對妻子說：「好妻子，此乃我們女婿所用墊子及住處。」而妻子則清醒說道：「具貪之人，住地零亂；具嗔之人，住處破爛；具癡之人，住處混亂。這住地看來乃離貪者享用，他想必不會接受我家美女，我們還是回去為好。」瑪得聞言內心不悅：「你真是不吉祥女人。今天正逢吉日，你萬勿說不吉祥之語。……」瑪得言畢又看見地上所留世尊腳印，他就又沾沾自喜對妻子說：「好妻子，此乃我們女婿所留腳印。」

妻子再次打斷丈夫癡心妄想：「具貪之人腳印不明；具嗔之人腳印深厚；具癡之人，腳印模糊。這腳印看來定是離貪者所留，他想必不會接受我家美女，我們最好趕快返回。」瑪得聞言心生不悅：「你真是不吉祥女人。今天正逢吉日，你萬勿說不吉祥之語。……」

此時他們又聽聞釋迦牟尼佛清晰聲音，瑪得再次自以為是說道：「賢妻，此乃我們女婿所發音聲。」妻子又一次冷靜說道：「具貪者聲音溫柔；具嗔者聲音粗糙；具癡者聲音混濁不清。此音聲乃如天鼓妙音一般，是佛所出音聲，發出此聲者又怎會接受我家美女？我們最好趕快返回。」瑪得繼續批駁妻子說：「你真是不吉祥女人。今天正逢吉日，你萬勿說不吉祥之語。……」

釋迦牟尼佛在距他們全家很遠之地已望見三人，瑪得看到後不覺心花怒放：「賢妻，我們女婿正在觀望我們。」妻子依然給丈夫潑冷水道：「具貪之人眼珠亂轉；具嗔之人眼如毒蛇；具癡之人眼如暗夜一般混沌無光。此人眼望一木扼許之地，此乃離貪者所發視線，他斷不會接受我們女兒。」瑪得此刻對妻子言行已非常不滿，他批駁妻子道：「你真是不吉祥女人。……」

當世尊開始行走之時，瑪得一廂情願感嘆道：「賢妻，此乃我們女婿在行走。」妻子便對他分析說：「此人行動莊嚴、如法，身軀穩固，臉色及目光均清淨透亮。他何能接受無喻姆，我們還是返回為妙。」瑪得此次則機械地反擊妻子並宣說一偈：「你真是不吉祥女人。今天正逢吉日，你萬勿說不吉祥之語。......昔日有內角金色，厄達拉三婆羅門，終被貪欲蒙住眼，生下兒子享欲樂。我們若以方便法，向其奉獻無喻姆，此女美貌定使他生兒育女享安樂。」

瑪得言罷即到世尊前請求道：「我家女兒青春靚麗、貌美如花，對希求世間安樂之人而言，她乃非常善妙、合適之生活伴侶。現今我欲將其奉獻與你，請你接納。她就如虛空明月一般，定會令你生歡喜心。」

釋迦牟尼佛此刻則想到：若我對他說那些能令他貪心增盛的話，他可能會因貪欲熾盛、增上而死亡，這種可能性當然存在，看來我應對其宣說打掉妄想、令其生起憤怒情緒之話。想到這，釋迦牟尼佛便冷漠說道：「婆羅門，我對樂女、嬉女等魔女既不喜歡、亦不希求，我從未對之生起過歡心愛意。對她們裝滿大小便等穢物之臭皮囊，我腳都不願觸碰，又怎會喜歡、貪執？」

瑪得又氣憤又疑惑：「我女兒是否是殘疾，還是你已遠離貪心？為何眾人如此貪戀她汁隹獨你卻不願接受？」

世尊非常冷淡地對他說：「如有人愚癡到會喜歡你女兒，那你盡可將女兒交付他們。除依賴女人，並因之而生貪心、癡心之愚笨徒眾外，有誰會接受你所謂如花美女？我乃如來，是整個世間尊主，我已獲無上菩提，就像蓮花不著水一般早已遠離貪執世間之心。青蓮花出污泥而不染，我亦同樣離於世間妙欲染污。」

無喻姆聽聞釋迦牟尼佛將自己稱為盛儲大小便之臭皮囊後，立即拋下對世尊貪著之意，她對世尊之嗔恨烈焰頃刻就升騰起來，一時間無喻姆杏眼圓睜、身軀氣鼓鼓地增大不已。而有一年老沙門此刻竟來至釋迦牟尼佛前請求說：「普見外道都能接納女人，世尊不如乾脆將她交與我，如此麗人定可與我隨意、舒心度日。」

釋迦牟尼佛聞言怒斥他道：「你這愚癡之人再勿坐我近旁，即刻離開此地。」老沙門聽後怒火萬丈，他竟惡狠狠詛咒道：「願你袈裟、缽盂等資具全部耗盡、損壞；我所受戒律願如將孩子扔給姨母一樣統統再還給你，我要立即捨戒，瑪得應將無喻姆速速交與我。」

瑪得不覺嗔心大起，他惡口痛罵道：「你這糟老頭看上一眼都令人作嘔，又怎能觸摸？更何談娶我家美女！」老沙門這下怒不可遏，馬上便因氣憤至極而吐血死亡，死後直墮地獄。

諸比丘紛紛請求世尊為眾人宣說他以前未接受鐵匠之女的故事，世尊便向眾人宣說：「這老沙門以前亦因依賴無喻姆而令國王自己及眾多眷屬蒙受痛苦。」世尊接下來便向眾人敘說了桑嘎拉商主之故事，並向他們解釋說：「當時之獅髻國王即為現今之老沙門。」

瑪得最後只得帶著無喻姆來到郭興巴城市，當地國王夏瓦一見無喻姆就對她生起貪心，於是就將她娶為王妃，又賞賜給瑪得以鮮花裝飾之宮殿一半，還將五百僕人也一並賜與瑪得，又日日用妙香及五百印幣奉送。瑪得也趁勢變為夏瓦國王大臣。

無喻姆後有一次用火焚毀一藍色王妃所居宮殿，儘管造下此等燒盡房舍之惡事，國王還是將她留在身邊。藍色王妃妹妹吉祥姆後來亦成為王妃，舍利子比丘為其傳法後，吉祥姆現見真締。以此緣故，釋迦牟尼佛說：「有七種人之話語不得違背：圓滿正等覺如來之語；無垢阿羅漢之語；僧眾長老之語；管家之語；堪布之語；阿闍黎之語；國王之語。」

又釋迦牟尼佛以前為大商主時，曾到羅剎女國。觀世音菩薩則變為瓦拉哈兒駿馬，將大商主帶回瞻部洲，此因緣在《寶篋經》中有記載。

水流拯救萬條魚

無量劫前，寶髻如來佛法進入形象期後，有一天自在光國王仍以佛法如理如法主持國政。國中有一商主名為持髻，精通一切醫藥知識，亦嫻熟掌握吠陀學問。他有一子名為水流，亦即後來之釋迦牟尼佛。水流相貌端嚴殊勝，兼以精通文字、藝術等所有學問，且辯才無礙。

水流每見眾生沉陷疾病痛苦折磨中就想到：儘管父親精於醫道，怎奈他已年邁體衰，不能再親赴各個城市為病苦眾生診治。為治癒眾生疾患，我應到父親面前親聆醫術。水流於是便到父親前恭敬求教，隨後就漸漸掌握一切治療技藝，並及吠陀等所有學問。

他到天自在光國王所統治之城中為眾人治病時，在一切眾生面前均說道：「我是醫術高明之醫生。」不僅如是宣說，他更憑藉自身醫術令很多病者遠離病患。這些病人又與以前一樣恢復體力、健康如初、具足一切身體受用。眾人皆大歡喜，全都繼續積累福德，且讚嘆水流就如藥師王一般，並對其恭敬愛戴。

水流後於一水池中發現一萬條魚因水近乾涸而焦灼待斃，他不覺生起強烈悲心。此時一樹神告訴他說：「你若能拯救魚兒性命、賜其源源不竭之水，那你大名方才可稱名符其實。」水流聞言便開始四處找水，但反覆尋覓也未發現有滴水可用。無奈之中，水流只得先砍斷一根樹枝枚作水池涼篷，然後又開始逆溯水池源頭。原來是一惡人為害魚群，便將水池源流引向另一方向，故而才致池中水量日漸乾枯。水流找到水源後不覺大失所望，因他發現即便是一千人亦無法再將源頭轉向，自己勢單力薄又怎能應對。

水流失望而歸後，便到天自在光國王前頂禮請求道：

「我一直盡心盡力治癒病者疾患，現在一寂靜處水塘中，有一萬條魚因池水乾涸而備受煎熬，牠們還得忍受毒日炙烤，種種痛苦難以盡言。為運水之故，希望大國王能賜與二十頭大象以解燃眉之急。」

國王最終答應了他所提出的請求，將二十頭大象悉數賜與，水流馬上率兒子水衣、水精帶領象群奔向江河邊。臨行前，水流又向牧象童子借來一百只皮囊，到江岸邊後，這些皮囊全部派上用場，水流將它們裝滿江河水，馱於象背後返回水池。待池中魚兒得水滋潤後，一萬條魚各個欣喜若狂。為表達獲救後感恩心態，牠們看到水流走向哪裡，便將感激目光投注於他。水流深恐魚兒解渴之後又有腹飢之累，就令水衣騎象返家向親友索要食物。等水衣將眾多食品帶回來後，水流將其細細捻碎灑向水池，所有魚兒此次均心滿意足。水流又慈悲想到：我以前在一比丘前聽受大乘佛法時，他曾說過任何眾生臨死時，如能在其耳邊念誦寶髻如來名號，都能使其轉生善趣。看來我亦應給這些魚傳授甚深緣起法，還要為牠們念誦佛號。當時身處瞻部洲之眾生，有些對大乘法有信心，而有些卻毀謗不止。水流則義無反顧走進水池，待水沒膝時，水流開始大聲念誦「頂禮圓滿如來正等覺寶髻佛」，然後又宣說此生彼生、有此有彼，及無明生行、無唧威則行盡及至最終滅盡大痛苦等緣起正法道理。

水流返家後有一日去參加一盛大宴會，因飲酒而致昏昏欲醉，結果等他睡下後，當地竟出現種種稀有瑞相：一萬條魚死後全部轉生三十三天，當他們自己觀察是以何因緣才能轉生為天人時，發現原來是當自己以前在瞻部洲作魚時，持髻商主之子水流不但以飲食、充沛水源滿足他們所需，更以為他們宣講緣起法及念誦寶髻佛號之功德，而今眾魚全部轉生三十三天。為供養水流，他們便從天界來至其家，當時他還睡在床上。天人便在他枕邊放置一萬條雙股珍珠項鍊，腳邊亦放置一萬條，左右身邊各放一萬條；天人還降下曼達同花雨，沒過水流膝蓋；諸天人隨即又出擊鈸妙音，結果整個瞻部洲眾生都從睡夢中醒來，水流也最終清醒。

此時一萬天子飛至虛空，並於天自在光國王王宮亦降下花雨，並及原先所居水池也遍覆花雨。之後眾天子才回到天界，並享受五種妙欲及安樂生活。

第二日清晨，當瞻部洲天色大亮時，國王驚訝不已地向精於天象者及諸大臣詢問：「此等瑞相以何因緣而得以出現？」眾人皆回答說：「國王應知，商主兒子水流家昨晚降下四萬條項鍊及曼達同花雨。」國王急忙命令說：「你們速去水流處，以溫和之語喚他過來。」等水流來到王宮後，國王問他：「你知道昨晚瑞相到底是何因緣？」水流答言：

「對此我非常清楚，那是一萬條魚死後轉生所致。」國王聽罷更感震驚：「你如何知道是魚死所致？」水流說：「我可派兒子水衣前往驗證。」國王連忙說：「你快派水衣去。」

水衣來到水池邊察看，塘中魚兒果然已全部死去，池中遍滿曼達同鮮花。水衣回來後將所見於水流前彙報一番，水流又將詳情告知國王，國王不禁心生歡喜且隨喜讚嘆。

當時之持髻商主即為後來之淨飯王；天自在光國王即為後來之釋迦；水流之妻名睡蓮精者即為後來之釋迦女；水衣即為後來之羅睺羅；水精即為後來之阿難尊者；一萬條魚即為後來得無上菩提授記之威嚴王等一萬天子。

清淨發心

久遠之前，無懼王如來出世時，於其教法下釋迦牟尼佛轉生為一婆羅門子，智慧超勝、嚴持五戒、修持佛法。

有一次他與五百人一同前往一非常恐怖之地，當地有五百強盜。強盜中有一人為婆羅門子之熟人，趁夜晚天黑，這人找到婆羅門子說：「你不要告訴別人，自己想辦法逃跑就是，否則你們這些人均會被我們殺死。」婆羅門子則暗自思忖：我若告訴同伴，他們定會殺死這名強盜，眾人更會因此而墮惡趣；我若保密，眾強盜又會將我們五百人殺光，這些強盜又會因此而墮惡趣，這可如何是好？左右為難之際，婆羅門子又想到：寧可我墮惡趣，亦要把與我相熟之人殺死。他只欲讓我逃脫，我若告訴眾人，他必不答應，看來只有犧牲他一人了。想到這，婆羅門子便抽出寶劍以迅雷不及掩耳之勢將其誅殺。

五百人最後均安然脫險，大家快樂欣慰之餘又不免對婆羅門子所行生起疑問：「你歷來都是人中最善良、最優秀者，為何也會動手殺人？」

他則心胸坦蕩、毫不掩飾地說道：「我不惜造作大惡業，就是為眾生利益、為幫助朋友、同伴渡過難關。我所殺者乃你們公敵，為此而墮地獄我也心甘情願。」五百同伴感恩戴德道：「你救助我等，自己甘願承受三惡趣痛苦而殺人救眾，你對我們恩重如山，我們該以何為謝？」婆羅門子鄭重說道：「如欲報恩就請發菩提心。」

結果這些人全部發下菩提心。

五百強盜後來碰到他時也說：「你本善良，為何要殺我們中之一員？」婆羅門子趁機開曉道：「我其實早就知道你等蹤跡，但我從未向任何人，包括國王匯報。以此緣故，你等性命方才得到保護。」眾強盜聽聞後也對他生出信心，並皆發菩提心。

而婆羅門子則以發心清淨之原因，迅速圓滿了九十劫超越輪迴所需之資糧，並逐漸證得菩提果位。

又釋迦牟尼佛有次住於竹林精舍時，得知有一比丘身染瘡病，遍身膿血，誰都不喜與其接觸，更不願探望，此丘只能住於佛殿外之牆角。釋迦牟尼佛就以神變所成幻象來到他面前，此時承佛威神，帝釋天也手捧福德變現寶瓶來到佛前。世尊即以百般福德之手伸向比丘，五指各放光芒，眷屬、天人皆自然現前。在病比丘前世尊頂上寶髻放光赫奕，且光芒直觸病者，自然解除他所受疼痛，清除身上膿血。比丘則口念皈依，身體還暫時無法頂禮如來。

世尊右手持寶瓶向比丘頭頂傾倒，左手又替他清洗瘡口，結果所患頑疾最終全部治癒。比丘高興萬分，他恭敬頂禮如來道：「頂禮大慈大悲無上藥師王，我身病既蒙世尊慈悲治癒，則更祈盼世尊能為我宣說治療心病之法門。」

世尊高興地為其宣說佛法，並由衷說道：「你對我恩德很大，故而我才為你傳法報恩。」此比丘最終證得阿羅漢果。

諸天人眷屬在世尊前恭敬頂禮後說：「分明是如來治癒病人，為何如來卻說是報答他恩德，此說為何？」

世尊便向諸人敘說起過去因緣：「無量劫之前，有一行非法之惡王與五百大臣，惡王對眾大臣宣說道：『在我國土上，所有輕微觸犯法律者均需受到嚴厲懲罰，必須將其全部財產沒收以供我等共同享用。』

五百大臣於是經常毆打富有之人，嚴厲懲罰他們並剝奪其財產；至於貧窮之人更是會被迫害致死，時時都有生命危險。當時有一居士稍微觸犯法律，五百人便欲狠狠毒打他，沒打多久，就有人說：『聽說這位居士心地善良，我等最好不要冒犯他，還是將其釋放為好。』當時提建議者中有一人即是現在這位病比丘，那位居士即是我。無數劫前我為菩薩時即報答過他恩德，成佛後依然未忘他當初相救之恩。」

具乞要回如意寶

無數劫之前，釋迦牟尼佛曾為商主具乞，他同與自己力量相等之兒童共學文字、工巧、曆算、商業、六十四種藝術等一切學問，並一一精通。當時有一朋友為他宣說了積聚資財所要遭受之諸多危害，諸如：童子前往異地他鄉要遭受種種艱難困苦；要受敵人迫害；恐怖危險之地所帶來之危害；水災；缺乏飲食之危害；寂靜處受到猛獸及強盜襲擊之危害；

進入大海後被風浪吞沒之危害；遭遇羅剎女之危害……朋友講完種種困苦之事後問他：「你對這一切危害是否都已了知無遺？你還能心甘清願、無償享用父母財富嗎？」

具乞羞愧回答：「對這些我都不大清楚，因我一直被非法迷惑。以前我一直以為獲取財富無需經歷太多痛苦，現在方知財產來之不易。既然如此，若我再繼續享用父母資產實在不應該，對我而言亦太痛苦難堪，我要自己積累財富。」於是具乞便向父母稟告說：「我欲前往大海，開拓一番商主事業。」父母當然予以拒絕：「前往別處會遇到眾多危害，還是不去為好。我們家七代之內都可盡享祖傳財產，無論如何享用都不會耗盡，受貧苦之困，你好生享受就是，哪裡還用東奔西走、勞碌求生？」

具乞堅持說：「這樣生活太不應該。七代之內不享用也不為過，但我若貪著些微家財則實屬好逸惡勞，你們務必答應我出海遠航！」

看到兒子心意已定，父母便也不再執意挽留、勸阻，具乞便得以順利前往海中取寶。待其取到無價珍寶並欲將之運回時，誰料竟因具乞於海邊沐浴而不慎將無價寶失落海中。他馬上就欲憑藉自己大精進力而舀乾海水、再拾珍寶，具乞便在內心發願道：「為重獲如意寶珠，願大海水迅速乾涸。」此時有成千上萬天人前來幫助，狂風、烈焰也從旁相助，大海海水日漸縮小。

海神諷刺具乞道：「大海壯闊無邊，而你卻如此微小，要想令海水枯竭豈不如蚍蜉撼大樹一樣不自量力？你要舀乾大海就如自己妄想衡量虛空一樣，徒勞無益。」具乞商主回答海神說：「大海絕非大無邊際，用由旬作單位就能將之量盡；而我擁有之精進力才真正不可測度。海水必將乾涸，你等海神均應仔細審視我之力量：看那虛空中早已遍布天尊，無量天尊都在幫我；大風、烈火也吶喊助威；你們好好看著，我現在即便想把水灑向虛空都不可能，因空中已密佈天人，水都無法潑進；既然所有天尊都在助我一臂之力，以後天空中亦不可能再降下雨水；風也會幫我吹乾大海。如此一來，令大海枯竭又有何畏難之處？倒是你們實應恐怖，若不送還我如意寶，我絕對有力量與你等比試一番。更何況我已皈依過佛法僧三寶，三寶又怎能不垂憐我而幫助你們？」

海神聽罷只得點頭讚許：「你所言的確不虛，你之精進毅力亦令人佩服。我們還是將如意寶送還你，望你能將之盡心供養三寶。」海神言畢即將如意寶完璧歸還。

久遠之前於印度鹿野苑，舍利子比丘曾轉生為一能廣積財富之施主，他將所有財產全部變賣為黃金，並以之打造成七金瓶埋於地下。後當其臨死之時，因強烈貪執金瓶竟轉生為一條毒蛇一心一意的守護金瓶。過了很長時間後，城市已衰敗空棄，而蛇卻再三轉生為同類，一直牢牢纏繞金瓶不放。

數萬年飛逝而去，當此蛇最後一次轉生為毒蛇時不禁心中暗想：我過去如此貪執此金瓶才致相貌這般醜陋，多生累世以蛇形存世，如今真應該供養殊勝福田。想到這裡，它就爬至路邊呼喚路人。結果當一人路經此處時隱約聽到有蛇聲召喚自己，但他只聞其聲、未見其形。再仔細一聽，只聞得蛇聲陣陣：「請至我面前。」那人這回方才找到聲音出處，他膽戰心驚地說：「你乃惡性眾生，我怎敢到你身邊，你若咬我一口，我可如何是好？」

毒蛇安慰他說：「我若殺你，你就是不過來我也會殺害你。」那人只得戰戰兢兢來至毒蛇前，毒蛇向他表白道：

「我有一金瓶，欲令你以之積福累德，如做不到則我定咬嚙你無疑。」過路人連忙回答：「我當然可以做到。」毒蛇就說出了自己想法：「請替我將金瓶供齋與僧眾，供齋當日，我亦欲親往觀瞻，到時你應來接我同去。」這人便按毒蛇吩咐將金瓶供養與僧眾，並講明事情原委。

供齋當天，此人手提口袋來到毒蛇面前，毒蛇非常高興地鑽入口袋，那人便揹著口袋向寺廟進發。途中遇到一人，此人連續問過三遍「你從何處而來」，但揹蛇者根本就不予答理。毒蛇怒火頓然生起，牠心想：別人連問三次，你這人為何不作答？生起嗔心後，牠便想施放毒氣。不過轉念又想到：此人在幫我積累福德，我實不應將其殺害，不但要寬恕他，更應向其懺悔我生嗔之過。於是牠便要求揹自己之人在一寂靜地停下來，並將自己放於地上，然後向他懺悔道：

「我剛才竟對你心生嗔恨，現在我向你真誠懺悔。」

懺悔後又繼續行走，終於到達僧眾住處。僧眾此時正接受供應，背蛇者也將鮮花、食物供奉上去。毒蛇內心喜悅非常，牠立即對僧眾生出信心，並恭敬觀望他們。僧人們應供完畢後就開始給毒蛇宣講佛法，毒蛇喜悅更是無法言表，牠將剩餘六金瓶也一併供養。毒蛇後來安然離世，並以此福德而轉生三十三天。

當時之背蛇者即為後來之釋迦牟尼佛。

猴王不忘下屬

久遠之前，於吉祥雪山山腳下，長有一片藥材豐富之森林，釋迦牟尼佛當時變現為一隻猴王。森林中有一大樹，枝繁葉茂、氣味芬馥。猴王住於樹下時，發現一根樹枝已彎入水裡，而此時眾多猴子正爭相覓食水果。猴王頗富遠見，牠害怕彎入水中樹枝日後會為猴群帶來違緣，便決定應先將此樹所結果實吃光，於是牠就對眾猴子說道：「我們應首先採摘此樹果實，其餘果樹待日後再慢慢享用不遲。」猴子們就開始吞食此樹果實。

此時枝條上有一顆果實尚未成熟，螞蟻就搬來很多樹葉覆蓋在水果上，結果眾猴均未發現這漏網之果。一段時間過後，此果漸漸成熟，味道鮮美時自然落入水中。果實沿河漂流，而河水下游有一國王，國王妃子當時正好在河邊沐浴。王妃突然聞到一股芬芳香味，她尋香而去，結果發現了上游漂來的這顆果實。她將此果從河中撈出來後一聞，頓覺氣味芳香無比。王妃將它供養給國王，國王一嚐喜不自勝，他竟想：只要能吃到此種果實，失去王位都不覺可惜。既然果實是從上游漂來，想必上游一定生長有果樹，我一定要找到果樹，這樣才可長期享用，這果味、形色實在妙不可言。

國王即刻便率領軍隊逆流而上，到達森林中後終於發現了此棵果樹。當大隊人馬漸漸靠攏之時，成千上萬隻猴子競竄出來搶奪果實。國王非常生氣，立即命令手下將這些猴子統統殺死。眾人馬上搬起石塊、拿起兵器準備將群猴一網打盡。當國王大軍氣勢洶洶、劍拔弩張之時，猴子開始遭受大恐怖折磨，它們全都戰慄不安、痛苦萬分。猴王見到眾猴所受痛苦後悲心大起，牠爬上果樹頂梢並向北方如飛鳥一般縱身一躍，結果竟攀上山岩邊一根藤條。牠將藤條一端拴在自己腳上，然後再跳躍回果樹上，用手抓緊果樹，腳部用一藤條與對面山崖連接起來。猴王此刻則命令所有猴子從自己身上向藤條那端躍進，最終猴群無一例外全都踩著猴王身體躲過國王追殺。儘管牠自己已遍體鱗傷、體力難支，但心態卻恆時穩固、毫無後悔之意。

看到猴王以此種方式解脫所有猴子恐怖急難，國王與眷屬深感稀有。他們皆認為猴王不僅聰明智慧，更能不顧自己生命、恆以悲心利益他眾，此種作為真乃難能可貴。國王於是命令身邊人說：「猴王為其它猴子生命安全竟能以身相救，但恐牠自己身體已近崩潰極限，因長時間為眾猴作橋樑，牠已身力衰竭、無法挪動。我現欲在牠身下墊些衣物，你們同時用箭射向藤條、樹枝，務必將其射斷，那時牠自會跌落。」

眾人依王所言眾箭齊發，最終將藤條與樹枝射斷，猴王終於跌落到國王所備衣物上。因猴王身體早已傷痕累累。精疲力竭，牠一落下後便昏死過去。國王將其置於柔軟墊子上，以藥物精心清洗瘡傷，猴王不久即清醒過來。

國王對牠說道：「你捨棄自己生命，以悲心佈施身體作為橋樑讓其它猴子通過，這樣行事對自己有何利益？這些猴子安危與你又有何干係？」

猴王回答說：「這些猴子皆聽我吩咐，認我為國王，我亦將牠們當成兒子一般看待。為利益牠們，我才甘願如此行事。我們友好共處，共同轉生為猴子同類，長期集體生活後，我們已如親友一樣和睦。」國王再次深感稀有，他又問猴王：「如果大臣對國王如是作為當然再好不過，但國王對屬下如此行事恐不應理。為自己利益著想，何苦要毀壞自己身體？」猴王耐心對國王開導道：「大國王，世間雖有這種說法，但此等觀點皆源自惡劣論典，我亦了知此等論典。與我們關係不甚融洽之眾生，當他們遭遇痛苦時，捨棄他們都令人無法忍受；而與自己長期友好相處、對自己恭敬有加、關係如同親友一般之眾生，更不必多言。」猴王又趁勢將自己如何疼愛猴子、如何攀上藤條之經過向國王講述一番。

國王不覺對猴王所言所行生起歡喜心，他說道：「你捨棄自己安樂，承擔別人痛苦，這樣做來，你自己又能獲得何種功德？」猴王回答說：「我身雖傷痕累累，而我同類卻因之而得解脫、拯救，牠們對我從內心恭敬就已是對我最大報恩。我再苦再痛也無不喜悅之情緒，就算我因此而死，我也高興快慰，因我已擁有清淨名聲、國王亦對我讚嘆、我又獲事業無畏懼功德。國王你應明白了知，無悲心之人斷不會獲得如此功德，他們只能得到與之相反的過失。此等眾生除感受如地獄般炙熱之痛外別無去處，國王實在應該聽從我教導，以佛法護持國政。你對眷屬與無依無靠眾生應似父親待兒一般饒益他們，盡量增上法政、積累福德，令今生來世快樂幸福。」

國王對猴王自此更是信心大增，而猴王也於死後轉生善趣。

寶喜以身滿眾生願

久遠之前，鹿野苑中有一梵施國王，財富圓滿，如理如法主持國政。當時有一商主名為寶，財富廣積猶如多聞天子一般。釋迦牟尼佛那時轉生為他兒子，莊嚴善妙，名為寶喜。寶喜精通一切文字、觀察法，智慧超群，又具深廣悲心，性喜佈施。他將父親財產盡量佈施與可憐眾生，當父親去世後，梵施國王就封其為大商主。

大商主繼續經營買賣、行廣大佈施，隨後他想到：父親財富當然屬於父親所有，我用他財產佈施並非本事、亦非稀有，我應自己積累福德，憑自身實力佈施。於是他便廣為宣布：「有誰欲與我同去大海取寶？有誰欲當我保鏢及種種隨員？願意同去者請作好準備。」不久即有五百人應召而來，大商主便將炊事員、調解爭執者、管理財務者、百水者、觀察者等眾人全部帶往海邊。

大商主先派人讚嘆入大海、得如意寶之功德，結果許多人紛紛湧上商船，以致船載過量無法行走；他接著又派人宣說海上風險，諸如會遇到食人魚、巨浪、漩渦、鯨魚、海盜、颶風、強盜等等群魔危害，告訴眾人說凡不顧惜自己生命、不顧及親友態度者均可登船。因人中本來就英勇者少、懦夫者居多，結果大多數人又下船回家。

將出海航行所可能遭遇之危險連說三遍，並依次砍斷三條纜繩後，寶喜等人所乘商船便似離弦之箭一般飛速駛向大海深處。等眾人到達寶洲後，觀察者交待說：「寶洲裡有相似如意寶，也有真正如意寶，諸位在取寶時一定要審慎觀察，取精去粗、取真去偽。此寶洲尚有共命羅刹女，極易誘惑男子，大家務必提起高度戒備。另外，能致人陶醉、暈眩之果實，若食之則要連續昏迷七天。諸如此類危險，我等皆需提防。七日之內，非人尚允許我等駐留，七日後則必須離開。七日後諸位將不會成辦任何事，狂風肆虐時會將大家刮向別處。」

眾人均依觀察者所言紛紛找到真正珍寶，大家將所獲寶藏堆放於船艙中就開始返航。待他們順利抵達瞻部洲後，寶喜終於得以按其意願廣行佈施。

商主寶喜即如是先後六次前往大海取寶，並依所得珍寶於鹿野苑城中廣行佈施。此時有另外地方之五名商主，多次前往大海都遭遇眾多違緣，船隻損害、所欲成辦之事無一成功。他們不覺心下思量道：都云寶喜商主福德深厚、人人稱嘆，若能依其福德力護佑，我等事業想必定可成辦，於是他們便向寶喜請求幫助，寶喜為難說道：「按常規來講，一人若七次前往大海恐非吉祥，因船隻可能受損。我如第七次出海，未必能順利返回。不過眼見你們如此懇請，我不由生出悲心，我盡量滿足你們願望吧。」

商主隨即率領這五人同往寶洲，在獲取寶珠後返航旅途中，商主心想：我們越過風浪、順利抵達岸邊之希望非常渺茫，看來我應把最珍貴寶珠置於口袋、拴在腰間。想到這，商主便對那五人說道：「我們所乘船隻萬一受損，你們定要抓緊我身體。」

又航行過一段路程後，眾人發現一海島，結果輪船不慎撞上，船隻徹底損毀。五人急忙緊緊抓牢寶喜，而寶喜在此生死存亡之際根本不考慮個人安危，他只想到：我若想活著將他們帶往岸邊幾乎無實現可能，不過海中喜清潔之龍王素不欲與屍身共住，若我立刻死去，龍王定會將他們送至岸邊。打定主意寶喜便對眾人說：「大家無需驚恐，此刻更要以穩固心態與歡喜心抓牢我身軀，我不需你們付出任何代價就能將你們順利送至岸邊。上岸後，你們可將我身上寶珠帶回並分配，憑此珍寶，七世以內都可令諸位盡享無窮財富。」寶喜言畢就邊為獲圓滿菩提而發願，邊用利刃割下自己頭顱。性喜清潔之龍王即刻便將其屍體拋至岸邊。眾人也因之而安全上岸。平安抵岸後，五人卸下寶珠並平均分配，然後又將寶喜骨灰好生供養一番。

當時之五位商人即是後來釋迦牟尼成佛時之五比丘，世尊最初將其從輪迴大海中救度，最終又以菩提支法寶，使他們皆獲暫時、究竟安樂。

又久遠之前，釋迦牟尼佛曾為一大商主，名為大吉祥，財富廣積猶如多聞天子。大商主後與五百商人一同路經一艱險、狹窄、陡峭島嶼時，遇到以婆羅門形象現身之毛髻羅剎。羅剎在路上攔住他們後假裝說道：「毛髻羅剎殘害我們，不讓我們從此經過，你們也勿經過此地為好。」大商主不客氣地回應說：「你們這些婆羅門最好少管閒事，自己走好路就是了。」

羅剎聞言內心不悅，他一時心煩氣躁、臉色鐵青，伸出雙手張牙舞爪，髮髻也墮落於地。他瞪著火紅眼珠說道：

「難道你這位商主還要向我進攻不成？趕快從此地滾開！」大商主看到他恐怖形象後一點也不為之所動，他拿起弓箭便開始向羅剎射去。結果所射之箭統統落在羅剎髮髻裡，商主舉弓向羅剎擲去，弓也一並落入髮髻之中，就連商主進攻所用木棒、糞便也全卡在髮髻裡。商主毫不在意，他又用身體向羅剎進攻，結果整個身軀也卡在髮髻中。羅剎此時洋洋自得問道：「你雙手、雙腳、頭顱全入我髮髻中，除此之外，你還有何等可供進攻、炫耀之處？」

商主毫不退縮地回答說：「雖我雙手、雙腳、頭顱全卡在你髮髻中，連身軀亦入其中，但我仍擁有你無法卡住者，這就是我秘密之心。只要我心未曾氣餒，則我精進心亦斷不可能失去。精進不失，我當然要與你作戰到底！我這精進之力，你又如何能消滅？」

羅剎只得無奈嘆氣道：「你所言的確不虛，你所擁有之精進確實令人感動，我實在應向你頂禮。如你這般精進下去，自他痛苦都可一併解脫。」

商主最終以其精進帶領五百商人順利渡過難關，毛髻羅剎也遠離嗔恨、守持五戒，商主還為他宣說佛法。

釋迦牟尼成佛後，此羅剎即轉生為靜住夜叉。釋迦牟尼佛後來將其調伏，令其皈依並持守五戒。

妙喜苦行尋寶

久遠之前，於印度鹿野苑梵施國王地盤上，有一商主名為現喜部，他有一子名為妙喜，也即後來之釋迦牟尼佛。待現喜部去世後，為滿足眾多乞討者願望，妙喜決定前往大海取寶。待他取寶順利歸來後，妙喜即開始對眾多商人廣行佈施，令其皆從貪執財富之種種強盜行徑中解脫。他前後六次深入大海，盡量以所獲珍寶向乞討者、與他同行之商人、強盜等人佈施財物。儘管廣行種種佈施，但仍有眾多強盜不捨強盜行為，妙喜對此亦無能為力。他想：我現在尚不能根本摧毀這些強盜惡業陋行。

帶著種種苦惱，妙喜進入睡夢。夢中有一身色美麗之天女對他道：「大智者，切勿灰心失意，具智又精進不懈之人無事不能成辦。有一班達兒洲為天人依止之處，你若前往必會發現一如意寶，此寶能令三界遍滿財富。此地原本為超越凡人、具福德者所居之地，除去具福德者、具毅力者之外，普通人不可能到達那裡，希望你能抵達班達兒洲。

要去班達兒洲可依下述方式：此地西面有瑪拉雅山，山下有種甘露妙藥。依精進力得此妙藥後，可解除眾生飢渴、勞累之困。從此越過七大洲，七座巨山、七大洋後，會碰到順行、逆行大海，你可憑船渡過。登船後依風力可直抵岸邊，抵岸後又會遇到順行、逆行山王。山上有風能刺傷眼睛，有一具意妙藥可以對治眼疾，使用過後即不會再遭受厲風損害。接下來會碰到普漩大海，海上會刮狂風。渡過大海狂風後，有音漩山王，此山實為可怕之山。不過有螺肚妙藥，此藥被眾多毒蛇纏繞，只要將藥置於頭頂就能遣除一切災難。

再往前行又會遇一藍水大海，海中有一赤目羅剎。有妙

藥名為瑪剛，讀誦佛經即可渡過藍水大海。此時又會出現一藍水山，山上有五百凶目夜行羅剎。那裡有一具意妙藥，見聞觸摸者均可依此解除蛇毒。欲得此藥，必得以守持齋戒、修大慈大悲心遣除毒蛇危害後才能得到。將此藥與治眼疾之藥等種種藥配合後，會見到羅剎馬車山，此山極難行走，不過你以自己福德力仍可躍過羅剎馬車山。

接下來會碰到巴同山，恐怖艱險。銅林中有一銅眼毒蛇，牠所放毒

氣被風吹散後，凡接觸者都會死亡。銅眼毒蛇於六月中所放毒氣可達於一由旬之地，六月過後牠便飢餓難眠，不再放毒。在一竹林山洞中取到妙藥後可念誦佛號，毒蛇及其餘危害則無法近身。

過後又有七大山，山上有鐵竹林利刺，必須是銅鞋底方可行走於上。越過鐵竹林、七大江河後即到達三峰山。三峰山有金剛刺山，此山亦銅鞋底方能越過。過了鐵山、鐵水等眾多山河後，又出現一煙目山，全山上下遍滿毒蛇毒氣。山頂有一石牆圍繞之水池，池中有一珍寶洞，洞中有不死長生妙藥。如此地沙礫附著於自己手腳及腹部，念誦密咒後，所有危害均不可能傷及自身。

有七大山遍滿毒蛇，越過如此七大山及七大江河後有一白色聳入虛空之山峰，山腳下有城名為日何得嘎，如天界一般。曼嘎大悲商主於其中對一切眾生均生慈悲，眾人將其稱為帝釋天，他會向你講述前往班達兒洲方法。」天女即如是於夢中對妙喜作此授記，宣說完畢後即消失不見。

妙喜醒來後對天女所言生起大信心，他依照天女教言苦行精進十二年後終至日何得嘎城。儘管曼嘎商主已身染沉痾，妙喜無法近前只得住在門口，但因他精於醫道，最終還是蒙商主開許進入其家，進來後二人進行長談。因妙喜對曆算非常擅長，他經過觀察、推算就已了知商主大限當在六月之後。妙喜心中自然十分傷感、痛苦，但他依然盡心竭力對商主予藥治病。結果在他悉心調理下，商主病情很短時間內就日益好轉。

兩人關係自此更勝從前，商主疾患最終全部治癒妙喜則趁機將自己情況全盤告訴商主，曼嘎商主聞言對他一片苦心與精進努力自是讚嘆有加，並答應教給妙喜前往班達兒洲之竅訣。他如是說道：「我並未去過班達兒洲，但我可帶你奔赴那裡。」

二人便將船隻準備齊全，妙喜跟隨曼嘎一起上船前行。他們借助風勢、飛帆前進一百由旬之後，發現前方海水五顏六色。妙喜便問曼嘎其中原由，曼嘎解釋說：「海中有五座鐵山及銅、銀等不同山脈，故而才致海水變幻多色。」

曼嘎隨後於航行途中不幸死去，妙喜孤身一人仍以大精進力奮勇前行。抵達岸邊後，妙喜將好友屍體掩埋妥當，隨即便再踏征程。他駕船越過一大海後到達一寶山，此山長有茂密森林，巨樹參天，山峰也聳入雲端。妙喜實在無法翻過山頭，無奈之中只得於山下落葉叢中以樹葉為床，臥眠其上，但他心緒無論如何也平靜不下來。妙喜想到：我千辛萬苦、長時跋涉，但迄今為止連班達兒洲名字都未曾聽聞，而好友卻先我離去。不過為眾生利益，無論成功與否，我即便死去亦不會對所願所行有後悔之意。

正當他內心暗自思付之時，有一名為藍色尊者來到他面前告訴他說：「從此往東越一由旬有三峰山，你可憑地大所成雲梯攀援而上。」按尊者吩咐，妙喜終於攀至山頂，結果另一愈發高峻之山又聳立面前。此山純由水晶構成，山高峰險，飛鳥都難越過山巔，更遑論一般人要爬過去。妙喜無計可施，只得再次席地而坐、冥思苦想。

此山山洞中有一月光夜叉，此刻則現身妙喜前說：「從此往東越一俱盧舍（印度長度單位名。古印度以人壽百歲時代所用弓之長度為一弓，一俱盧舍約五百弓，相當於二百五十市尺。）有檀香樹林，林中有一光明山洞，洞中有種妙藥，你得到後依其光芒即可翻過此山。登臨絕頂後，你所欲求皆得圓滿。」妙喜聞言即按其吩咐順利登上峰頂，結果一金色宮殿又現在其前。奈何金門緊閉，妙喜又被拒於門外，他只得在近旁森林中過夜。

當月亮升上來時，妙喜已入沉沉夢鄉，原先在夢中對他做過授記之天女此時又現身夢中，對他再次授記道：「噫！具大精進者，你為利益其他眾生而行大苦行，現今功德即將圓滿只需最後一點努力。你無需思慮日後行程，除此金城外，尚有其它三大城市，一座比一座莊嚴富麗。你可邊誦經邊敲門，之後便會出現人非人美女，從金城開始數量依次遞升：金城出現四位，其餘則分別為八位、十六位、三十二位。她們現身你面前時，你諸根必須調柔，要將她們全部當作自己妹妹，絕不可在其前恣意放縱，如此行事定能很快令你所願如意。此外尚有一匹馬王也可供你駕馭，騎上牠則可順利返回瞻部洲。」

妙喜聽畢大喜過望，恰在此時天色大亮，妙喜即從夢中清醒過來。他隨即就依天女授記一一落實：於第一個城門前連敲三次門後，四個人非人美女果然現身，她們對他恭敬說道：「大士夫，你可擁有此城。」他亦用溫柔音聲說道：

「我只想取如意寶，至於美女等人、財、物我皆不欲得。在我眼中，你們這些美女均為我之母親、姊妹。我本人早已斷除貪心等十不善業，整個身心都已趨向善法。」

妙喜又向她們宣說佛法，四美女不由心生歡喜。她們將如意寶爽快贈與妙喜，並向他解釋說：「將此如意寶放在勝幢上祈禱，它能滿足一千由旬內眾生所需。」

妙喜得此如意寶後又繼續前行，不久即遇到銀城。敲門後果有八位人非人美女前來迎接並行供養，她們贈與妙喜之如意寶能滿足二千由旬內眾生所需。再往前走，妙喜又來到藍寶石城，此時有十六位人非人美女出門迎接，她們將一枚能滿足四千由旬內眾生所需之如意寶供養妙喜。妙喜得寶後再接再厲，終於來到第四座城市前。此城由四種珍寶構成，前來迎接之人非人美女則增至三十二位，她們供養妙喜之如意寶能在八千由旬內滿足眾生所需。

妙喜於每座城市中都宣講佛法，聞法眾生各個歡喜難表。所有人非人美女均以喜悅眼神望著他，且同聲說道：

「這如意寶乃來自我們兄長，也即人非人美女國王之王宮——月興國王王宮內。依靠這些如意寶，你們瞻部洲即可降下眾生所欲資生用具，希望你將之帶回好好利益眾生。」

妙喜得到珍寶後，憑其福德之力，雲行力駿馬王在享用完自然成熟之莊稼後，就將脊背靠向他，他則躍上馬背、順利返回故鄉。此時梵施國王已經離世並轉生善趣，眾人則公推妙喜當上國王，並為他舉行加冕大典。

而新國王則於十五日那天守持齋戒，然後將如意寶置於勝幢之上，結果整個瞻部洲全都降下能令眾生滿願之各種物品。妙喜國王執政一百年後將王位傳與太子，自己則轉生梵天天界。

又釋迦牟尼成佛後也曾救護過懼怕強盜之商人，不但為其指點寶藏，更賜給他們大批財富，他前後共六次救護過這些身陷危難境地中之商人。當諸比丘詢問其中原因時，世尊說道：「我不僅現在挽救過他們六次，過去亦曾幫助過這些商人。」接著世尊便向眾比丘宣說了久遠往事。

釋迦牟尼佛又曾轉生為一精通吠陀之婆羅門，名具慈者。他為熄滅眾生疾患，便前往雪域、曼達同、布喜等地尋覓良藥，亦曾在眾多森林中採集藥物。採藥歸來後就開始配製藥品，治療眾多病患者，遣除他們所得頑疾。他有次在瑪拉雅山上發現一名身體憔悴、患病之緣覺，等他供上藥物並頂禮後，緣覺便開始從身體病苦入手為他傳法：「為熄滅以業力、煩惱所引生之痛苦輪迴心病，必須精進修法。」緣覺將有關這方面之教言盡力為他宣說，這更加增上了具慈者之精進心。他在緣覺前說道：「在你身體未恢復之前，我會居留此處精進承侍你。」

說完他馬上就開始在瑪拉雅山諸位施主前廣泛化緣，並以所得飲食供養緣覺，如是精心承侍時從未生起過疲倦之意。緣覺為增上他信心，就於虛空中顯示諸如身體發光及自生火焰等各種神變。具慈者則合掌讚嘆，並發願未來定要成佛。聽他發下如是大願，緣覺頓生歡喜，隨後就消失不見。具慈者再次對緣覺生起極大恭敬心，他取回藥後又繼續為眾生治療疾病。

金鎧逐步統領四大洲

久遠之前有一金城地方，當地國王名為金子，釋迦牟尼佛那時即轉生為金子國王太子，名為金鎧。金鎧又有一妹，名為金光，金光後與一大臣之子名為欲精者貪享世間妙欲，以致因不淨行而毀壞種姓規矩，國王得知後便欲將公主與大臣之子統統殺死。

後當二人看見金鎧來至面前時，金光一言不發只是傷心飲泣，欲精則可憐巴巴說：「我倆因做壞事故而要遭受懲罰，我死倒不足為惜，但這世上有誰會忍心看著金光被人殺死？更何況她還是你妹妹，所以請你無論如何也要保護好她！」金鎧立刻對他倆生起悲心，後當行刑者趕來欲取二人性命時，金鎧死死拉住他們所乘馬車不放。行刑者無奈說道：「金鎧，你是我們好友，但此次乃國王發令，任誰也不敢違抗。我們若不殺掉他倆，自己就難以存身。」

金鎧義正詞嚴說道：「對我而言，只要遇到危難之人向我求助，我都會全力保護，更何況自己親友遇難。」金鎧隨後就拿起弓箭威脅駕車之人快快離開，自己則帶著妹妹與欲精前往森林。

國王聞聽王子已將二人劫走，立刻怒火中燒，他馬上發動軍隊四下搜尋攻擊三人。金鎧朋友此刻勸他道：「這兩人所行非法，你還是將他倆送還國王吧。」金鎧聽罷即刻手執弓箭來到大隊人馬前，他讓軍隊停止再做此等無意義之事，並說：「凡皈依我者，我寧捨生命也絕不輕易將其拋棄。」這些人平日就知道金鎧過人的威力與毅力，此時經王子勸說後紛紛議論道：「如我們殺了王子，王子萬一真的死去，國王一定會後悔不已。」想到這，眾人便相繼返回。

王子等三人繼續前行至一空城中，正好看到一美女正在採摘鮮花。他們便向她詢問：「你為何在這裡？」美女就向他們訴說了自己悲慘身世：「我曾是一國公主，怎奈這裡有六十夜叉專吃人與畜牲，待他們全被吃光後，我一人就可憐兮兮被夜叉當成僕役伺候他們。眾夜叉來時，你們務必小心謹慎。」

王子則將他們三人經歷講給這位美女聽，女人聞言不禁對王子生起強烈貪執之意，她向王子提出欲為王子之妻，王子也隨順答應。後當夜叉前來時，金鎧張弓搭箭，在不離大悲心之心態中與眾夜叉激烈交鋒。結果因其福德力所感，夜叉沒能損傷金鎧一根汗毛。而他所射之箭則箭箭穿透夜叉軀體，以致夜叉鮮血橫流。

長時鏖戰後，金鎧箭鏃一直源源不竭、無法窮盡。大多數夜叉懾於他強大威力紛紛投降，剩下小部分夜叉則在王子前恭敬說道：「你若丟下弓箭，我們就為你指點寶藏。」王子放下箭後，他們就將種種珍寶悉數供養。金鎧王子名聲隨後日益響亮，財富也日漸增多，而別處地方之人亦相繼遷移到王子所居之地。

金鎧王子聲譽日隆，金子國王聞聽後也以恭敬心派人前往讚嘆道：「你以大威德力降伏夜叉、主持國政，真乃稀有。」王子則回答說：「降伏世間夜叉並非稀有，我更將難以降伏之煩惱夜叉隨意掌控。不惟如此，我還想在涅槃之城裡登上如來法王位。」傳國王口信者聽到後也不免擊節讚嘆一番。

金鎧後又扶植欲精登上王位，自己即遵從父王教言回國並當上新國王，且逐漸成為整個四大部洲國王，以佛法治理國家、利益眾生。

世尊教化法政

久遠之前當善行如來住世時，釋迦牟尼佛曾轉生為一法相大商主。後當法相欲以珍寶修建佛塔時，歷來對佛法心懷歹意之婆羅門就開始阻撓他完成心中設想。國王則派東投英雄前去譴責婆羅門，待佛塔竣工後，法相作為大施主發願將來要獲圓滿佛果。東投也發願，願待他成佛時能作他聲聞眷屬。東投亦即後來之法政比丘。

又久遠之前正當慧賢婆羅門時，法政轉生為一智慧婆羅門。

拘留孫佛出世時，法政又轉生為帕加地方一檀香施商主之子，名為馬施。當檀香施前往海中取寶時，馬施受姨母欺騙竟與母親行不淨行，後又與母親成家。當父親取寶歸來、事情敗露後，馬施乾脆將父親殺死，然後帶著母親遠徙他鄉，開始過起夫妻生活。不久馬施遇到一位來自家鄉之阿羅漢比丘，此比丘問他：「你母親現在是否安好？」馬施聞言立刻惶恐不安，他懷疑比丘已了知自己與母親所幹醜事，於是又毫不猶豫將阿羅漢殺死。沒過多久，馬施發現母親又與其他英俊商主之子共行邪淫，他便抽出寶劍再將母親殺死。

不長時日內，馬施連續三次造下五無間罪，當地居民受天尊勸化，最終將馬施趕出此地。此時他才略微生起後悔之意，於是就到比丘僧眾前請求出家，但僧眾未開許他這一請求。結果他又嗔心大起，竟於夜半時分點火燒死了諸比丘。就在這時，一菩薩告訴馬施道：「你現在受戒、持戒恐非應理，不如長期念頌『南無佛』，以此念誦佛號之加持力，將來才會解脫。」

馬施死後長劫淪落地獄，恆時感受燃燒之痛。他後又於大海中轉生為一條如山王大小、吞食其它魚類之巨鯨，此巨鯨張開血盆大口之時，眾多取寶商人紛紛落入牠囊中。正當眾人遭遇危險、無計可施之時，一商主名為持耳者告訴眾人只有念誦「南無佛」才可度過險難，於是大家便齊力念誦起來。正住於祇園精舍之釋迦牟尼佛，以天耳馬上聽聞到眾人所誦佛號，佛陀隨即施以意加持。結果鯨魚聽到佛號後也緊閉嘴巴，未傷害眾人。商人們順利脫險後都對釋迦牟尼佛生出信心，並在其教法下出家，後皆獲阿羅漢果位。

鯨魚死後，許多龍就將牠屍體推至岸邊。鯨魚最終轉生為舍衛城之司馬得婆羅門，此乃他最後一世流轉生死輪迴。司馬得婆羅門不論如何猛吃都感覺未飽，他最後終於出家求道。世尊將其帶至海邊看他自己前世遺骸，他這下總算對輪迴徹底生厭，後又獲阿羅漢果位，名為法政比丘。

雲馳代龍被啄

久遠之前有一金色城市，國王名為雲頂，育有一非常俊美之太子。此具殊勝功德之太子也即後來之釋迦牟尼佛，他當時已成為眾多持明者之主尊，名為雲馳。父王後將王位交與太子，自己攜王妃前往瑪拉雅山居住。而雲馳覺得離開上師父王後，要那王位又有何用？擁有眾多財富又有多少價值與意義？於是他便將王位捨棄，追隨父王也前往森林中生活。後來在吉祥山中，某次春光無限、山美水秀之時，雲馳到山中賞玩，忽遇一美艷絕倫之女人正在一金殿內供養一尊郭同瑪天女像，此像純由珍寶製成。美女邊供養邊彈撥琵琶樂器，還輕輕哼唱美妙歌曲。雲馳被她美色傾倒，也就用稀奇目光一直專注看她。美女此時也發現了雲馳，因前世宿緣，再加上雲馳相貌殊勝，美女不覺也用稀奇目光緊盯太子不放。兩人就這樣互相脈脈對視，含情觀望很長時間。

雲馳越看越對美女生大歡喜心，他便主動以溫柔言辭詢問對方種姓、出生地等等情況，那年輕女子則略感害羞而不敢正面作答。恰在此時，美女身旁女伴瑪達樂嘎解圍回答道：「大持明者太子，她哥哥財父早就聽聞過你鼎鼎大名，她本人也常常耳聞你美名，並迫切渴望能得你歡心，只不過今日因害羞才不敢開口說話而已。她乃大持明者財部之女，名為瑪拉雅見，眾多天人、非天都喜歡、愛慕她。」

就在此時，國王派人傳語美女瑪拉雅見道：「你兄長正與雲頂商議欲將你嫁人，請火速回家。」美女萬不得已只得快快而返，但心中卻未曾片刻割捨對太子雲馳之愛戀。雲馳心中亦明瞭美女對自己之情感，他一邊對瑪拉雅見貪執不捨，一邊無奈歸家，腦海中一直呈現美女面容，自是難捨情緣。

雲馳朋友問他何故如此傷心，他難過答言：「我剛剛見到瑪拉雅見美女，對她立刻就生出無窮歡心愛意，故而心境才不由自主變成這般境地。」雲馳就將前後經過詳細向朋友坦言。正在雲馳身心備受煎熬之時，非天適時出現並告訴他說：「你根本不用擔心，你之焦慮純屬多餘。美女你自會得到，因你父親索要瑪拉雅見不為別人，恰恰就是要將她許配與你，明日你即會實現自己願望。」非天如是安慰雲馳後，雲馳高興難抑地於黃昏時分歸家穩坐。

瑪拉雅見一直心神不定，儘管天上有皎潔之月，宮殿中不時飄來襲襲水蓮花香，但她無論如何也無法安眠，心中一直掛念著雲馳，以致夜不成寐，這一晚竟似百年那麼長久、難熬。第二日早上當陽光普照大地之時，瑪拉雅見也開始準備婚宴事宜，她用種種裝飾細緻打扮自己。而世人尊重之雲馳太子則在數百位持明者眷屬簇擁下來到舉行婚宴之吉祥地，瑪拉雅見也在手持拂塵之眾人護送下來到此處。兩人按當地風俗行盛大婚禮，並互相牽手舉行儀式。親朋好友在宴會上載歌載舞，盡享歡樂，並行供養、佈施等善舉，喜慶盛宴連續舉行了六天。

第七日，雲馳獨自一人進山，不期然卻發現龍母與龍子正在那裡哭泣。雲馳忙問二龍傷心原因，龍母悲戚說道：

「這是護貝龍王之子螺頂龍子，我們龍輩歷來都要按順序輪流被大鵬殘食，如今恰好輪到螺頂。被大鵬吃掉之龍骨遺骸堆積如山，每輪到眾龍被大鵬啄食時，我們都要為其換上紅色衣服，然後再將之送至喪身之地。奈何螺頂被吃後，我們這支龍種姓便要徹底絕跡，所以我才與螺頂龍子放聲痛哭。」

雲馳聽罷自然生起難忍之強烈悲心，他心下付度道：如龍子被大鵬吃掉，龍母又該如何生存？我一定要用生命護衛好龍子。想到這裡，雲馳就對二龍說：「你們母子可安然回去，我來替螺頂赴死，你們將紅衣交與我就是。」龍母連忙說：「這太不合理，你乃具功德之人，所具功德早已遠勝螺頂龍子。具大功德者乃為一切眾生依估處，惟願你吉祥圓滿、長久住世。我們實在是因前世業力才得如此苦報，再給你增添麻煩、讓你承擔我們的痛苦，於情於理都不適宜。」

儘管龍母如是勸阻，但雲馳已經發心，他願為眾生受苦之強烈發心任誰也無法阻止。龍子也在此時勸說道：「我本該被大鵬啄食，再要無緣無故給你添煩惱就更不應該。你身乃為功德所嚴飾，以三界所有之飲食保護、供奉你軀體也不足為過。而如雜草一般的我怎值得你如此捨身？若你為雜草般的我之身軀而捨身，則定會令我心更加痛苦。母親也請返回，我現在欲往海邊郭嘎那神像前頂禮，然後便直接奔赴大鵬食龍之地。」說完，螺頂龍子便前往大鵬所居之地。

雲馳為保護牠也相隨前往，並再三向龍子索取紅布，但龍子均未理睬。正在雲馳不知如何是好之時，卻見王宮內之宦官手捧紅布前來向太子頂禮，並請求太子能盡快回去準備參加第七日沐浴儀式。雲馳收下紅布後說：「你們先行回去，我隨後就到。」雲馳得到紅布後非常高興，心想這下總算可以如願以償。他急忙趕赴大鵬屠龍所用之鮮血淋漓之石頭上安坐不動，又將紅布蓋在自己身體之上靜等大鵬到來。大鵬飛來後就逕直以金剛利爪傷害他身軀，雲馳則憑大悲心身不動搖、心不後悔。大鵬對此感到萬分驚奇，此種現象實在稀有難得，牠不知道此回受難之龍到底是何方神聖。

大鵬一邊想一邊啄下雲馳頂上寶珠，雲馳頃刻便已鮮血沾滿全身。此時雲頂大王與妻子等都向檀香林奔來，他們一方面是因億念兒子、一方面又因兒子不歸而深感懷疑才向這裡搜尋而來。一路之上，諸人不停嘮叨：「太子怎麼一去不返？」正在此時，瑪拉雅見與母親均聽到陣陣恐怖音聲，抬眼望去，卻見大鵬似乎正在啄食某物。一寶珠被啄掉後沾滿血肉從天而降，且剛好落在眾人面前。二人目睹沾有毛髮、血肉之寶珠後，立即明白此乃大悲尊者雲馳頂上寶珠，她們一見之後全都昏死過去。

雲頂則安慰妻子、兒媳道：「此乃大鵬撕扯龍子頂上寶珠，此寶珠是否為雲馳所有尚不清楚。」

待王妃、兒媳醒來後便與雲頂國王奔到大鵬屠龍之石邊，而龍子螺頂也在此時身著紅衣、從海邊頂禮完郭嘎那神像後趕至此處。牠一眼就看見雲馳正被大鵬損害，龍子不覺邊哭邊倒地昏厥。待牠醒來後，龍子悲傷感嘆道：「你為眾生估主，為何要為我這般業力深重之人遭受如此折磨、損害？」龍子隨後又向雲頂講述了整個事件經過，並再次內疚自己連累雲馳受苦。龍子又怒斥大鵬說：「你這大鵬為何也不仔細觀察？如此輕率就胡亂啄食？他像不像你平日所食之龍？你為何要殺害持明者？像你這樣不經觀察即行惡業也實屬罕見。」

瑪拉雅見聽聞、親見雲馳所受如是悲慘遭遇後，不覺再次昏厥過去。當她醒來後看到丈夫變成如此模樣，傷心欲絕地抱著雲馳身體又是幾度昏厥。大鵬聽到眾人各種悲哀痛苦之傾訴後，自己終於也生起愧咎之意，心中不時感受陣陣痛苦、悲傷情緒。父母眼見愛子似乎活不長久，便憤憤不平對雲馳說道：「你這樣做到底有何意義？你不保護自己、捨棄性命又有何等作用？對你那能遣除眾生貧苦之身軀，你為何不知自我保護？」

雲馳以微弱音聲恭敬回答說：「我雖未經父母開許，但我為利他眾，而捨棄不穩固之有漏身軀，只為能獲穩固果位，我現在以恭敬心對二老做頂禮。」大鵬聞言後悔不迭，牠開始譴責自己過失。雲馳也趁機要求牠自此以後再勿殘害諸龍，並要牠當眾發下誓願。

之後，雲馳因受傷過重已不能開口講話，呼吸愈發短促。眾人見他已生命垂危，雲頂就與螺頂開始作火化準備。瑪拉雅見則想到：火化丈夫之時，我自己亦要躍入火海。她邊打定主意邊對自己供奉之天尊郭同瑪祈請道：「我經常供奉之天女，如你有能力，請保佑我能真正擁有我丈夫。我們成婚只有七天，難道你忍心看我七天後就成寡婦？看來你平日所允諾均為虛假不實。我生生世世都願能得到雲馳！」瑪拉雅見邊發願，邊將手中曼達同鮮花扔進火中。

郭同瑪天女頃刻功夫即手捧甘露寶瓶，親自現身於瑪拉雅見眼前說道：「好姑娘，你丈夫定會復活，你若不信，只管靜觀事態發展就是。」天女言畢即臉面發光，光芒周遍一切世界，且於光中降下甘露雨水。待雲馳徹底恢復後，天女則消失不見。雲馳一甦醒即懇求大鵬能將牠以前所屠殺之龍全部救活，大鵬聽命後即刻就於原先所啄食遺留之龍骨屍骸上降下甘露，結果所有被吞食諸龍全部復活過來，牠們頂上寶珠再度熠熠生輝，並最終全部平安、歡快重返龍宮。大鵬亦恭敬供養雲馳王子，隨後心平氣和返回所居之地。

螺頂龍子則一直注目坐於自己面前之救命恩人，他滿懷歡喜、無有厭煩地長時間觀望大悲尊者雲馳太子，，帝釋天此刻也將花雨灑在雲馳頭頂。雲馳於父母腳下頂禮後便與眾人一起舉行盛宴以示慶祝，剎那間就以自己巨大福德力而令自身具足轉輪王七寶。諸天天人與各大持明者隨即便為他行新國王加冕典禮，雲馳登基後自始至終都以佛法治理國政，百姓也安居樂業，恆享平和、安樂生活。

菩薩即如是以大精進替眾生承受痛苦，他心中所思只為利益眾生。對世尊此等利益他眾之殊勝、稀有精進事蹟，我們理應生起恭敬心。

久遠之前，世間明燈如來應世說法，他所惟一宣說者只為大乘佛法。於其剎土中，釋迦牟尼佛轉生為勇勢菩薩，成為當時眾多菩薩上尊。有一魔王名為大力者亦在此時變現為佛陀形象「宣講」佛法，他所鼓吹者盡為讚嘆五種妙欲、於菩薩前供養美色、飲食、資具、鮮花、樂器、歌舞等引人生貪之內容。勇勢尊者為護持正法，就以精進力及自身威力顯示神變，將一具狗屍拴於魔王脖頸上，自己則以魔之形象前往魔王統治之國家，並權巧方便令九十九萬天女皆發菩提心，還為她們宣說正法，將她們全部安置於無上菩提不退轉果位，自己也於魔王國土中示現享受五種妙欲。

大力魔王後以脖頸上拴掛狗屍之形象回到魔境，結果卻發現天女、天子等人都在享受安樂，大力立即心生妒意、滿心不高興。九十九萬天女此時也覺察到魔王不悅表情，她們全都對他生出悲心，且議論道：「魔王一直危害眾生，自己也心煩意亂、心態不穩定，更不明真諦。我們應祈禱勇勢大尊者護衛此地，此處雖原為魔王統治之國土，但願從現在起再勿令魔王肆意騷擾。」

勇勢菩薩立即以神變於魔王上方幻化出一遠勝大力所統轄魔國之新魔域，此魔境莊嚴善妙，儼然一嶄新世界，勇勢又於此魔界旁再幻化出一世界，並令魔界眾生全部被此世界眾生降伏，包括魔王及眾魔盡皆毀滅無餘。大力魔王眼見如此衰敗景象不由傷心想到：看來我在魔國已不可能久待，於世間生存之日也屈指可數，我肯定會離開魔域。大力想及此等黯淡前景不由心生厭離，同時也深感不悅，他以恐懼心告訴勇勢菩薩說：「請你救度我，我懺悔己過。」勇勢則對他開示道：「『好友』你勿造違緣，還應摧毀傲慢心。」

如是開導一番後，勇勢又為大力魔王宣說佛法，魔王生起歡喜心後終於皈依佛門，並從此以佛法主導日常行持。

蓮面調化惡見眾生

無數劫之前，四大部洲處光顯劫時，人壽長達六萬八千年。寂光香光明吉祥如來於當時五濁興盛之時，為四眾脊屬宣說三乘佛法，釋迦牟尼佛那時即轉生為統領四大部洲之轉輪王，名為蓮面。蓮面轉輪王率眾王妃、僕人、軍隊等人眾前往如來前供養、讚嘆並聞受佛法，王妃中一名為天麗者於如來前請求能得女身轉男身之法，如來即賜與她寶頂陀羅尼法門。憑此法門所具有之大功德，所有聞法女眾立即轉為男身，且具備男根。

蓮面轉輪王則將王位交與大太子，然後與九百九十九位太子及變成男人之天麗等八萬四千男眾，再加九萬兩千眾生全部棄絕俗家、前往如來前出家求法，如理如法修持佛法奧義。

此時有成千上萬邪見眾生對轉輪王等人出家之舉大惑不解，他們議論紛紛道:「此沙門（指蓮面轉輪王）精進於造作魔業，而這狡詐沙門（指如來）在宣說幻化般有魔力之法後，竟讓眾多男眾男根消失，而女眾卻轉為男身。他還將很多人鬚髮剃除，令其皆著袈裟。這狡詐沙門一會兒宣說人、天及三惡趣存在，一會兒又宣說生死皆不存在。這等具有令女變男之魔力的形象沙門，我們連其形象都不欲目睹，更何談聽法？大家實在應遠離他。」

這時又有一學瓦童子添油加醋道：「我妻子、僕女、女兒等女眷全部被這惡性沙門變為男人，他將他們鬚髮剃除，還給他們穿上袈裟，最後又將其帶走，我真真切切為之苦惱萬分。從此之後，我們應遷移到連沙門名字都不可得聞之山岩地方居住。」其他人也湊趣說：「這沙門以仙人形象率成千上萬眾生到偏僻寂靜之地為他們宣說無有解脫、無有業力異熟果報之斷滅法，他真正乃造魔業之人。若誰前往朝拜、聽聞其教法，均能引發心生散亂。現如今依靠他之眾生，全都剃髮出家，他們以乞討為生，又喜居寂靜之地，且心生厭離、遠離妙欲。以此種表面形象宣說斷滅法之沙門，實為眾生公敵。可惜多有眾生從未見聞接觸過此類惡人，這次我們方才如夢初醒。」經過這些惡見眾生如此宣揚後，很多人都開始執持邪見，並屢屢造惡。

大沙門蓮面聽聞如此傳言後心中焦慮不安，他想：這些眾生分明執持惡見，我若不能令其守持正見、得到解脫，則我成為沙門又有何意？待我將來成佛後，此等可憐眾生如何能得調伏。思前想後，蓮面最終還是以頑強毅力與不竭悲心祈請如來率眾前往誹謗佛陀之人所居山岩地方。到達那裡之後，蓮面制止住眾人惡見，令其皆趨入三乘佛法，並對女人宣說寶頂陀羅尼法門使其統統變為男子，這些人隨後全部被蓮面交與佛陀而出家。

學瓦童子則憤怒至極地發惡願道：「我所有眷屬都已被這蓮面沙門拐帶走，此人將來成佛後，我一定要到他剎土上成為魔王，從他入胎及至最後獲得佛果之間，我要恆時製造違緣對他加以危害。他成佛後，我亦要損害他教法。」

學瓦剛剛如是發完願，蓮面沙門馬上就已對其心態了知無遺，他立刻想盡辦法，以種種方式試圖能令學瓦回心轉意。學瓦在其精進不怠之毅力與悲心感召下，終於對他生出信心，並捨棄了惡見，又向蓮面連連懺悔；蓮面則令其發下菩提心。童子諸根隨後均變得調柔，並對蓮面及佛法生信，他最後說道：「大悲尊者，願你成佛時我亦能得無上菩提授記。」此段因緣於《寶頂陀羅尼經》中有宣說。當時之天麗即

為後來之彌勒菩薩；當時之學瓦童子即為後來之魔王波旬。其後以他願力感召，於釋迦牟尼佛教法下，他也最終獲得了未來成佛之授記。

又釋迦牟尼佛曾於瞻部洲成為仙人國王，他一直對大乘經典充滿信心，始終持之以恆、無有吝嗇及嫉妒心地為眾生宣說大乘法門，並成為貧窮者及無估主之人的無偏親友。

當時並無如來出世說法，連聲聞也無處可覓，國王就在十二年中以財富、僕人等方式供養大婆羅門。仙人國王有一天對這些大婆羅門說道：「你們作為大尊者理應發無上菩提心。」

婆羅門卻回答說：「國王，其實根本就沒有菩薩法相，亦無所謂大乘經典。」因國王對大乘法門有極大信心，為制止諸婆羅門誹謗大乘經典之惡行，他便趁勢將其全部降伏。結果因其清淨心之力，國王從此永免墮落地獄之苦。

保護大乘經典便具有如是無法衡量之功德。

又久遠之前，於音施如來教法下，有一國王名為吉祥妙音，他經常建築眾多善妙如來佛塔以為供養。釋迦牟尼佛當時轉生為一樂施菩薩，後有一日，樂施將右手以布包裹，在酥油湯中浸泡後便點火燃燒以供養佛陀。結果所放光芒竟遠超無數盞燈光之亮，光輝普達恆河沙數世界。整個大地皆開始震動，無數如來剎土亦降下花雨。而菩薩卻毫無懼色，他鎮定自若、顏面未改，還以悅耳妙音宣講平等等持法門。

諸天人看到後都趕來供養他，吉祥妙音國王親眼目睹後也率八十王妃從萬丈宮殿上齊往下跳。不過因他目的乃在於拜見菩薩，故而國王身體未受絲毫損害。國王眼見樂施菩薩右手燃燒，心痛至極不由得放聲大哭，他噢咽著以偈頌方式尋問菩薩。樂施則回答他說：「何人若無手，此人非殘疾，何人戒不淨，此人真殘疾。醜惡之此身，應做大功德，世間應供處，我今供如來。」言畢，菩薩以宣說諦實語之力，再次令大地震動，而他右手也恢復如初。

樂施比丘能令任何目睹他身相之女人全部轉為男身，並獲不退轉授記；他亦令天人等無量眾生趨入菩薩道。

常不輕比丘得名由來

無量劫之前，畏宣妙音王如來於巨源世界出世傳法，他為眾生宣說聲聞及大乘法要，住世長達四個恆河沙數劫。當時佛法於瞻部洲成千上萬微塵數劫中存在，形象佛法亦住世無數微塵數劫。佛法形象期隱沒後，此世界又出世二億皆名為畏宣妙音王之如來。第一位如來教法接近形象期末尾時，眾多增上慢比丘紛然應世。當時有一比丘名為常不輕菩薩，此菩薩之得名自有一番來歷。

常不輕比丘每每看到四眾眷屬中任何一位時，總要現身其前、不厭其煩地說道：「我絕不會輕視你。大尊者，你不會受到我任何欺凌。為何如此？因你們皆行菩薩行，將來必獲圓滿佛果。」他不惟對四眾眷屬如是宣說，但凡碰到任何一位眾生都會將上述話語重複一遍。除去反覆訴說「我絕不會輕視你......」外，常不輕既不誦經，亦不為眾生講法，只是翻來覆去講述這幾句話。大多數人都不耐其煩，他們紛紛對他生起嗔恨之意與邪見，並痛罵、毆打他。這些人理直氣壯怒斥道：「我們從未問起過他，他為何自顧自喋喋不休地整日咕噪：『我絕不會輕視你......』，他這種作為即是對我們最大的輕視。更何況我們從未希求聽他開示，他竟恬不知恥還要為我等授記得無上佛果！」

眾人即如是經常罵他、揍他，但菩薩多年來從未生過嗔恨心及損害眾人之意。每當他又老生重彈時，有人便用棍棒、糞便痛擊他，他躲到遠處後依然平和說道：「我絕不會輕視你......」。多年來他即將這些話在增上慢諸眷屬前廣泛宣說，人們便因此而稱他為「常不輕比丘」。

常不輕菩薩臨死之前已聽聞過妙法白蓮法門，此法門有成千上萬偈頌，曾被畏宣妙音王如來宣說。當如來宣講妙法白蓮法門之音聲從虛空中自然傳出時，常不輕無漏聽聞。在精進聞法、守持後，他眼、耳、鼻、舌、身、意六根立即得以清淨，壽命也因此而延長，他就在隨後之千百萬年中為眾生宣說此法門。增上慢比丘等四眾眷屬看到常不輕菩薩漸漸具有神變力、誓言力、辯才力、智慧力等功德後，都開始對他生出敬意，相繼來到他足下聽聞，有無數眾生都因之而在他面前發起無上菩提心。

常不輕圓寂後，多生累劫轉生為兩億畏宣妙音王如來前聞法之人，每一世他都能令如來歡喜，且在兩億如來前依次聽受妙法白蓮法門。隨後以其前世善根力成熟，他又連續轉生為兩億鼓聲王如來前聞法之人，又一一令諸如來均生歡喜心，並於兩億如來前締聽聞妙法白蓮法門。他不僅如是聽聞，更世世嚴持妙法白蓮，還為四眾眷屬廣為宣說。之後，兩億云聲王如來出世，常不輕又轉生無數次，且皆令眾如來歡喜，並再度將妙法白蓮法門次第聞受、為眾人宣說。於每一佛陀前聞法後，常不輕均會六根清淨。

常不輕菩薩即如是於無量無邊如來前承侍、供養，並聽聞受持妙法白蓮法門，以此善根終於成為後來之釋迦牟尼佛。假如他當初不守持妙法白蓮法門，他絕不會在如此迅速之時間內證悟成佛；正因他恆時守護此法門，成佛時間才大大縮短。而那些以惡心故意傷害、欺侮常不輕菩薩之眾生，在二億大劫中都未曾聽聞三寶名稱，一萬劫中於無間地獄感受痛苦。待其業障完全消除後，這些人終獲解脫，又是常不輕菩薩令其皆發無上菩提心。在此等善根日後成熟之眷屬

，有護賢等五百位菩薩，尚有五百比丘尼、五百優婆夷等四眾弟子，他們皆於無上菩提中獲不退轉果位。

故而守持此法門有極大利益，即使佛陀涅槃也應守持不廢，並常常讀誦。依此妙法白蓮法門定能獲得圓滿菩提果位。

諸多精進行跡

久遠之前，精勤燃如來於妙見世界正處花源劫時出世說法，當時之世界沒有女人，眾生皆從蓮花中化生，如來恆時宣說精進法門。那時釋迦牟尼佛轉生為一堅鎧菩薩，他有一日於如來前詢問何為精進法門，如來便向他宣說了精進、努力、妙觀察、勤修等四種有關精進之法門。堅鎧隨後就開始精進修持，並在一千萬年後終獲相應安忍境界。

堅鎧後於不離精進之心態中安然離世，並再次轉生於如來面前。他又開始聽聞精進法門並努力修持，隨後再次離世，然後又再度轉生。他即如是於八萬四千如來前聞法，並令諸佛皆心生歡喜。妙見世界花源劫中，堅鎧世世都在如來前精進修法，不斷希求善法。因他所具有之大精進力已遠超過成千上萬菩薩眾，故而堅鎧在他們之前早一步成佛，此道理在《慧海請問經》中有詳載。

在燃燈佛之前，有如來名天王如來者出世說法，當時世間人、天眾生全由蓮花化生，根本沒有女人及淫亂字眼存世，連聲聞乘都未曾得聞，全部教法皆為大乘法門，針對大乘根機之利根者。眾生若有所需，無論飲食、衣物皆隨念而至，善妙境況同於兜率天。眾生臨死之時，皆騰空至七多羅樹高之處，並宣說無生法門，然後便隨心所欲前往如來住世之剎土中。於其剎土中，如來及眷屬皆不著袈裟，只穿清淨天衣，又無遮止戒律，眾生全部具足無生法忍，對如來所宣法門樣樣精通。眾人同時得到安忍、陀羅尼等功德，且如來為一法王，再無其他任何國王，如來並且對七萬兩千菩薩做過授記。

釋迦牟尼佛當時也為天王如來眷屬，名為無垢清淨光菩薩。眼見其他菩薩紛紛得如來授記，他不禁內心多少有些波瀾。他想到：得授記之菩薩無人能在正念及智慧、精進等功德上超過我，但為何偏偏就我不得如來授記？

如來早已洞悉他的想法，便溫和地對他說道：「善男子，將來燃燈佛會為你授記。」無垢清淨光聽罷當然高興萬分，他騰身虛空說：「儘管燃燈佛一恆河沙數劫後方能出世，但我必獲如來果位，此乃如來以真實不虛之語親口所宣。」

無垢清淨光菩薩隨後又令光明如來等諸佛皆生歡喜，並於眾多如來前聽聞戒律、神通、妙慧、智慧等四幻化法門，且身體力行，後終於燃燈佛前得授記。

無量劫之前，藥王如來於莊嚴剎土加行劫時出世說法，並住世二十中劫。當時有一轉輪王名為寶傘，寶傘擁有一千太子，他即於五中劫中率太子、眷屬等人以各種物品供養、承侍如來；一千太子隨後又於五劫中承侍如來。釋迦牟尼佛彼時即轉生為一千太子中一月傘王子，有一次他前往寂靜地，欲以更為殊勝之方法供養如來，但一時又不知何種供養法方為殊勝。此時承佛神力加持，天人便來到王子前說道：

「所有供養中最殊勝者乃為法供養。」王子急忙問：「如何才是法供養？」天人回答說：「你可向藥王如來祈問。」

王子又問藥王如來，如來告訴他說：「善男子，有兩種供養堪稱為法供養：一者讀誦、受持、憶念、精通與世間論典不同、難以證悟之無緣空性佛典；二者趨入菩薩三藏、陀羅尼、六波多蜜多、宣說不退轉輪及諸佛讚嘆之經典。」

月傘王子為獲相應無生法忍，便將所有衣物、飾品悉數供養如來，並請求說：「我欲守持正法，請如來加持。」王子隨後就出家求道，並精進修法，不久即獲神通、陀羅尼、辯才無礙諸功德。待如來圓寂後，他開始轉大法輪，於十劫中宣說佛法，度化無量無邊眾生。

又久遠之前有一具意如來，於其教法下釋迦牟尼佛成為稱光比丘，一直修持大乘法門。他經常想：從今乃至菩提果之間，我身所有之皮、經絡、骨頭、腹部乃至血肉全部乾癟都不足為惜，我無論如何都不能放棄精進！

想畢，稱光比丘即用布包裹住身軀，又沾滿酥油，然後在如來前點燃自己以供養世尊。大火燃起之時，他又以偈頌讚嘆如來道：「如來自然智慧無邊際，遠離過患驕慢一切罪，慈光觀照趨入劣道眾，祈請宣說遍智殊勝道。」

久遠之前有一百光如來出世說法，他以放光神變幻化出眾多如來為眾生宣說佛法，令無量無邊眾生皆獲無生法忍。當時有一比丘名為明目一直承侍如來左右，他也即是後來之釋迦牟尼佛。明目比丘非常瞭解幻化如來所調伏眾生之心，每當如來宣法時，他也傳法教導眾人。明目還於如來前為眾生做大量瑣事，並以其承侍如來、服侍眾生之功德而使無數眾生均發無上菩提心，並進而獲不退轉果位。

無量劫之前，盛譽如來出世說法，釋迦牟尼佛當時轉生為一妙行菩薩，所發誓願極其堅固。他之大願為：願我成佛時，我所教化剎土中所有眾生均為圓滿無上菩提之法器。若他們不能堪為法器，我則不欲獲圓滿菩提果位；任何轉生於我教化剎土中之眾生，願他們皆能速得神通、順利涅槃；願所有轉生我剎土中之眾生，都能棄惡從善，並在無上菩提道中永不退轉；願我剎土中無有三惡趣、非天及痛苦名稱；凡轉生我剎土中者，除以願力住世之菩薩外，無有最後有者。

釋迦牟尼佛即如是發願住持清淨剎土，故而我們應明白：釋迦牟尼成佛後不僅住持我們所居之五濁剎土，也住持其它清淨剎土。

久遠之前，釋迦牟尼佛曾轉生為淨慧國王，他當時就已供養承侍過無數如來。國王一日心生一念：以有相承侍怎能令佛陀真正歡喜，將世間財富供養如來亦難令世尊究竟快樂，看來我應以希求如來智慧讓佛陀心生真正歡樂。想及此，他便發願為利益一切眾生定要成佛，且要顯示最廣大、迅疾之神通以令眾生皆能盡快成佛。他還發願道：「於我成佛後所居剎土中，願能有眾多如來住世度眾。」

正因釋迦牟尼佛當初如是發願，故而賢劫中才會出現九百九十尊（似應為九百九十九尊）佛陀。他在無邊無際佛陀前均以身、口、意供養承侍，且不斷發心，以猛厲信心修持佛法。憑上述諸種善根，釋迦牟尼佛剎土廣大無邊。

久遠之前無量光如來出世時，釋迦牟尼佛曾轉生為威猛菩薩，成為當時七十萬菩薩上首。威猛以種種善巧方便而精通眾生行事時間、對眾生說法時間及親近眾生之時機，並具備為別眾宣說各種佛法之菩薩所具有之無量功德。他經常專注於無量光如來，目不暫捨。當其從一佛剎到另一佛剎追隨佛陀時，無論他到哪一剎土，凡他到達該剎土時，此剎眾生便知道如來出世情況。魔眾對他深感恐怖，而天人則心生歡喜。這些剎土全部遍滿金色光芒，眾生因不知光從何出而咸感稀有。

此時從空中傳出聲音道：「此剎遍布如來光芒，何人欲見如來，只需邊合掌邊言：『我等欲見如來』即可如願見到。」無量光如來幻化出成千上萬佛陀，每一眾生面前均有一幻化如來，眾生不見任何人惟除眼前幻化如來。如來光輝整日照耀，於如來沒有涯際之剎土中，無量菩薩皆獲不退轉果位。

無量光如來使威猛菩薩生起精進心與力量後說道：「善男子，你可追隨我之光輝，我放光照於何處，此處即我剎土之邊際。」世尊邊說邊發出金色光束，威猛即以神變追隨佛陀光芒，如是經過無量劫亦無法及於終止處。當菩薩稍稍生起懶惰之意與疲累之態時，如來身相現於空中並說：「善男子，你不應懈怠，亦不需執著疲勞感覺，請繼續追隨我身光芒。」

如來言畢即以神變加持威猛菩薩，遣除他身體疲累與心裡懈怠，增加他的精進力。又經過無數劫長時尋覓，威猛最終看見一如意寶樹，此樹的光亮很遠之地都能望見。他便將袈裟披於肩上，右膝著地，祈禱無量光如來道：「智慧無垢離污染，如來光芒照世界，汝之光輝極無邊，我無法追隨到底。」

此時虛空中現出七寶宮殿，宮殿中如來顯示身相且說道：「何人住於我腳下，或住邊遠偏僻地，眾人聲音我皆聞，修行狀況我亦知。十力功德佛具足，眾前顯現實不虛，諸法實相如來知，工巧明等亦遍解。如來剎土諸眾生，聽聞此語皆生信，安住無上菩提果，於佛法中不退轉。此法不同於聲聞，不共佛法汝當知，任何菩薩心清淨，摧滅魔過得菩提。」

以佛神威加持，如來妙音傳遍整個世界。

又久遠之前有一超離諸眾如來於善目世界出世說法，釋迦牟尼佛當時轉生為無邊持力菩薩，成為七十萬菩薩主尊。他精通六度萬行及一切方便法，所具威力、功德超過所有菩薩，又能調化聲聞根機眾生，還恆時供養、承侍如來。他能將身心留住今生今世安樂之中，在八十萬世界與如來剎土之間，以種種化身利益眾生、成熟他們的善根。

如來有一次詢問他說：「善男子，能令無量無邊世界中諸如三惡趣，非天、無暇之處盡皆消失、所有如來剎土一剎那間都得以顯現之利益眾生法門能否現前？」

無邊持力菩薩回答道：「世尊，此等方法於一剎那間當然可以顯現。」如來又問他：「善男子，此等法門到底能否顯現？眾生壽命如今已長達無數劫，眾多菩薩均開始放逸、懈怠。如此一來，一剎那間又怎能令這些設想全部成熟？」看到菩薩略顯困惑，如來便諄諄開示道：「善男子，我實告汝：如來剎土本無量無邊，而佛陀則對其再三觀照，以此之故，如來不可調化之剎土實不存在，於一剎土中都有眾多如來方便應世、調化開導。是故善男子，你應深信如來教言，此剎土理應得到清淨與度化。善男子，你已於無量如來前積集善根，無等大慈早已具備，你之智慧亦超越常人，如此看來，你是否有信心於一生當中度化一切眾生？」

無邊持力菩薩慷慨答言：「若如來開許，我定會對眾生生起最大悲心。為眾生利益，我願無量劫中以歡喜心趨入火海。」

超離諸眾如來顯示涅槃後，菩薩將如來法體做成舍利塔並行廣大供養。他時常憶念如來教言，並以慈悲心攝受眾生。又幻化出無量無邊化身，令如來剎土如盛開鮮花一般遍滿不退轉菩薩，然後才離開人世。

又釋迦牟尼佛曾為木頭王子，身相醜陋不堪，但人卻勇敢、堅強，遠遠超過其他怨敵。木頭王子將六國全部劃在自己統領之下，帝釋天隨後也贈其如意寶。以此如意寶威力，木頭王子身體竟變得與天人一般莊嚴，財富也廣大圓滿，他便依此而行佈施，具體詳情請參閱《賢愚經》。

釋迦牟尼佛又曾示現為持力魔鬼，於五百如來教法下廣行魔業。後當魔信如來出世並正要顯現得菩提果位時，持力魔鬼便欲製造違緣。而如來早已知道魔鬼前世善根，於是便來到持力前顯示神變，魔鬼頓時就回憶起以前在如來前因造魔業而墮入地獄中備受煎熬之痛苦情景。持力立刻生起厭離心，並皈依如來，又懺悔以前所造罪業。他對如來所傳甚深法要深信不疑，並最終發下無上圓滿菩提心。

釋迦牟尼佛還曾示現為匝俄之女商主，某次當匝俄之女去海中取寶時，他先因對母孝順而感受快樂果報；後當不敬母親之業力成熟時，匝俄之女頭上就長出鐵轉輪。他此時則對眾生生出悲心，並因此而發願道：「所有眾生因對母不孝而造惡業之果報，我願全部承受，願鐵輪只在我頭頂旋轉。」以此慈悲願力感召，匝俄之女當下遠離痛苦，並於死後轉生兜率天。

釋迦牟尼佛又曾轉生為阿渥仙人，他到一寂靜地於六萬年中依一隻腳而精進苦行。帝釋天知道後便於虛空中對其頂禮，又令欲界、色界天人對他行廣大供養。阿渥仙人能回憶起天上最初出現之星宿，又精通世間最開始時邊際在何處等學問，他還據此創制天上星宿運行規律，並安立諸如瞬間、刹那、白晝、夜晚、月、年等時間概念。諸天人皆對他生起歡喜心，並讚嘆道：「如此眾生實乃整個世間獨一無二。」

久遠之前，獅力如來出世說法，當時釋迦牟尼佛轉生為一金剛幢菩薩。他在聽聞甚深佛法及陀羅尼並受持後，就前往各個城市患有種種疾患眾生前，以自己聽聞及受持之力令此等眾生皆獲解脫。

久遠之前，釋迦牟尼佛曾轉生為一菩薩，當星勝如來入火滅盡定時，菩薩單腳獨立，於七日中繞轉如來，他以偈頌讚嘆佛陀之眾多因緣在佛經中有廣說。

有關契經中曾記載，釋迦牟尼佛轉生為菩薩時，從無造作任何必墮地獄之惡業。但為利益眾生故，他曾以發願力轉生地獄。

當人壽一百歲時，轉生為菩薩之釋迦牟尼佛看到恒河沙數地獄眾生深受痛苦煎逼，菩薩便以發願力取地獄眾生形象，於無量時日中，在罪業深重眾生前廣宣十二部經，摧毀他們各自所造惡業。除惡見眾生外，菩薩度化無數地獄之眾。

賢劫之中，為無量眾生利益，佛陀顯示為旁生之軀，諸如食肉旁生、熊、鴿子、猴子、龍、蛇、大鵬、魚、烏龜、狐狸、兔子、牛、馬等利益同類眾生；他還以餓鬼身形救度無量無邊餓鬼眾；在屠戶家中，他又以殺豬、殺雞、撒網捕魚等屠夫形象教化眾生；於劣種之家，則以強盜形象利眾…

…菩薩從未造作此等惡業，只為調伏眾生，他才以其發願力以如是軀體來教導群生。

釋迦牟尼佛亦曾轉生在邊地，以貪、嗔、癡等三毒行持非法，又不信三寶、因果，不孝父母，不敬長老，諸如此類、不一而足，他即以如此形象開導眾生。

釋迦牟尼佛還曾以女人身相及身體面目醜陋不堪者、具猛厲貪嗔癡三毒者、嫉妒心強者、吝嗇者、幻化師、魔術師、太監、石女、裸體外道、誹謗因果者等種種面目教化相應根機眾生。

為使眾生解脫輪迴苦海，世尊身披大誓願鎧甲，趨入持惡見、邪見之眾中，以與他們相當之形象利益此等頑劣之眾，相關詳情可參見《涅槃經》等經典。

又《崗波請問經》中云：「我於過去行菩薩行時，為眾生利益而捨棄自己身軀，以眾生為主人、自己作僕役，曾廣行無量雜役：時時為別人端屎倒尿、灑掃除穢、割麥刈草、收穫莊稼、辛勤擠奶、措柴砍樵、生火燒炭、挑水下廚……。

「如是勞作之時，從未生起過『我不欲做此等雜事』之念；為眾人製作香、花、飲食時，亦未生起過『我不欲做此等雜事』之念。欲為、願行之事，我自會心甘情願去做；不欲為、不情願之事，我亦自覺行之，定不會袖手放棄。無論國王種姓或平民、婆羅門喚我做事，我絕不前思後想我能否為之；如有人相招，我定會跟他前往，所有如理如法祈請，我盡皆滿足。迄今為止，我所承辦之事樣樣圓滿，自始至終未曾想起有何不圓滿之事。」

《持世請問經》又云：「善男子，我過去恆以大精進力及善巧方便力利益眾生，為獲無上圓滿菩提果而積聚資糧。善男子，我能憶念過去世時為利益眾生，我曾日日將自己軀體幻化為一千之眾，在眾生前廣行佈施。善男子，我於百千萬世中觀見眾生受飢餓之困，我便時時自煮身肉以為佈施。如是做時，我未生起過剎那煩惱、後悔心，心中所充盈者惟有對此等眾生之周遍大悲心。」

釋迦牟尼佛在因地時，身披不可思議精進鎧甲，趨入無量六波羅蜜多，廣做世人難以想像之精進事業以利眾生。

以上圓滿宣說了釋迦牟尼佛廣行精進之種種因緣。

七、尋法品

為半偈捨身

釋迦牟尼佛在因地時，捨棄眾多難以割捨之人、財、物，只為以此而尋覓佛法。

久遠之前當如來未出世時，釋迦牟尼佛那時曾示現為一外道婆羅門。當時他精通一切學問，行為亦調柔寂靜，不但煩惱微少，心與行為都清淨無染。

他為尋覓大乘經典已四下打探過很多時日，但卻連大乘名稱都未曾發現、聽聞。其後他在一泉水清洌、瓜果豐饒之森林中入等持、修禪定，不過雖苦行多年，因無如來出世，故而始終無從聽聞大乘教義，他只能獨自苦苦尋覓、默默等待。

帝釋天與天子有次於天界集會，有天子即以偈頌方式宣說了人間某位仙人苦行修道之境況。有太子斷言說此人可能是外道，只欲獲帝釋天等天界果位。不過有位天子仙人卻批駁道：「此人苦行根本不為獲得天界果位，他只欲利益眾生，故而才會不顧惜自己身體與一切財富而精進苦行，他唯一目的即為誓得無上圓滿佛果。」帝釋天此時則以見多識廣、老謀深算之語氣說道：「按你所說，此人即為佛陀如意樹一般，這樣一來，他豈不成為所有眾生真正皈依處？他定會以蔭涼遣除眾生熾熱煩惱，我等熱惱也應被其熄滅。但這實在令人難以置信，因雖有無量眾生發過菩提心，不過他們發心就如水中月一樣，水波稍一動盪，月影也晃盪不平，只要一遇違緣，這些眾生所發菩提心便會立刻隨之退轉。正與我們繪畫相似，作畫不易，毀壞卻易如反掌；真正發心難於上青天，而退轉卻似順風行船、一拍即成。好像一人手執兵器，一遇敵軍即速後撤；這些所謂發心之眾如遇輪迴恐怖又怎能不敗下陣來？所以很多人雖說以清淨行為厲行苦行，但為獲無上菩提之發心是否真正穩固，我們還是應到其面前仔細觀察一番，看他能否肩負起發無上圓滿菩提心之重擔。正如車有雙輪就能飛馳、飛禽有雙翼便容易飛翔一樣，一個苦行者雖具清淨戒律，有無智慧還得另當別論，我們必須詳加觀察。若他真有智慧，則必定能肩負起無上菩提之重擔。又好比水中魚兒雖產下眾多魚卵，怎奈真正長成大魚者卻寥寥無幾；芒果枝頭花朵累累，但給出果實者卻少之又少。發菩提心之眾人數雖多，又有幾人能獲真正菩提果？我們還是一同前往，應似冶煉黃金一般再三對其觀察、評判。」

帝釋天言畢即變現為一令人恐怖之羅剎，飛臨雪山仙人苦行地附近，並高聲宣說以前於如來前所聽聞偈頌之一半：

「諸行無常，有生有滅。」旋即便來至仙人前以恐怖眼神打量四方。

苦行仙人聽到這半偈後，就如在恐怖深淵中找到朋友一樣，又好似長期疾病忽以良藥而得以治癒、落水者發現船隻、乾旱地找到淨水、遭怨敵羈捕今得逃脫、長時身陷囹圄終獲釋放、久旱逢甘霖、客人遠行後終又返回一般，內心歡喜無法言喻。他急忙起身、將頭髮向後攏齊，又抬頭四下掃視聲音出處，但除眼前羅剎外一無所獲。他不禁滿懷疑惑問道：「是誰打開解脫之門？是誰傳出如來妙音雷聲？是誰將我從輪迴睡夢中喚醒？飽受輪迴飢荒痛苦之人，是誰賜與其無上菩提妙味？無量眾生沉迷輪迴大海中時，是誰開來解脫寶舟？無量眾生深受煩惱疾病困擾時，是誰贈以解脫妙藥？聽聞半偈後，我心就似半月出來後蓮花全部盛開一般，智慧心花亦倏而打開。」

苦行者此刻想到：除羅剎外不見任何人，莫非剛才半偈為羅剎宣說？不過他轉念又想：羅剎長相如此醜陋，他既聽聞偈頌，為何還不能遠離醜相？火中豈能生蓮？太陽光輝中豈會出現涼水，這種人又怎會說出如此美妙之偈頌？但苦行者隨即又自我譴責道：「我自己實乃孤陋寡聞，此羅剎也許以前見過佛陀或聽聞過佛陀教言，我又怎可妄加揣測？自己還是趕快向他求教後半偈為妙。」想到這裡，他急忙對羅剎說：「善哉，大士夫！你從何處得聞過去如來所說法語？此偈乃宣說三世諸佛聖道，超離世間、具有十力之佛語，持世間邪見之外道何能聽聞？」

羅剎故弄玄虛說道：「你休要打聽這些！我已多日滴米未進，飢渴難耐之時，我自會胡言亂語一氣，就如剛才所說，我並非是以正念宣說偈頌。我飛到虛空中時，無論在北俱盧洲還是天界，全都找不到任何飲食，故而我才顛三倒四、瞎說一氣。

婆羅門苦行仙人求法心切，他真誠對羅剎說：「大士夫，若你能圓滿宣說偈頌，我願一輩子作你弟子，請你無論如何都要將偈頌詞意完整傳授與我。」

羅剎仍狠心說道：「你太固執亦太自私，只知為自己考慮，從不考慮我已飢腸轆轆。現如今我腹響如鼓，沒有絲毫力氣再費唇舌。」

婆羅門苦行者急切問道：「你以何為食？」羅剎偽裝說道：「勿向我提及此事，否則許多人都會恐懼萬分。」婆羅門不覺有些疑惑：「空無一人之處哪有外人？在我們之間，我又不懼怕你，你為何還要吞吞吐吐？」羅剎這才假意說道：「我以新鮮人肉為食，還要配以人之熱血。

不過因我福德淺薄，儘管四處尋找，但始終無法滿願。人世間多有眾生，但人們大多都有大福報，各個受到天尊護佑，故而我實在無力將其殺害。」

婆羅門為聽法故就對羅剎堅決說道：「你所念偈頌有大意義，若能將後半偈傳與我，我願將自身供奉你。我身曾為野狼、老虎等猛獸吞食過，但絲毫功德都未曾獲得。而今為得圓滿菩提，我獻出身軀才能使這無實質肉身獲取實義。」羅剎繼續試探他：「你為八個字就願將自己寶貴身軀捨棄，有誰會相信這欺誑之語？」婆羅門再次向他表白心跡：「正如有人願用自己破碗換取珍寶器一樣，我這有漏不實之身即將轉成金剛身，我何樂而不為？我真心實意願奉獻我肉體，帝釋天、梵天、四大天王、菩薩，乃至十方諸佛均可為我作證，我為八個字之偈頌心甘情願捨身聞法。」羅剎感慨答言：「你既真正欲聽聞正法，我就將後半偈傳授與你。」

聽到羅剎願意宣說半偈、婆羅門就以大歡喜心把衣服脫下當成坐墊，合掌祈請羅剎能於其上為自己傳講半偈。羅剎隨即吟誦道：「生後滅盡，寂滅即樂。」然後又重提話頭：

「如今你已完整聽受全偈，若為真正利益眾生而行持，就應將自身馬上佈施。」

婆羅門聽聞後對此偈重視非常，他覺此偈太有價值與利益，他隨即將偈文於岩石、牆壁、樹木及街道上廣泛書寫，然後便準備兌現諾言、捨身佈施。為不損害、毀滅內身，他將身軀以衣物層層包裹後，舉身攀上樹梢準備下墮。樹神急忙勸阻說：「善哉，殊勝大士！你現在到底如何考慮？」

婆羅門心無掛礙回答說：「我從羅剎那裡聞得一首佛偈，為報恩故而欲捨身。」樹神聽罷不覺有些疑惑：「聽聞這首偈頌又能帶來何種利益？」婆羅門為他解釋說：「此法為過去、未來、現在諸佛所宣說之空性法門，我是為聞空性之法方才捨身，絕非貪圖名利，亦不為獲轉輪王、梵天等人天安樂而捨身，為一切眾生利益我才甘願佈施身體。見聞我捨身之事蹟後，願吝嗇者能廣行佈施；佈施後心生傲慢之眾生，願能如我這般心無任何執著而佈施。」婆羅門一邊發願，一邊就似吐唾液、拋石塊一樣從樹上輕鬆躍下。

此時虛空中傳出美妙音聲，並一直上達非想非非想天，羅剎則現出帝釋天身形，並於空中接住婆羅門身體，又與諸天子、梵天王等天界眾生到婆羅門前頂禮、讚嘆道：「善哉，善哉，大菩薩！你為無邊眾生利益，以大智慧明燈摧毀眾生無明黑暗。我們雖為維護如來教法，但依然給你平添太多麻煩、惹你心亂，現在特誠心向你懺悔，願你將來成佛時能度化我等。」帝釋天等天人說完即隱身消失。

婆羅門以捨身為得半偈之因緣，迅速圓滿十二劫資糧，先於彌勒菩薩而成佛。

又釋迦牟尼佛以前曾轉生為一婆羅門子，名為喜法，素喜清淨戒律，又具足善法，故而名聲遠播。當時有一婆羅門對他心生妒意，便以惡心對婆羅門子說道：「你若能跳入火坑，我則為你宣講佛法。」婆羅門沒有絲毫猶豫便答應下來，為求法，他甘願捨身入坑。

此時有眾多施主及婆羅門均勸他切勿輕率行事，但喜法為滿婆羅門上師所願，根本不聽眾人勸阻。他將火坑備好後就請婆羅門傳法，婆羅門宣說一偈道：「恆喜行佈施，恆受清淨戒，精勤修善法，以智得勝法。」喜法聽到後非常高興，他馬上集中起眾人，並為他們宣說此偈，然後慨然說道：「為獲無上菩提，願我所作所為均有大意義，不會成為無意義之舉。」說完即縱身躍入坑中。結果坑中烈火自然熄滅並變為一蓮花池，而喜法則端坐蓮花池上，並為眾人宣講梵行四德等法門。

那位惡性婆羅門此刻則遍身突燃大火，並立墮可怕大地獄中。喜法急忙安慰他說：「上師請勿恐懼，我定能使你獲得解脫。以我為眾生行菩提道之真實力，願此婆羅門自身烈焰即刻熄滅，並能從地獄中得到解脫。」

當時之婆羅門即為後來之吉祥藏施主。

為得妙法能捨一切

久遠之前，釋迦牟尼佛曾為梵施國王，總喜將自己財富全部佈施。有次他與美麗王妃及大太子一同前往崗薩地方後，發現一身相醜陋之食肉鬼正於面前虛空中跏趺而坐。食肉鬼見到梵施國王後便說道：「我過去曾於佛前聞受過佛法，你若願意聽聞，我可向你傳授。」

梵施國王聞言喜不自勝，他急忙說：「大食肉鬼，你快快宣說，我極欲聽聞。你需要何等賞賜，我均可滿足。」食肉鬼於是列出條件：「我要你最珍愛之自身、妻子、兒子，將這三者全部給我後，我才可為你傳法。」梵施國王不禁問道：「你要我們三人有何用途？」食肉鬼毫無愧色答道：「我要吃！將其食畢我才可說法。」

國王看看右邊兒子、左邊妻子，正欲下定決心之時，食肉鬼催促說：「快快給我，交與我後你即可聽聞從輪迴中獲得救度之勝法。」食肉鬼此時已從國王表情中了知他欲捨棄身軀及妻兒之決心，於是他宣說道：「自他欲得樂，勿造諸惡業，凡愚樂不善，今生來世苦。」

國王聽罷深感稀有，他想：為得此偈，即便將恆河沙數妻兒捨棄也難抵其值。想及此，他便從坐墊上起身，右手抓住兒子準備將其奉獻。結果這食肉鬼現出原形，卻原來為帝釋天。帝釋天對國王說：「你確實能厲行佈施，善哉，善哉！我乃帝釋天，你有何欲求請儘管明說。」

國王馬上對他說：「請賜與我滅盡生老病死等痛苦之悉地。」「此願恐我無法滿足。」帝釋天為難回答：「惟有佛陀才有滅除一切痛苦之法門。除此之外，你還需何等賞賜，我定竭力供奉。」國王失望說道：「你既無法滿足我真正需求，賜給我其它物品又有何益？你自己尚如象入泥淖般無力解脫。」

又久遠之前，釋迦牟尼佛曾為妙色國王，統領整個世界，具大威勢。他曾這樣想過：我雖以種種珍寶、受用利益眾生，但卻未曾以佛法予眾生真實利益，我現應尋覓佛法以度化眾生。國王便下令：「整個瞻部洲是否有能為我宣說佛法之人？若有之，我願賜與他一切所需。」儘管如是下令，但卻無人能為他宣講佛法，國王內心十分痛苦。

毗沙門天王為觀察他發心，就變現為一令人深覺恐怖之夜叉。他來到王宮門口問道：「欲聽法者可向我討教。」聞聽此話，國王非常高興，他急忙到夜叉前頂禮，又讓他坐上高高法座，然後通知大臣、眷屬等人全部集中，齊來聽夜叉傳法。夜叉則提要求說：「聞法怎能如此輕易，你欲聽法尚需滿足我所提條件：你若能將王妃及太子送與我為食，我才可為你宣說佛法。」

國王沒有絲毫猶豫便將最寵愛之王妃及太子送與夜叉，夜叉當眾將二人吞食。大臣們各個流淚勸阻國王，但他尋法之心又堅定又急切，任何人都無法勸阻。夜叉吃完人後就開始傳法：「諸行皆無常，有生即痛苦，五蘊無相空，亦無我我所。」國王聽罷深感滿意，他對自己剛才佈施之舉未生任何後悔心。他又將所聽佛偈記錄抄下，於整個瞻部洲眾生前廣為宣說，並令其皆學此法。

毗沙門天王此時則現出天身，他一邊讚嘆國王，一邊又將王妃太子重新交與他，原來剛才殘食僅為幻變而已。

身做千燈

久遠之前，釋迦牟尼佛曾為瞻部洲國王，名為甘謝訥巴樂，當時他統領諸多小國，又具有強烈悲心。一日他想到：既然我已成眾生君主，他們亦對我信賴、喜愛，那我更應以佛法饒益他們。心意已定，他便對眾大臣說：「誰願為我宣說佛法，我可將全部財產悉數賜與他。」

有一婆羅門名為力得吉者聞言便對國王說：「我掌握有佛法。」國王立刻對他恭敬承侍，並表示願意聽他傳法。力得吉對國王說：「如你真想得法，那就必須以自身軀體做成一千盞燈以為供養，我才可為你宣說佛法。」

國王聽到這一要求後滿口答應下來，他還派人在瞻部洲廣為宣傳道：「國王為聽聞佛法，七日後將以自己身肉做成千燈供養。」大眾聽到如此消息後，盡皆哀傷痛苦，他們紛紛來到他面前頂禮哀懇道：「我等愚癡可憐之眾，猶如盲人依賴有目者，或兒子依賴母親般仰仗你為生，若你身成千燈，則必死無疑。為一婆羅門你實在不應將世間眾生全部捨棄。」

王妃、繼承王位之五百太子、一萬大臣此時均祈禱他萬勿如此行事，而甘謝訥巴樂國王卻意志堅定，誰都無法阻擋。他安慰眾人說：「待我獲得無上佛果時，我必能度化你們。」言罷，國王即剜肉鑽眼做成燈盞，又做一千燈芯插入其

中，然後對婆羅門說：「你先說法，我聽完即刻便點燃自身。若現在就點，我根本無從聽聞法要。」

婆羅門便宣說偈子道：「積際必盡，高際必墮，聚際必散，生際必死。」國王對他所說非常滿意，更加堅定自己佈施、供養之心，他以沒有後悔之心態發願道：「我希求佛法只為得到佛果，願我得佛果時，必能以智慧明燈遣除眾生無明黑暗。」

待國王發願完畢，整個世間開始震動，天人、菩薩相繼前往虛空看望國王，並撒下陣陣花雨。帝釋天以種種妙音讚嘆他並詢問道：「大國王，你承受如此巨大痛苦有無生後悔心？」國王擲地有聲地回答說：「無絲毫後悔心。」帝釋天試探他道：「看你現在身軀抖動、表情不悅，還說自己不後悔，有誰會相信？」

國王即以諦實語發願說：「從開始至現在，若我確無後悔心，則願

我身體即刻恢復如初。」

他話音剛落，身上傷痕便消失不見。

尋法志堅不懼萬難

釋迦牟尼佛為國王香朗嘎樂時，常欲聽聞佛法。有次國王傳令廣宣道：「有誰能為我宣講佛法，我甘願將一切財物佈施與他。」當時有一婆羅門名為累德切，他對國王說他掌握有佛法，但必待國王將自身釘入一千鐵釘後才可宣說。國王不僅答應下來，還號召民眾皆來觀看。眾人紛紛對其進行勸阻，但國王求法心切，根本就不聽從。

香朗嘎樂國王要求累德切婆羅門首先為自己傳法，然後再釘入釘子，婆羅門答應後便宣講道：「諸行皆無常，有生即痛苦，諸法空無我，亦無我所有。」國王聽後心滿意足，隨即便踐行諾言，釘入一千鐵釘。當此之時，眾多小國之人與國王眷屬皆哀哭倒地，天人也撒下花雨、失聲痛哭。帝釋天至國王前問道：「你苦行是為得帝釋天還是轉輪王果位？」

國王忍痛答言：「三界安樂我皆不欲取，所有功德只迴向無上佛果。」帝釋天面帶懷疑之色：「我觀你身體顫抖，面呈無法忍耐之色，你自己卻說並不後悔所作所為，這話有誰能相信？」國王便發願道：「若我確無後悔心，則願我身不留下任何傷痕。」國王說完，身體即恢復如初，諸天人也心生歡喜。

久遠之前，此世界有一梵天國王，他有一太子名為達瑪嘎木，也即後來之釋迦牟尼佛。太子整日四處尋法，但就是難聞正法法音，他為此很是苦惱、痛苦。帝釋天為觀察太子發心真偽，便以婆羅門形象來到王宮說他有佛法可以傳授。太子立即請他傳法，並答應說為聽法甘願捨棄一切。

帝釋天則故意刁難說：「你需準備一十尺深坑，內裡遍滿大火烈焰，若你能跳入，我則可為你傳法。」太子毫不猶豫就答應下來，並開始挖坑準備。梵天國王與王妃、眾大臣、各大官員內心均痛徹心肺，他們紛紛要求王子萬勿如此行事，並命令帝釋天所化之婆羅門不得輕率妄動，若非要跳入火坑，他們皆願以己身代太子跳入。

而婆羅門卻軟中帶硬說道：「我根本不欲勉強太子，他如何行事全在他本人自己掌控。但要求佛法就必須按我要求去做，否則我絕不說法。」太子此刻已開始廣詔天下，言七日後自己要為法殉身火坑，所有願意觀瞻之人均可前往親睹。鄰近小國民眾聽聞後全都趕來勸阻太子，祈請他切勿自喪生命。太子全部予以拒絕，並堅決說道：「在長期漂轉輪迴之過程中，雖我擁有無數身軀，但轉生人、天眾生中時，因貪欲無饜而深感痛苦；轉生三惡趣時，更是感受難忍、難言之劇痛。如此折騰全為無意義損耗自身，皆非以佛法積聚微少善根。如今我這骯髒、醜陋身軀要為行佛法而供養、為獲無上菩提而發願，你等千萬勿造違緣。我乃為得佛果而捨身，等我成佛後，我即可對你等行法佈施矣。」

因太子誓願堅固，眾眷屬都已了知無遺，故而大家也就沉默不語。

太子隨後立於火坑邊對婆羅門說道：「大師，請先說法，我若現在喪身就再也無從聽聞到佛法。」婆羅門於是就宣說一偈：「當修仁慈心，斷除嗔恨心，大悲救眾生，因愛而流淚。當修大喜心，自他平等心，以此菩提心，修持菩薩行。」太子聽畢即欲以歡喜心躍入火坑。

帝釋天現出身形，與梵天拉住太子手說道：「整個世界眾生皆以你之恩德而快樂生活，若你跳入坑中，這些眾生就會如死去父母之孤兒一般無依無靠，你為何還要將其捨棄而入火海？」

當他們如是勸阻之時，太子看著帝釋天與自己眷屬說道：「你們請勿為我發無上菩提心製造違緣。」

隨著太子話音落地，大家便全都陷入沉默之中。此時大地開始震動，天人也淚雨傾盆，而烈焰熊熊之火坑剎那就變成鮮花池。太子端坐蓮花之上，天人們興高采烈降下花雨，一直沒過太子雙膝。

久遠之前，有五百位仙人居住在印度鹿野苑，當時釋迦牟尼佛即為仙人上師，名為俄巴拉。在一位婆羅門前為獲佛法，他便按其要求自剝身皮以為紙、自抽骨骼以為筆，以此為代價聽得一偈：「嚴守身戒律，不殺及盜淫，遠離諸惡見，此乃菩薩行。」待俄巴拉於自己皮上記錄下此偈後，他更要求整個瞻部洲眾生牢記並守持此偈。

久遠之前，釋迦牟尼佛曾轉生為色賢國王，如理如法主持國政，恆以廣大佈施滿眾生所願。國王娶有一美麗非常之麗人王妃，又育有一端嚴善妙之美顏太子。當色賢國王急欲求得佛法時，卻處處難覓正法蹤影，人們都說只有如來出世方才有佛法宣流，現在既無佛陀存世，又哪裡能聽聞佛法？

國王便將珍貴金器置於勝幢頂上，然後發願道：「有誰能為我宣說佛法，我便將此寶物贈與他。」結果竟無一人響應，國王不覺傷心萬分。

帝釋天為觀察國王發心，就幻現成一面目醜陋之夜叉對他說：「我可為你說法。」國王自然喜不自勝，他答應夜叉可為他佈施寶物。然而夜叉卻說：「我飢餓難忍，只想立即殺人食肉。」國王聞言心下暗想：我能遇到價值無法衡量之佛法實乃萬幸，我一定要用血肉買下佛法。

美顏太子此刻請求能代父佈施自身血肉，國王便順從其意將可愛太子佈施與夜叉，夜叉立即顯示神變，當場就將太子生吞。為求得佛法，國王心中未生絲毫不悅感。

夜叉吃完太子又對國王說：「我尚未飽。」結果此次麗人王妃又請求代國王佈施自身血肉。隨順王妃請求，國王便將寵愛妃子交與夜叉吞食。待夜叉又與此前一樣吃下王妃後，他還說自己尚未食飽，國王不禁問道：「我妻子、小兒都已被你生吞，你還欲食何物？」夜叉答道：「只有將你吃掉，我才會腹飽心足。」國王立刻答應，但提出要求說：

「若我捨身就無法聽法，故而你應先傳法，我隨後就捨身。」夜叉這才說出：「愛中生憂患，愛中生怖畏，離愛無憂患，何處有怖畏。」國王聽罷心滿意足，於是對夜叉說：「我現在可捨身矣。」

帝釋天已清楚知道國王求法之心堅固不可動搖，於是便現出天身，左手牽著美顏、右手帶著麗人，將二人又交與國王且連聲讚嘆。國王則對帝釋天感恩戴德道：「帝釋天王，我求法願望已經圓滿，我從內心對你感恩不盡。」

又久遠之前，有一梵施國王，如理如法主持國事。某位菩薩當時入於殊勝王妃胎中，結果王妃懷孕後極欲求得善法，她便將渴求佛法之心態告知國王。國王就找來看相者占卜原因，看相者回答說：「此乃王妃胎中胎兒所致。」

國王立即懸賞十萬兩黃金四處尋求善法，但卻處處碰壁，無法覓得佛法蹤跡。而太子恰在此時降生，於是眾人便將此位莊嚴太子稱為尋善說。尋善說長大成人後一直勤於尋找善法，奈何始終都無法如願以償。後來梵施國王圓寂，他便接替父王主持國政，又繼續要求諸大臣尋覓善說。

尋善說依然用十萬兩黃金在瞻部洲廣泛搜尋，但自始至終都不聞正法名稱。正當國王傷心欲絕之時，帝釋天知道此訊息後，為觀察他發心真實與否，就變現為極不莊嚴之夜叉現身尋善說面前說道：「行持善妙法，斷除諸惡行，行法在此世，來世得安樂。」

國王聽後非常高興，他向夜叉請求說：「如此秘密難聞之法語請再次宣說，我等樂聞。」夜叉卻說道：「你若能按我要求去做，我即可為你重宣此偈。」國王便問他：「你有何要求？」夜叉命令道：「你應於七日中焚燒檀木，然後跳入此火坑，那時我才可二度傳法。」國王聽罷，滿心歡喜應承下來。

七日過後，為聞善說，國王欲入火坑，並派人廣宣說：所有欲看精彩瞬間者均可前往觀瞻。結果成千上萬眾生應召而來，他們看到菩薩如此殊勝發心後都深覺稀有。此刻夜叉則騰身虛空高聲說道：「大國王，請履行誓言。」

國王將王位傳與大太子，然後又在大臣及民眾前懺悔自己所行不妥之事以安慰諸人。最後他行至坑邊說道：「我今於此恐怖火海前，為佛法願不顧一切捨身而入。以我福德力，願我入坑後，此火海能立即變為蓮花池。」國王言畢舉身入坑。結果火坑即刻遍滿蓮花。

帝釋天眼見國王如此稀有難見之行為後，馬上現出天身並將偈頌再次宣說一遍：「行持善妙法，斷除諸惡行，行法在此世，來世得安樂。」國王不僅親守此偈，還將之寫於金紙上，並在整個贍部洲廣泛弘揚。

當時之尋善說即為後來之釋迦牟尼佛。

釋迦牟尼佛又曾為尋法童子，每當聽聞善法便會繕寫並受持，聞法後又繼續前往大小城市尋找佛法。

童子某次於一崖棠內遇見一人，此人對他說：「我可為你傳授內含佛號之法語。」尋法聞聽後當然高興異常，但那人又說：「你若不行供養，我肯定不會為你宣說。」

童子急忙將昂貴衣物及珍寶全部奉獻與他，那人又繼而提出更苛刻要求：「你若能從崖棠上躍下，我才肯為你傳法。」童子依然答應下來，在聽聞含有佛號之法語後，他縱身從崖案上跳下，同時又宣說願自己身軀不受傷害之諦實語。四天王聞聽後適時出現，並在半空中將他接住，還連連讚嘆他所具功德。

捨物捨身而求法

久遠之前，於印度鹿野苑梵施國王執政之地上，釋迦牟尼佛轉生為淨飯施主，財富廣積猶如多聞天子。他經常前往大海取寶，以種種珍寶滿眾生所願。有一次他將從寶洲中所得之一串珍珠項鍊送給國王，國王非常歡喜，而施主恰於此時聽到國王公主正以美妙聲音唱誦善說之偈。

他一聽聞便立刻生大歡喜心，以致汗毛直豎。回到家後，他對任何美食都失去興趣，整日琢磨佛法大義。他心中想到：我於十二年中積聚財寶，但卻從未獲得過善說法寶，辛辛苦苦積累這些石頭有何意義？善說方才堪稱真正珍寶。

施主立即派人前往公主處尋求善法，公主卻說：「所謂善說者必得以財富為代價才可換得，將你十二年中所積珍寶全部送給我後，我才可將善法傳授與你。」施主聞言心中大喜過望，他連忙把多年積累所得全部取出，又親往王宮欲聽受善說。國王此時向施主詢問道：「如此善說可謂遍滿大地，而財富卻需歷盡千辛萬苦獲取，你這樣做有何企圖？缺乏財富、只擁有善說，難道可以為之食？」

施主回答說：「能引生貪嗔癡三毒之珍寶究有何用？唯有善說才能遣除過失、成辦功德。善說之寶，大地即便遍布珍寶也無法與其等價。」得到所求善說後，施主將教言書寫於金紙之上，並到處廣泛弘揚。

當時為施主傳授教言之公主，即為後來之舍利子比丘。久遠之前釋迦牟尼佛曾轉生為西吾國王，居住於四寶所

成宮殿裡。他一直如理如法主持國政，又喜行佈施，對病人及無依無怙之人更是格外關愛照顧。在其倡導下，大眾皆厲行十善法，以致轉生天人者愈益增多。帝釋天為觀察他發心真偽，就幻化成羅剎形象來到王宮頂上說道：「諸行無常，有生有滅。」

國王聽到後驚喜萬分，他心想：是誰在為我打開涅槃之門，宣說菩提之道？他連忙合掌恭請道：「好友，請繼續宣說偈文。」羅剎趁機要挾說：「我現今飢餓至極，必得以人新鮮血肉為食後才可宣說。」國王

則想到：損害別人當然不合理，為得佛法我必須佈施自己！

得到國王施身允諾後，羅刹完整將偈文說出：「諸行無常，有生有滅，生後滅盡，寂滅即樂。」國王得法後喜悅之情溢於言表，他心想：此法乃真實涅槃門、菩提道，是諸佛菩薩所修持之聖道。一想到這些，他便立刻用刀割下自己胸口之肉奉獻與羅刹。羅刹吃下之後感覺未飽，他就欲將全身血肉供奉羅刹。施主在為獲無上菩提而發願後就對羅刹說道：「我可將全身割捨與你。」

此時大地六次震動，天人亦降下花雨。帝釋天心中想到：我再如此刁難下去恐非合理，還是到此為止。於是他便對國王說：「你割捨身肉，心中是否有不悅情緒？」國王回答道：「我絕無不悅之意，我只不過對地獄眾生心生悲憫而已。」「你如此說來有誰會信？」國王答道：「我所說者皆為諦實語，當然會令人相信。」帝釋天窮追不捨：「既如此，你不妨以諦實語令身體恢復。」

國王就發願說：「我捨棄身肉並無不悅心態，對受苦眾生我反而更增上悲心。以此諦實力加持，願我身體恢復如初。」言畢身軀即告復元。帝釋天高興地現出天身，並解釋道：「我非以惡心損害你，我為令你心生歡喜才如此行事。以你所有之精進力，你必會有所成就。待你證果時，請勿遺忘我，並請常垂憐憶念我。」帝釋天說完即隱身不見。

又久遠之前，釋迦牟尼佛曾轉生為另一西吾國王，日常行持事蹟均與上文大同小異，所不同者在於：

帝釋天對國王說：「你作我弟子對我有何利益？我欲加害你，如你答應此要求，我即可為你傳法。」國王答應說：

「不管你欲何求，只要能為我傳法，我可滿足你一切願望。」帝釋天隨即說道：「為得此法，應在兩木板上各釘千根四寸鐵針，你應夾於其中安眠。」

在如此慘烈酷刑中，國王依然不忘發願得無上菩提。

此時大地震動，而國王亦以說諦實語之力令自身軀體恢復如前。

無量劫之前，當另一位釋迦牟尼佛出世宣說《涅槃經》時，釋迦牟尼佛那時轉生為一菩薩。他聽到佛陀說法後心生歡喜，極欲對佛陀有所供養，但因身無分文而無法實現。貧窮之菩薩便想到賣掉自己以換取錢財，但因福德淺薄竟未遇買己之人。後來當他回家時果真碰上一人。他就對來人說：

「你願不願意買我身軀？」那人回答說：「我有件事需有人代做，如你肯為，我就可將你買下。」「是何等事情？」菩薩追問道。來人小心翼翼回答說：「我患有一怪病，醫生囑我每日必吃三兩人肉才會治癒。你若願捨身，我可付你五枚金幣。」

菩薩聞言歡喜雀躍，他對那人說：「你先將金幣給我，七日後我即可滿你願望。」「七天太長，我最多給你一天期限。」那人如是要求，菩薩連忙答應。他得到金幣後立即前往釋迦牟尼佛處頂禮問訊，又將金幣全部供養，然後便誠心誠意、專心致志聽聞《涅槃經》。因他本屬鈍根，故而聽完後只記得一個偈子：「佛陀現涅槃，斷除諸輪迴，何人誠心聞，恆得無量樂。」

將此偈牢記於心後，菩薩高興前往病人家中，每日割下三兩身肉供奉與他。因他腦中所思只為偈頌意義，故而並未感受任何傷痛。一月之中，他沒有一天間斷，那病者也日益康復起來。看到病人日漸好轉，菩薩內心深感欣慰，他又發願未來必獲無上菩提。菩薩心想一個偈子都有如是巨大威力，整個經典若能圓滿聞受，功德更無需多言。親身感受到佛經真實不虛之功德後，菩薩信心更加增上，他發願道：

「將來我獲無上圓滿佛果時，佛號也應為釋迦牟尼。」他後來成佛時便開始在人天諸眷屬前廣泛宣說《涅槃經》法門。

無量劫之前，釋迦牟尼佛曾轉生為一大勝仙人，居住於深山密林中，具有五神通及大慈大悲心。他有日心想：我這所謂大慈大悲心既不能令眾生心生歡喜，又不能熄滅他們於無量劫中所積聚之三毒煩惱，亦無法令眾生生起聖者正見，要這虛名大悲心又有何用？大勝想到這裡便開始思索聖者正見到底從何而出，經過幾番觀察後，他認定正見需通過他人傳講與自己親身觀修而生。於是為獲殊勝教言，大勝仙人就開始前往大小城市四處尋覓，但一直都無法找到。

此時有一魔眾天尊來到仙人前說道：「我曾於佛陀前聞聽過含有佛號之偈頌，如你能剝下自己皮膚，並於日光下曝曬後做成紙張，再以自己鮮血為墨、骨骼為筆，將偈子記錄下來，我則可將此偈傳授。」

仙人聽到天尊所提要求後則思量道：流轉輪迴中，為得財富與妙欲，國王、怨敵、凶手等人都曾砍斷過我無數身軀，但如此「獻身」對任何眾生都無些微利益。此次為得有意義之佛法而將這有漏不實之身捨棄，這可算作所有捨身行為中收獲最大者。

心生喜悅之仙人就將天尊觀為上師，自己將皮剝下後於日光中曬乾做紙，然後又抽出鮮血以為墨、取出骨骼以為筆，在天尊前合掌請求他能宣說此偈。魔眾天尊看到仙人以極大恭敬心希求善法後，自己羞愧難當，以至於最後竟消失不見。仙人找不到他，只能無可奈何想到：看來我已無法聽聞此首偈頌。隨後他又發願道：「我以對佛法所起之恭敬心而用自身製成筆墨紙張之善根，定不會耗盡亦不會虛擲。以我清淨心對一切眾生所生之悲心，我不顧惜自身皮、血、骨而為紙、墨、筆，願憑此真實語之諦實力，此世界或其它世界，所有能宣講佛法之大導師前，我都能親聆法要並得佛法真諦。」

仙人剛剛說完，從此剎土往下方過三十二個世界，有一剎土名為無垢清淨剎土，無垢稱王如來正住世傳法。他一剎那間就已了知仙人清淨心，同時亦明瞭瞻部洲眾生日後可因仙人而得度。如來便與五百菩薩一起飛臨仙人面前，此時整個世間光芒遍布並降下花雨，森林中草木枝、葉、花、果皆自然發出佛法妙音，成千上萬、難以計數之天人集中此處。如來光芒接觸仙人身體，他整個身軀立即恢復如初，未留下任何傷痕，顏色也與過去沒有二致。

仙人於如來腳下頂禮、繞轉，然後合掌說道：「佛陀為我真正導師，從今日始，我開始正式皈依佛法僧三寶。我聽法後必能遣除眾生邪見無明黑暗，為獲正見，請佛陀慈悲傳法。」

如是請求後，無垢稱王如來便對在場眷屬宣說積累福德等持法門，以及金剛八句、法門八句、種子八句等正法。仙人立刻獲取辯才無礙、不忘正念、天尊護佑、摧毀怨魔等境界，他隨即就開始在一千年中，於大小城市宣說佛法，度化無量眾生，並於死後轉生無垢稱王如來剎土。

廣述情節在《積福德等持經》中有記載，可參閱。

久遠之前，釋迦牟尼佛曾為轉輪王，在印度靈鷲山、無數劫中以鮮花、妙香、勝幢、飛幡、樂器、珍寶、寶殿等物於成千上萬如來前做供養、承侍，並聽聞、受持諸法自性平等等持法門，又將此法繕寫、受持、為他人廣泛宣說。無數如來中最後一位名為薩拉自在王如來，住世七十六萬年。轉輪王即以無法計數之天人檀香、珍珠等物對其廣行供養，後又出家求道，於千百萬年中守持、修行、及為他人宣講諸法自性平等等持法門，還為此法門而捨棄無量頭、手、足、妻、兒、珍寶飲食等人與物。

其後又有恆河沙數如來住於靈鷲山上廣宣此法門，諸世尊皆名為釋迦牟尼佛，所有釋迦牟尼佛均有名為舍利子比丘等兩大弟子及眾多眷屬，眾如來都於五濁惡世出世傳法，後為釋迦牟尼佛之轉輪王在如是如來前一一聽聞此等持並精進修持。

再往後又有無邊妙音如來出世傳法，世尊前世亦曾在無邊妙音如來、名稱妙音如來等眾多如來前受持諸法自性平等等持法門，此等道理在《月燈經》中有廣說。

釋迦牟尼佛轉生為山兔時，為求正法，曾在一仙人前跳入火坑，此種經歷確有其實。

釋迦牟尼佛轉生為一國王時，為得半偈法曾於一獵人前奉獻自己所有衣飾並舉身躍入深淵。

釋迦牟尼佛曾轉生為一國王公主，名為妙智，她為說法上師身體能早日康復，竟以自身血肉配製食物供養上師。

釋迦牟尼佛如是捨棄壽命、生命、王位之次數已不可勝數；他為半偈佛法而以自身做成千燈並點燃，然後在身肉所成光芒中聽聞後半偈法語，諸如此類之行跡實難以算數譬喻而得了知。

世尊於無量劫中不顧及自己所受痛苦，精進尋法、苦行不輟，真可稱之為為佛法而苦行之安忍度，亦是行持攝善法戒，也可算作鎧甲精進與加行精進，同時也是為佛法而行之捨施法門，並能生起聽聞智慧，間接也算對眾生之法佈施，且為出世間禪定之因，故而此尋法品真可謂具足六波羅蜜多。他在行持任一波羅蜜多時，實際上都直接或間接具足六波羅蜜多所有內涵。我們都了知菩薩所有作為實乃依心為主而行之，也即以心來安立六波羅蜜多。

以上圓滿宣說了釋迦牟尼佛廣行尋法之種種因緣。

八、禪定品

具蹼救弟

久遠之前，梵施國王手下有一大臣，釋迦牟尼佛當時曾轉生為大臣之子，因其手足指間有蹼相連，故而被稱為具蹼。具蹼有一弟，因指間無蹼相連就被喚作無蹼。具蹼自己覺得若日後也成為國王大臣實不合理，於是就在父親面前請求能出家求法。

父親勸阻道：「你當上大臣後更有能力行上供下施，那時做此等善事可謂易如反掌。既如此，為何還要產生出家之念？」具蹼則回答說：「我寧可住於森林中亦不欲為官拜將，有智之人豈能為地位造下殺、砍諸惡業？」聽聞兒子如此表白，父親便不再勉強他出入官場，並最終同意他出家。

具蹼就到仙人前出家求道，並一心一意專注於禪定之中。通過精進修持後，他終獲五神通。

而無蹼則為尋求秘訣到處東奔西走。此時在南方一山岩中住有一婆羅門，婆羅門育有一女，他既不欲將女兒許配與種姓高貴者，亦不想讓女兒嫁與財富圓滿之人，他只願將女兒託付與精通四吠陀者。無蹼在遊歷過眾多地方後，終於邂逅此婆羅門，並隨他學習吠陀法門，而後就在短時間內完全精通掌握。婆羅門便順理成章將女兒嫁給他。

無蹼與婆羅門女於夜晚降臨後睡於房屋最頂層，結果當女子手中扇子落地、她正伸手欲拾取時，無蹼突然發現她手臂竟如象鼻一般恐怖醜陋，他頓時心生畏懼。當油燈熄滅，女子起身添油時又將手臂伸出，無蹼目睹之後更是緊張異常，他再不欲與此婆羅門女交合。女子委屈問他：

「你本該與我共享美妙生活，現在為何不喜愛我？」無蹼膽戰心驚回答道：「與死主一般的人如何相戀？如何享受生活妙趣？」女子安慰他說：「你不要害怕，我怎會對自己丈夫心生害意？」無蹼只得將計就計說道：「既如此，我權且相信你一回。」

婆羅門女略顯羞澀地漸漸假睡，無蹼也假裝安眠。看到丈夫入睡後，此女子悄悄起身前往羅刹女住處，無蹼也一路跟蹤而去。婆羅門女將頭髮攏上來後，示現出令人恐怖萬分之身相，無蹼只好驚魂未定地返回並再次忐忑不安進入睡眠。

第二日，無蹼二話不說、直接到婆羅門那裡將全部情況告知岳父。婆羅門聽到後推託道：「事情既已發展至此等地步，你最好還是將我女兒帶走。」無蹼如實回答說：「我怎能帶她離開此處，她分明是羅刹女。」婆羅門明知故問道：

「你以何為據說她是羅刹女？」無蹼不欲再爭執，就一言不發自行離去。

婆羅門後問女兒：「你為何不隨順丈夫？」婆羅門女驚問道：「他都給你胡言亂語些什麼？」婆羅門直接挑明說：

「無蹼言你乃羅刹女。」婆羅門女狡辯說：「我根本不是羅刹女，他才是故意誹謗污蔑我。」

婆羅門女憤怒異常，她雙腳、雙目全部顯現出恐怖形象，隨即便在無蹼必經之路上等他。見到無蹼後，她厲聲痛斥道：「食子母之兒，我早就告訴過你勿向別人提及此事，你為何還要在我父親前胡說八道？現在我要嚴厲懲處你。」說完就向無蹼張牙舞爪而來。

無蹼恐慌之際，立即想到應祈禱聖者兄長，於是他便急忙連喊三遍：「頂禮具蹼尊者！」此時有一天尊則將此訊息告訴具蹼道：「你兄弟正遭遇違緣，你理應垂念、拯救他。」具蹼馬上顯示神變來到出事地點，並阻止婆羅門女說：「這位女子，請勿傷害他！他到底對你犯下何種大錯？」

顯現成羅刹女之女人惡狠狠回答說：「他向我父親告發我是羅刹女，他既這樣說了，我當然就得如此待他！你馬上滾開！」

具蹼仙人溫和勸請道：「羅刹女，他已經受夠痛苦折磨，你最好還是將他釋放。」羅刹女聞言說道：「大聖者，你如此求情我當然可將他釋放，但他必須出家才行。」仙人答應道：「只要你放他，我定會令其出家。」

無蹼獲釋後果真追隨兄長足跡出家修道，在精進修持後，他最終獲得了五神通。

當時之無蹼弟弟即是後來之靜住夜叉，當時之羅刹女即是後來之藍色女。釋迦牟尼成佛後，靜住夜叉從夜叉口中、藍色女束縛中皆獲解脫，並終獲不退轉果位。

不當國王裝啞跛

久遠之前，於印度鹿野苑有一梵施國王，勢力強大，並令百姓安居樂業。梵施王娶有一梵積姆王妃，並擁有一梵具湖泊。但國王、王妃始終未生育太子，於是他們便常常祈禱天尊。最終因前世宿緣聚匯、而非祈禱之功，王妃終於有孕在身。此太子前世就曾為得無上菩提而發過願，且誓願異常堅定，他此番轉生是從地獄超升而來。

具智女人一般均精通五種法：了知男人對自己喜愛程度；何時來月經；孩子何時入胎；入胎後情況；胎兒是男是女。王妃在孩子剛一住胎之時就告訴國王說：「我已有身孕。」國王欣喜萬分，立即發願道：「為胎兒圓滿降生，我願以大財富承侍王妃，使其不需辛勞就能幸福生活。」

王妃則心中暗想：國王真應行廣大佈施以積累福德。結果國王果然按王妃意願如是照做，他還將四方牢獄中被囚禁之人統統釋放。王妃又想：我應與國王一起在梵具湖上盪舟賞玩，如此享受生活方為愜意。國王立即滿其心願，攜王妃於湖上輕舟盪漾。

王妃最終竟於湖上誕下一身相莊嚴、遍體金色、能回憶、自己前世之具相太子，親友們得到消息後便為他連續舉行二十一天賀誕儀式。在眾人商量孩子姓名時，因他於水上降生便名之為水生。水生被八位姨母精心撫養，當他以神通觀察自己前世出處時，發現自己曾當過六十年國王，此次降生是剛剛從地獄中轉生而來。

水生不由想到：如我再繼續主持國政，將來必定再墮地獄，我一定要設法躲過此難。於是從落地之時起，他便開始假扮成跛子。在太子降生當日，尚有五百大臣之子也同時誕生。當這群孩童都開始蹣躅學步之時，眼望自己跛足之子，國王暗自思量道：若水生足不跛行，恐怕現在也應又走又跑了，奈何他卻無法行走！不過無論如何，我都要讓他繼承王位。而水生太子則想到：父王對此等繼承王位之類毫無意義之事竟如此重視，看來我應裝成啞巴。於是水生便不再開口講話。

當同齡夥伴均學會張嘴說話之時，眼見沉默小兒，國王又想到：若水生非為啞巴，恐怕現在也應牙牙學語了，奈何他卻無法開口！這孩子真是可憐，我亦因之苦不堪言。因水生又跛又啞，他的姓名將日益被人遺忘，眾人都稱其為啞跛。國王聽聞後自然沉默難言，但內心卻痛苦萬分。每當有人詢問時，他便說：「我雖為國王卻一直苦於無親生兒女，即將面臨種姓斷絕之因時，歷盡千辛萬苦終於生下一兒，誰料他卻又跛又啞，這讓我怎能不心生痛苦？」

諸大臣連忙召集醫生前來為太子診治，眾醫生在做過詳細觀察後發現太子聰穎過人，根本無病，他們便對國王、大臣建議說：「太子沒有任何疾病，你們最好嚇唬他一下，如此可能會令太子狀況好轉。」

國王聽從建議召來一些劊子手悄悄告訴他們說：「你們在表面上稍微嚇唬嚇唬太子，但千萬勿將其真正傷害。」劊子手聽命後即準備實施，他們將孩子置於馬車上前往鹿野苑城中。當孩子看見豐饒、美麗之城市景觀時開口說道：「鹿野苑是空城還是有人居住？」

劊子手急忙將太子帶回交與國王，並彙報說：「大國王，太子已開口講話。」國王將孩子攬入懷中、試探他道：

「誰殺？誰打？誰離開生命？誰給何物？」但太子此次則緘口不語。國王只得假裝說道：「我要將太子捨棄。」言畢即將太子又交與劊子手。他們則將太子又帶往別處，當眾人發現一具屍體時，孩子開口說：「此屍為死人所留抑或活人所留？」劊子手迅疾將太子再次交給國王，並言太子已開口講話。國王再將太子攬入懷中問他：「誰殺？誰打？誰離開生命？誰給何物？」太子又裝聾作啞起來。

國王再將他交與劊子手，這回眾人又看到一堆稻垛，太子又開口說道：「此垛為無人吃過之垛，還是已被人食用過？」劊子手再將太子帶回王宮，向國王彙報說太子幾次三番均能開口講話，結果當國王把他攬入懷中又問他相同問題

「誰殺？誰打？誰離開生命？誰給何物？」時，太子則將唇吻又一次緊閉。

國王這次將太子交與劊子手後，令他們在城外園林中假裝挖坑以掩埋啞跛。正當眾人挖土剷灰之時，太子向駕車者詢問為何挖坑，那人回答說：「國王下令要將太子活埋。」啞跛馬上想到這些劊子手真真切切可謂殺人不眨眼，平日即以殺人為業，故而他心裡頓生恐慌。他急忙說：「若國王答應我善妙條件、答應我行正事，我可親自於城中步行、講話。」劊子手火速稟告國王，國王立即回答說：「太子欲得王位，我都可當下答應。」

國王自是興奮難言，他開始令人將大街小巷全部裝飾起來。啞跛則步行抵達城中，眾人咸感稀有難睹，剎那間就聚集起成千上萬人圍觀。太子步行到國王腳下頂禮道：「大國，我非啞跛裝啞跛，而今明確表達之。我原本就諸根具足，在回憶前世時，發現自己曾作過六十年國王。以此業力感召，我墮於地獄中受六萬年難忍巨苦。因不欲再墮地獄，故而我對王位心生厭離，希望父王能答應孩兒出家證道。」

國王驚訝問道：「一般人厲行苦行、勤行上供下施，目的都為謀求王位，而今王位於你可謂唾手可得，你為何卻要將其捨棄？」太子鄭重答言：「木鱉果（外觀美麗，味道甘美，但有毒，會致人死地。）般妙

欲不願享，願持甘露味般梵淨行。」國王又問他：「得王位後可盡享各種快樂，你為何要將之捨棄？」太子則回答父王：「痛苦源頭之樂哪裡算是真樂，為得真樂受苦又怎能當成苦。請父王一定要答應孩兒出家，我一心想去森林中苦行。」國王再次勸阻道：「孩子，王宮裡有鮮花、妙香、美女、飲食、衣物、樂器等一切享樂資具，若去森林中，你只能坐草墊、與猛獸為伍、穿樹皮、食野菜水果、飲山泉，既如此，為何還要捨棄王位前往森林？」太子則回答說：「森林中樹皮人皮為衣，食水果並與猛獸同住，智者寧如此亦不願為得王位而打殺毀來世。請父王一定要答應孩兒出家，我一心想去森林中苦行。」

國王最後只得說道：「我現有三點疑問，若你能圓滿解答，我就答應你出家求道，否則就再勿提出此等要求。前些時候你到鹿野苑城中去時，曾說過『鹿野苑是空城還是有人居住？』請問這是何意？」

太子說道：「大王，我無罪過時你卻下令殺害我，而鹿野苑城中竟無一人問一聲：『此人因做下何等錯事而被處死？』故而我才會思慮是否城中眾人均已全部死去。」

國王不覺點頭讚嘆道：「所答甚妙！不過你為何在見到死屍時要說『此屍為死人所留抑或活人所留？』」

太子解釋說：「如人因犯罪而被殺，則此屍為死人屍；若此人行善亦被處以死刑，此則為活人屍，我當時發問即為此意。」

國王又稱讚說：「所答甚妙！那你看到稻垛時，為何要說『此垛為無人吃過之垛，還是已被人食用過？』」

太子對這最後一問回答說：「大國王，農夫若在莊稼成熟時將其收割、並全部享用，則無剩餘種子可供繼續播種。同理，若人以前世所造十善而致今世享有人身，不過，若此人不再積極造作十善業，待前世善業耗盡、善根毀滅時，他短暫得到樂趣果後終會墮入惡趣。想及此，我才有上述疑問。」

國王聞言不禁失聲痛哭，他淚流滿面抱住太子感慨道：

「你出家修持去吧，我亦欲為你弟子。」國王言罷又對諸大臣說：「各位大智者，我啞跛太子若不出家會如何？」大臣們回答說：「大國王，他若不出家必當國王。」國王又問他們：「你們的兒子又會變為何等人物？」眾大臣說道：「均會成國王之臣僕。」國王鼓動眾人說：「我啞跛太子已決定出家，你們的兒子為何不出家跟隨？」眾人附和道：「國王如何吩咐，我等照做就是，我們的兒子也可追隨太子出家。」

當時離鹿野苑不遠處有一寂靜地，一大慈大悲之仙人修行者住於其中。啞跛與五百童子準備好大批財物後，便一起前往仙人處出家學法。仙人向他們傳授教言，眾人全都依之精進修持，啞跛於其中首先獲得五神通。仙人圓寂後，啞跛將各種妙香放在仙人身上，焚燒後又行供養。接下來他又開始對五百人傳授教言，並使其全部獲得五神通。

啞跛捨棄王位、至森林中現前禪定之功德，乃釋迦牟尼佛因地時所為。

又釋迦牟尼佛曾為外道本師，名為美眼，遠離執著一切妙欲之貪心，又具有種種神變。他於成千上萬眾生前宣說無盡清淨法門，首先聽聞他教法之眾，大多於死後轉生梵天天界；有些則轉生為人天中有福報者。

美眼本師已獲得第二禪定，與他修行境界同等之婆羅門子摧滅、護象等人亦獲得同等果位。

釋迦牟尼佛曾為外道本師，名為啞跛，具種種神變，對世間妙欲沒有貪執。他門下有五百婆羅門弟子，啞跛有次心中暗想：我這些婆羅門弟子為何不能獲得五神通？他反覆思索原因後，終於想到：這些弟子擁有人皮、樹皮、淨瓶、木棒、澆灌勺（火祭時用以百油的圓勺）等眾多物品，他們占有如此多之財物，哪裡還能瞭解少欲知足的道理。他們還整日忙於準備蔬菜、蓮根，這樣「修行」如何能得五神通？我一定要想方設法治罰他們，否則他們根本無法擺脫束縛。

啞跛非常精於調化眾生之術，他首先告訴弟子們說：「我欲精勤內觀。除供養我水果之一婆羅門弟子外，任何人都不能見我，除了十五日這天。」

制定下這條規矩後，啞跛有一次遠遠望見一隻野獸正向自己的方向走來，他便自言自語道：「野獸，你來的正是時候。你與我情況相同，只求溫飽就已心滿意足。但這裡有些人並非如此，他們整日忙於尋覓蔬菜、蓮根等物，不知麼足。」婆羅門弟子知道後議論紛紛：「規定不允打擾上師之時間已過，我們前去拜見上師，他應能與我等交流。上師既能跟野獸講話，那也必定能與我們交談。」於是他們便相擁來到啞跛面前。

但啞跛卻未答理他們，眾人好生奇怪：上師不對人講，卻對野獸言語，這到底為何？

此時一長有野獸形象之人遠遠向啞跛處走來，啞跛遠望到他後便開口說道：「持有野獸形象者真乃善妙，你只擁有一份淨瓶、木棒、澆灌勺等物，只求能解決溫飽。而這裡有些人卻非同一般，他們擁有很多人皮、樹皮，還要四處尋覓蔬菜、蓮根，永不知饜足。」

眾婆羅門弟子這才恍然大悟，原來上師是在讚嘆清心寡欲，斥責貪欲之過。他們心想：上師是在治罰我等，從今日始，除必備澆灌勺、淨瓶等資具外，餘者全部丟入名為常流之江河中。心意已決，他們就決心跟著上師精進修學，力爭清淨心相續，各人行為皆能如理如法。

待他們對上師恭敬頂禮之時，上師眼見眾弟子心與行為皆清淨無染，就馬上開始宣說能令五神通現前之法門。

當人壽八萬歲時，對眾生身心造成痛苦、危害之種種因素有：寒熱、飢渴、貪欲、疾病、衰老等等。當時有一國王名為具作，於其治下森林中有一烈卓達大樹，樹旁居住有一如薩拉大樹般之婆羅門，名為輻輪婆羅門，也即因地時之釋迦牟尼佛。輻輪對五百婆羅門子教授婆羅門秘訣，有一次他在寂靜地想到：所有人眾皆壽命短暫，而來世則真實不虛。既得轉世再生，但生已無一不死。看來人在存活時就應修持善法、行梵淨行，而現今之人卻於有意義之善法不加重視。不過無論如何，我都應出家求法。

輻輪將自己的想法告訴諸位弟子，又徵詢眾婆羅門子的意見。他們堅定說道：「我們所得一切皆依賴上師傳授，既然上師欲出家，我們也跟你前往。」輻輪觀眾人因緣皆已成熟，就帶領他們全部出家學法。他教眾人斷除五障、修四無量心，人們此時都稱他為輻輪大師。

大師又教導諸弟子道：「諸位婆羅門弟子，人壽實為短暫，而生存時卻需面對諸多煩惱。人存世時間並非長久，人間充滿太多痛苦。人生就如草尖露珠，陽光遍灑大地之時也即露珠消失難覓之際。短暫壽命不得不承擔種種苦痛煎迫，這生命真如水中漣漪，又似水上十字刻痕，瞬間即失、了無影蹤。就像很快就會被大水淹沒之土塊、堤岸；迅速就會下沉之入水金剛；疾墜地面之甩向空中之木棍；快速趨向接頭處之紡線；同樣，人生亦短暫即逝，並終究走向死亡，與前往屠宰場之牲畜並無兩樣，皆在一步步逼近命終之時。口中所含一小塊肉，放入大鍋中立即就酥軟爛熟；崖上水流順山而下時會將草葉、土粒一一沖走，眾生生命亦復如是。諸位弟子，大家理應修持慈心、悲心、喜心、捨心。我一直在修持從慈心到捨心之四無量心，希望你等也能努力修持。」

輻輪大師能住世八萬年，但他依然以人壽為短暫、脆弱，並依此而傳法。對我們而言，自他更應以不放逸心精進修持善法，修持禪定與梵淨行，此點實為重要、關鍵。

永不希求世間利樂

久遠之前，當釋迦牟尼佛轉生為一種姓高貴之婆羅門子時，他擁有六位各具相應功德之弟弟及一位小妹。七兄妹在婆羅門子教授下學習吠陀及其餘一切學問，並全部精通，此婆羅門子也因此而聲名遠播。他對父母均非常恭敬且孝順，對弟妹也如上師、父親一般恭敬，並以此種行持而安住於家中。

後來父母皆雙雙離世，待婆羅門子從悲哀心境中恢復過來後，他便告訴弟妹道：「世間人一般都願共享美妙生活，但不管他們情願與否，死亡總有一日會降臨。一旦它降臨，必會使家人各奔西東，且能引生無窮痛苦，所以我欲出家修行。至於你們，還是好好享受在家生活為妙。」

弟妹聽罷各個熱淚盈眶，他們深情對兄長說道：「父母已遠離我們，難道兄長也要將我們捨棄？無論你到哪裡，我們都會死心塌地跟隨。」七兄妹隨即就跟隨大哥，捨棄眾多財富、親友前往森林中出家苦行。不僅他們緊緊跟隨此位尊者，就連僕人、僕女、與尊者關係友善之親友也追隨他一起出家求道。

森林中環境優美之地有鮮花盛開，他們即在此勝地一近湖泊處安頓下來。眾人在互相間距不遠處各自以樹葉搭成茅棚，人人即從此開始一心坐禪。他們相約每隔五天便到尊者前聞法，而他則為諸人宣說應趨入真正禪定道理、貪欲過患、靜處知足少欲之功德、懈怠過失及信心功德等佛法。僕人對他們也恭敬愛戴，從湖中採得蓮藕後便於荷葉上均分，然後便敲響木頭以明進食時間已到。待僕人回去後，眾人進行完念誦、火供儀軌，就按年齡長幼順序次第將蓮藕拿到自己茅棚內享用，接著又繼續開始靜修禪定。除去共同聞法外，眾人互相之間絕少往來探望，大家都守持清淨戒律，於寂靜地如法修持、享受禪定安樂。

他們快樂生活之名聲不久即達於天界，帝釋天聞知後為觀察究竟，某日親臨寂靜苦行處。他看到尊者所欲享用之如象牙般的蓮藕後，就趁僕人回茅棚之機將蓮藕藏匿起來。結果當尊者來到分藕之處時，不見蓮藕只見滿目凌亂荷葉。他當時想到自己所應得之份額恐已被別人拿去，於是就心無絲毫怨恨地又重返茅棚坐禪，且因害怕擾亂眾人心、引人不悅而未向任何人講明。其它人及弟妹均認為尊者已經享用過蓮藕，便各自取回自己份額回到屋中食用，後又接著坐禪。

如是度過一、二、三、四、五日後，帝釋天一直將蓮藕藏匿，而尊者則未生絲毫不悅。五日過後至下午時分，當眾人又團聚聞法時，大家這才注意到尊者身體已日漸憔悴：他眼眶深陷、顴骨凸出、面色黯淡、聲音低弱、神態疲倦。大家忙問他消瘦、疲累原因，尊者就將原委向大眾講明。

眾人不覺深感納悶：我們苦行之時為何會出現此等非法行為？大家心生不悅，亦深感稀有，同時也因略感羞愧而將頭低下。帝釋天此時施以加持，大家更不明所以、迷迷糊糊。尊者大弟弟便首先澄清自己清白、又罵那盜蓮藕者道：

「尊者，無論誰拿你蓮藕，都願此人享有財富圓滿之家及美麗妻子，同時子孫綿延不絕。」（因這些修行者皆守持清淨出家戒律、澹泊名利，故而才會將世間種種妙欲當作「咒罵」內容。）

二弟則詛咒說：「尊者，無論誰拿你蓮藕，都願此人恆享美妙珍珠、項鍊，孩子飾品等財物盡皆圓滿。」

三弟則說道：「尊者，無論誰拿你蓮藕，都願此人耕種之後即收穫眾多糧食，財產豐饒，與兒子交談時能心生歡喜，不顧及生命長短恆喜住於家中。」

四弟又接上話：「尊者，無論誰拿你蓮藕，都願此人能享受國王親手服侍，願國王也似僕人對主人那樣對他頂禮恭敬，他則盡享國王奢華生活。」

五弟接著詛咒：「尊者，無論誰拿你蓮藕，都願此人變為國王大臣，受眾人讚嘆、享名聞利養，國王也對他恭敬。」

六弟則說：「尊者，無論誰拿你蓮藕，都願此人學好吠陀後能為別人宣說，而眾人對苦行者都以有所希望、企圖心行供養。」

朋友說道：「尊者，無論誰拿你蓮藕，都願此人能享受從國王那裡得到的四百座富饒城市，願他不離貪欲而死。」

僕人緊跟朋友說道：「尊者，無論誰拿你蓮藕，都願此人在朋友中當上最大官職，永離國王懲罰，對女人伎樂生歡喜心。」

小妹也不放過詛咒機會：「尊者，無論誰拿你蓮藕，都願此人能成為國王王妃，外相漂亮、財富圓滿，能為一千王妃中最好王妃。」

僕女則澄清自己道：「何人只看見蓮藕而未看見正法，則他已遠離一切善法。願他受眾人恭敬，並沉迷於其中過活；還願他喜愛美食。」

林中夜叉、大象、猴子平日也常聽尊者講法，知道發生此事後，牠們也深覺羞愧難當。為洗清自己、證明自己清白，夜叉首先說道：「尊者，無論誰拿你蓮藕，都願此人經常裝修殿堂，整日修補污水溝，天天享受日光沐浴。」

大象則開口說道：「尊者，無論誰拿你蓮藕，都願此人被六百繩索綑綁，鋒利鐵勾也將其勾牢，然後再將其置於寂靜、悅意森林中，並令其離此而趨入城中。」

猴子最後說道：「尊者，無論誰以貪心拿你蓮藕，都願此人頂上裝飾花鬘，被人用棍棒抽打後丟入毒蛇口中，又或者套上腋絡放於別人家中。」

尊者此刻則以溫和、調柔之語氣告訴他們道：「不管誰拿走蓮藕，我對你們均沒有任何懷疑，亦沒有任何不滿。若我實已對你等心生懷疑，則願我恆享世間快樂，並老死於家中。」

帝釋天此時已了知尊者於寂靜地排除瑣事干擾之功德，他知道這些人乃真正厭惡在家貪享世間妙欲之過患、並譴責妙欲過失之尊者。聽聞諸尊者言語、目睹眾尊者行跡，帝釋天對其生起強烈恭敬心，他深感諸人言行實為稀有。於是帝釋天便現出燦然光芒之身相，並懺悔道：「請諸位容我暫且解釋一番：你們於此寂靜地生活並不算享受安樂，大家以不睡眠之精進，力圖通過修行而獲真正快樂。既為得安樂，為何還要捨棄妙欲？你們原本不也想希求無邊安樂？」

尊者回答說：「世間妙欲可謂過失無邊，大智者豈能貪享世間安樂？我可為你簡略敘述如下：以貪心引生，世間人常常受綑縛、砍殺，並感受痛苦、憂愁、恐怖；國王們為希求妙欲而毀壞自己今世善根，又敗壞來生之法、且要墮入地獄；原先關係友善者因貪欲而成怨敵；貪欲又會令狡詐惡行增盛，且毀壞人名聲，來世還要為之感受痛苦，這種種痛苦之根源全在於貪執世間妙欲。眾生按上中下智慧與精進次第，理應斷除對世間妙欲貪愛之心。凡欲利益自己之智者，怎會享用如嗔心大起之毒蛇般的妙欲？」

帝釋天聞言深覺尊者言之有理，於是連連讚嘆。此時經由尊者加持，帝釋天歡喜無比，同時也願意承認自己所犯過失：「任何人之功德只有憑藉觀察才能無欺顯現，我正為觀察諸位修行功德才將蓮藕隱藏。通過如此行事，我現已了知你們所行清淨。聽聞你這真實語，更深知你為眾生估主。」言畢，帝釋天即將所匿蓮藕供養尊者，尊者此刻所示現之廣大行為與威嚴神態，任誰都難以比擬。

尊者則委婉批評帝釋天說：「你並非我們朋友、親戚，我們又非歌舞作樂者，那你為何還要譏諷我等？我們非為你嘲諷之對象，而你卻故意親自前來輕毀我們，這到底為何？」

帝釋天急忙以恭敬心憑耳環、頭飾顫動之光照亮自己面龐，他邊於尊者腳下頂禮、邊懺悔道：「我剛才已將觀察之必要全部宣說，你與我上師、父親一般，理應寬恕我輕慢之過。一般閉眼坐禪之人若觀察之，亦有極大過失，故而再次懇請你寬恕我為辨別真偽而妄加觀察之過。」帝釋天說完即消失不見。

當時之六兄弟次第為後來之舍利子、目犍連、大迦葉、崗波、瑪嘎巴、阿難諸比丘；當時之小妹即為後來之蓮花色比丘尼；當時之僕女即為後來之根撥達同；當時之僕人即為後來之擇巴施主；當時之夜叉即為後來之日渥得瓦；當時之大象即為後來之薩日羅嘎；當時之猴子即後來之章子布瓦（供養世尊蜜糖者）；當時之帝釋天即為後來之那索恰嘎。

遠離散亂方成禪定

久遠之前，釋迦牟尼佛曾轉生為一婆羅門種姓之人，勤學吠陀等一切學問，不久即以智者贊譽而聲名遠播。他不但財富圓滿，而且素喜佈施，更深知在家乃一切過患之來源，故而他即如拋卻雜草一般出家苦行。當其離家之時，欽佩他功德者皆願跟隨學法。此婆羅門不喜散亂之地，他專程前往南海歌屋地方，擇一寂靜地精進苦行、嚴持禁戒。儘管住於條件艱苦之清修森林中，但因其前世善根力，他卻素喜佈施，只要有客相訪，他依然會用草木根果及淨水相待，並以「善來」稱謂歡迎諸人，令其皆生歡喜心。因其對苦行者行供養，人皆稱之為阿嘎貝大師。

帝釋天為觀察他修證境界，即來此寂靜地將草木根果等物盡皆隱藏起來。阿嘎貝大師仙人原本就知足少欲，不貪口腹之欲，只喜坐禪入定，因此他根本不觀察食物消失不見之原因，煮熟樹葉並享用過後，他立即進入禪定狀態。帝釋天後來又把草葉樹葉漸次隱匿，仙人則將剩餘或陳舊枝葉撿來煮食。帝釋天最終以婆羅門形象現身仙人面前，仙人歡喜接待，遂將辛苦所得葉子煮與他為食，自己依舊日夜坐禪、歡喜不輟。

帝釋天化現之婆羅門連續三日到仙人處，仙人始終以喜悅心態接待、供養、承侍，帝釋天深感稀有，他想：此人苦行精神實在可嘉，如果他本人願意，連三十三天天主之位僅憑思維憶念即可垂手而得。想到這，帝釋天不由替自己處境擔憂、恐怖起來。他現出天身來至仙人面前問道：「你苦行精進到底有何必要？你對苦行又有何想法？」

仙人回答他：「我為解救感受生老病死之眾生而苦行。」聞聽仙人如是答話，帝釋天不覺心開意解：他原來並不希求我所有之果位。高興之餘，他便對仙人允諾：「我欲賜你悉地，請儘管開口索要。」仙人急忙提要求道：「有善妙妻兒財產並不能令人滿足，希望你能賜我斷除貪欲之悉地。」帝釋天正欲賜其悉地，聞言不禁深感滿意且讚嘆。而仙人則利用祈請悉地之方式趁機為帝釋天說法道：「嗔恨心乃摧毀一切利樂因，請賜與我滅嗔恨心悉地。」帝釋天又感滿意且讚嘆不已，正欲賜其悉地時，仙人又趁機傳法說：「我不欲見凡夫愚者，亦不欲聞其言，或與其交往，因我不欲感受與此類眾生交往之痛苦，我需你賜與此種悉地。」

帝釋天聽罷頓感困惑，他問道：「此等凡夫愚者甚為可憐，你既具有大悲心，為何又不願見到他們？」仙人解釋說：「無論我如何行事都難以饒益此類眾生，他們親行非法又令別眾亦為非作歹，此種作為讓人怎能對其生起悲心？他們根本就非為堪受饒益之法器，故而我不欲與此類人眾交往。」

帝釋天再次對他的教言讚嘆有加，於是就雙手合掌如蓮花花苞、正欲以恭敬心賜其悉地，仙人此刻又說道：「我願會見智者，與他們交往，聽聞或與之交談，如此即能令我獲得安樂，我欲獲此種悉地。」帝釋天又感疑惑，他不覺問道：「你喜歡智者，這又為何？」

仙人回答說：「智者行為如理如法，不惟如此，他們還令眾人亦行合理之道。這些智者從不說粗語；恆時得利益；既無狡詐心；身心又調柔、寂靜，堪為饒益法器。」帝釋天聞已又是一番讚嘆，為報恩他又說道：「你還希求何種悉地？」仙人便繼續提出請求：「我性喜佈施故而需飲食充足，另外我尚欲所有乞討者都具足清淨戒律，能達成此種願望之功德、悉地請賜與我。」

帝釋天感慨答言：「你今日所說教言皆非常珍貴，你所提要求我全部答應，以作為對你傳法之報恩，我定會賜與你所求悉地。」仙人此刻卻說出令人困惑之語：「你乃所有天人中最善妙之天尊，並欲賜我能帶來利益之悉地，但希望你自此之後勿再前來！你為摧毀非天之大尊者，望能圓滿我願、賜我此種悉地。」

帝釋天聞言深覺羞愧，他因自己不被仙人邀請前來而發問道：「諸多苦行、念誦、坐禪之人都喜我前往他們那裡，而我還答應贈與你悉地，你為何卻說不欲再見我？」

仙人誠懇解釋說：「我絕非以不恭敬心或有意不善待你之方式不願見你，只是你這善妙天人若經常前來，我心會因之而散亂。你本人雖心性清淨、寂靜，但我惟恐你常來會壞我禪定，因此我才不欲再見到你。」

帝釋天聽後更對仙人敬佩不已，他在頂禮、繞轉仙人後就隱身而去。

第二日晨，帝釋天將所做天人飲食送至仙人處，又將親自迎請之數百緣覺帶至仙人面前，並及供養神饋之天子也一並前來。眾人在見到仙人後紛紛對他行各種供養。

於森林中苦行者，能喜佈施當然為一種善舉。世尊因地時不貪執食物，亦不願見天人，更何況其他非分之想。因此我等當知，真正欲成就禪定，必須遠離一切散亂，非如此則不足以致成就。

久遠之前，釋迦牟尼佛曾轉生為一種姓高貴、財富圓滿之國王太子。國王以前所生太子盡皆夭折，為防止這位太子也橫遭非人傷害，國王就將其置於以珍寶裝飾之鐵室中，並依吠陀論典中各種護身及吉祥儀軌對其加以保護，眾人也因此而稱其為鐵室。

鐵室誕生之時，當地人皆心生歡樂，他們的身色都比以前更美好、悅意，智慧、大悲心等功德也漸漸具足，眾人各個歡喜無比。因鐵室福德力感召，舉國上下財富增盛，人們生活幸福美滿。

當時有一睡蓮花節，當此節日到來之時，人們將馬車以各種珍寶裝飾，其上還豎立飛幡，並由駿馬拉車迎送。而鐵室太子則身著繽紛綢緞妙衣坐於馬車之上，眾多眷屬雜然圍繞，大家彈撥樂器一同奔赴慶典之地。當此之時，眾人爭相觀瞻太子，以稀有心對其念誦讚嘆、吉祥頌辭，大眾皆歡喜充滿。

鐵室目睹歡樂場面後，以其宿世善緣引生，他開始宣說偈頌道：「嗚呼！世間煩惱眾，不穩無喜樂，於此睡蓮節，反覺樂穩固。此等凡夫眾，無懼真稀有，死主遮生路，無處享歡樂。老病死怨敵，時時橫眼前，定赴來世道，智者誰歡喜。烏雲起閃電，大海狂嘯起，傾盆大雨降，暫聚必消散。」鐵室即以此方式分析器世間、有情世界之無常規律，因此他對眼前種種狂歡場面無絲毫興趣。

返回王宮後，鐵室即在父王前請求能答應他前往森林中苦行。國王對心愛太子此舉非常不滿，他滿臉不悅問道：

「我惟一之太子，你為何欲將我捨棄？是否我做了令你不滿意之事？若如此，你講明後我盡量不再如此行事。」太子則回答說：「你對我非常盡心盡意，沒有任何不足之處，別人也未對我加以傷害，只是我自己因懼怕死亡才會有這種念頭。死亡人人無法直接面對，因此我才做出出家抉擇。」太子隨即又將死亡過程詳細說與父王。

國王愈發不解：「你自己都云死亡恐怖無法避免，那你前往森林又有何用？難道死亡會因你躲在林中就不再近身相催嗎？仙人是否能於林中修得長生不死之法？既然待在林中亦難免一死，你捨俗出家、欲於森林中苦行即為無用。」

太子解釋說：「待在寂靜地或家中，行持正法或者非法都會死亡，這點可謂沒有差別。但有一點卻大為不同：於寂靜森林中有行持佛法之機會，如此行持之人臨終之時沒有痛苦，死後也能轉生安樂淨土；而在家中則會遭遇違緣，很難修持正法。既如此，廣行非法之人，死到臨頭之日必有大痛苦，死後亦難免墮落地獄。」

太子隨即又將有關情況廣述一番，國王最後終於答應他出家請求。

鐵室將眾人羨慕之國王境界、狀況如丟棄雜草一般捨棄後，來到森林中一寂靜地苦行修法。他不斷修習四禪定與四無量心，並讓世人也修持此等法門。鐵室死後即轉生梵天天界。

由此可見，禪定境界以不貪世間妙欲之道而得成就，所以我們應不貪執世法，一人獨自前往寂靜地苦修方為至關重要之事。

釋迦牟尼佛曾轉生為一位受國王恭敬之婆羅門，財富廣大，贏得世人如對天人一般之歡喜心，並常常為其舉行天人般盛大儀式。他廣聞博學，名貫四方，且因前世宿緣而不喜在家生活，一直欲往寂靜地出家求道。他最終終於剃除鬚髮、喜著袈裟、正式出家，而妻子也一同出家並準備跟他同行。

婆羅門此時則對妻子說道：「你於森林中豈能苦行修法，其他的地方有女眾出家者，你最好與她們為伍。」婆羅門將此話連說三遍，但妻子因對他有信心故而一直跟他同行。兩人來至寂靜地後發現一悅意森林，安住下來後便開始坐禪。

一日下午，當尊者（指出家之婆羅門）正修禪定之時，卻見那擁有美妙身色之女人正於不遠處也在按教言坐禪。而當地國王恰好於春日前往林中賞玩，見到尊者後便來至其前與他歡喜交談。當國王坐在離尊者不遠處見到那艷麗女人後，貪心頓時滋長起來。國王心想：這女人想必是仙人妻子，應將她搶奪過來。不過尊者是否具有苦行功夫，我還需觀察一番。若他真有功德，我怎敢對他妄加輕毀；如其貪執眾生，那即說明他缺乏苦行功夫。他若對眾生不貪執，對此女人當然就能捨棄、置之不理，左思右想過後，國王就對尊者說：「磋！出家尊者，於此世上多有狡詐、野蠻之徒，在這寂靜森林中，如有人強行奪取你妻子，你會如何處置？你若生嗔恨心則與佛法相違背，故而你應將她捨棄。我不明白，你為何不將她置於家中？」

婆羅門尊者回答道：「你所言不差。若真出現此種情況，我自有應對措施，請聽我道來：若驕慢之人不經觀察即輕易加害我時，那就如土塊必被雨水沖走、不會逃脫此種命運一樣，這類人亦會被我折伏。只要我尚有一口氣，就絕不輕易放過他。」

國王聞言不禁暗想：看來此人對妻子非常貪執，應無多少苦行功德。國王馬上對尊者就生起輕毀之意，並欲將女人帶回王宮。那已出家之美女則邊哭泣邊哽咽呼喚「大尊者」，儘管非常不情願，但還是被國王拽上馬車。婆羅門尊者雖目睹全部過程，但他以妙觀察智早已徹底摧毀自己嗔心，因此心態始終平易、溫和，他竟在一旁自顧自縫補起糞掃衣來。

國王好生納悶，他問尊者：「你剛才還在說絕不放過傷害你之人，那我既如此搶奪你妻子，你為何還要保持沉默？你是無能，還是缺乏力量採取行動？你這樣行事有何作用？如有本事，就請與我相鬥，若非如此，你剛才為何還要叫囂不已、口出狂言？這豈非自不量力！」

婆羅門尊者說：「我並未失毀我所說話語，你理應記得：剛才我說若有人損害到我，只要我活著就絕不能讓此種人得逞，我會如水沒土塊般親自將此人湮沒，此即為我當時所立誓言。」

國王聞言知其有苦行功德，自己並未真正瞭解他說話的涵意，於是他就向大尊者詢問道：「你只要一息尚存就不能讓任何人損害你，那對你而言何為真正損害？如雨水沖毀土塊一般，你到底要將何物、何人湮埋？」

尊者對他解釋：「生嗔善不顯，未生則顯現，明知我未生，害我之嗔心。」

國王這才明白尊者所要力克者乃為嗔心，於是對尊者所言甚為滿意。他急忙向尊者懺悔，又向出家女人懺悔，並將其釋放，還親口答應願做婆羅門尊者弟子。

如是嗔恨心、報復心均應得到調伏，如此一來，怨敵也可被調伏；若嗔恨心增盛，怨敵當然也會增上。無貪無嗔之人一定能感受到無垢禪定心之妙味。

普行菩提制止邪見

久遠之前，釋迦牟尼佛曾為普行菩提，在家時即已全部精通世間人人讚嘆之學問及各種藝術。後來又出家求道，更以利他心行精進求法，並最終對佛法通達無礙，且獲阿闍黎位。無論行至何處，所有出家眾、智者、國王、婆羅門、施主、外道都對其十分恭敬，大尊者也以利益他眾之心遊歷過眾多地方。

其後他來到國王治理的國家中，國王早就聽聞過他的鼎鼎大名，於是就在一園林角落中對尊者行長期供養，尊者也為他宣講佛法。對尊者所取得之功德、名聲，有人心生妒意，為令國王對普行菩提不再欣賞、重用，他們就私下對國王說道：「普行菩提非常狡詐，他慣以溫和面目偽裝自己，他的真實身份實為利紅國王所派的奸細。他利用佛法欲令人皆心懷漸愧並性情柔和，以此途徑逐漸假方便法欺瞞大眾。」

國王聽罷心中略感懷疑，對普行菩提之恭敬、愛戴自此以後稍有變化。尊者感受到國王的微妙變化後，一日手持淨瓶及三根木棍等資具便欲離開國王治理的國家。國王不解問道：「大尊者是否因我做錯事情而離去？」普行菩提回答說：「我絕非因未受國王恭敬、亦非因生嗔恨而無緣無故甩手離開，只是我觀你乃非法器，因你較狡猾，故而我才想離開。」

國王平日養有一狗，此狗對國王而言頗顯重要。此時牠已呲出獠牙，正欲咬嚙尊者。普行菩提便藉機發揮道：「大國王，你深知此狗以前對我十分友善，而今卻獠牙外露，分明對我心懷不滿。從旁生行為之中都能現出你心中態度，因此狗實際上乃為你之眷屬。」

國王聞言心中羞愧不已，他低頭想到：尊者太過聰慧，早已洞悉我心中所思，我還是勿以狡詐手段應對為好。想到此，他便說道：「我在眾人中確實數落過你的過失，我也是迫不得已、無計可施時才欲暫時捨離你。你一定要寬恕我，千萬不要離開。」

普行菩提冷靜答言：「我現在確實應離開此地，因告別因緣已經成熟。別人不恭敬我時，我最好離開，否則即會被人狼狽趕走。我離開時並未有不歡喜心，以後也定不會捨棄利益你之心行。原本不知報恩者、與親友感情不長久者，都是眾中最低劣之人。為了我們友情長存、穩固如山，我一定要暫時離開。」

國王最後只得無奈說道：「如你不得不走，那就請日後一定再來看望我，千萬勿生不滿情緒及仇恨心。」普行菩提大度回答說：「大國王，這人世間歷來違緣重重，我並不敢說自己一定能來。不過若因緣具足，我肯定會來探望國王。」尊者言畢即離開國王。

尊者自此更明白依賴在家人只會使心生種種不樂，他便前往寂靜地苦修禪定，不久即獲四禪五通境界。他隨後又以慈悲心觀照國王，並將國王的情況全部掌握。因很多大臣智慧低下，有些更持有無因派見解，他們就將蓮花花葉色澤、孔雀羽翼花紋等現象全歸之為自然產生，實屬典型無因派見解。還有些持有大自在派見解；有些則只知希求今生安樂。總之，各人以自己分別念妄說紛紛，國王本人又缺乏主見，故而已被人引入邪道深淵。尊者不覺悲心頓起，他馬上就想出制止邪見之法。

普行菩提於森林中幻化出一隻大猴，再以幻術剝下猴皮披在自己身上，掩蓋住身體其它特徵，只披著猴皮來到王宮門口。王宮門外有許多手執兵器之人列隊守衛，而大臣及婆羅門等人則次第坐在宮內，國王一人端坐獅子寶座之上。見到尊者後，國王急忙將他迎請入宮中，請他在坐墊上就座，並問道：「大聖者，是誰供養你猴皮？」

普行菩提故意說：「此乃我自己製成，並無人供養。我在林中苦行時，無法在吉祥草墊上安坐。見到大猴後，為自己坐禪、修梵淨行方便就將其殺害、剝皮為衣。」

國王聽罷反倒有些不好意思，他便低下頭不再講話。而眾大臣本來對尊者就有些不滿，現在立即抓住機會說道：

「奇哉！請國王好好看看你喜歡之所謂行持佛法之大尊者的作為。他在林中苦行，為一人利益就能將大猴慘殺，這真乃稀有，願他苦行能獲圓滿成就。」

普行菩提此時並未生起絲毫嗔恨心，他平和說道：「你們不顧及自己見解而譏毀我實不合理，以違背自己見地之話語訴說別人過失，只能表明自己太過愚笨。」尊者隨即對持無因派者特意說明：「你們說萬事萬物皆自然而生，沒有任何因緣。既然如此，為何還要對我信口雌黃？猴子乃自然死亡，我有何過？如認定我有罪過，那就以你等所謂的無因自生相違背，這豈不成為因緣所生？因此你們真應捨棄無因生之說，再如此妄加罪過於我身上已沒有任何道理，你們言蓮花花葉無因而生，既無因，那它為何又不常常生？事實並非如你等所言，此乃由地、水、火、風四大聚足而生，因緣不具足絕不會憑空產生蓮花。如果無因派推理之根據明顯不具備，你們已毀壞了自己的宗教論點。若無推理依據亦能成立無因宗派，此類僅憑口頭胡亂推導而得之無因派則無絲毫實義。未見到因緣並不能證明因緣不存在或諸法無因，若如此只憑眾人眼見與否為依據就加以推理，則某些時候能見到因緣，為何就不能推論出萬法皆因緣而生？若何時何地都無因緣所生法，那你們所謂之無因又有什麼理由？除去口頭陳述之言辭，它並無存在的道理。如認為自己未看見，但未看見不一定不存在。就如太陽落山後因種種因緣而被遮擋，令人無法目睹，但此時你不能說未看見是無因自成。你們皆欲獲得快樂而不願承受痛苦，對你等諸人來說，安樂之因緣就維繫於國王身上，你們又怎能說沒有因緣？若真是無因，我殺死猴子又有何不合理之處？」如是宣講過後，持無因見者無一能回答普行菩提所提問題。

尊者隨後又對大自在派人士說道：「諸位尊者，你們持大自在見輕毀我亦不合理。你們認定一切法皆為大自在所創，既如此，則此猴也是大自在所殺，你們為何卻對我有所不滿？別人所犯過錯為何要落在我身上？如果說大自在本性慈悲不會殺猴，你們為何又說是眾生因緣造成猴子死亡？你們云萬法均為大自在創造，大自在自然生出一切，除他而外誰都不可能創製萬物。既如此，你們親身供養、頂禮也全是大自在所為，你們自己又能得何種利益？所有大罪過也是大自在自己造作，那你們恭敬他又能得何種利益？既然你個人所為、所造罪業，大自在無法承擔，那你們實不應再接受萬事萬物皆為大自在所造之觀點。」

「另外我再問你，大自在是自己自生抑或由別種法而生？若是自生，則其它法前就無大自在，那又從何而言一切法均由大自在產生？若為它生，則大自在分明如僕人一般又哪來自在性？既如此，為何要說大自在無因而生？且還要對其頂禮膜拜？如果捨棄一切合理、不合理之處進行觀察，只籠統言萬法皆為大自在所造，那我殺死猴子也不應受到責備，你們不觀察為何要說是我殺死猴子？」

普行菩提即如是摧毀大自在派辯才，他接著又轉向一切都乃前世業力所造派說道：「你們譴責我殺死猴子亦不合理，因你們認為一切皆是前世業力所造、一切都為命中注定，既如此，我殺死猴子又有何過錯？正如被火焚燒之森林一般，前世業力導致一切現象產生，我沒有一絲一毫之過。若我要承擔殺死猴子之過，則我已造下惡業，猴子之死即非由前世業力天定。況且業力與業力因緣無窮盡，這樣業力之流將永無盡頭，始終完結不了，任何眾生都無法得到解脫。」

「若說善法能成為痛苦之因、罪業成為快樂之因，一切果報均不依現在所有造作，只因前世業力而得以顯現，我們即可承認你們所持觀點，但事實並非如此：造惡業或善業必得相對的痛苦或快樂果報，善惡有報始終都不會顛倒錯亂。如此看來，一切都為前世業力所定實屬不合理之見。再者說來，新造業既不可能對果產生影響，新造業也即並不存在、成立，那以前之業又何能成立、出現？你們既認定一切都因前世業力而形成，殺猴之罪業誰又能將它推到我頭上？」聽到普行菩提如是分析，這些人便再也無話可說。

尊者接下來又面帶微笑對斷見派人士說道：「你們譴責我殺死猴子同樣不合理，因你等對一切來世果報都不予以承認，既如此，還用管什麼造善、造惡之分？有智之人自此皆當隨心所欲。如此說來，殺猴過失又該讓誰來承受果報？如果是因欲免遭世人嘲諷而稱應行善斷惡，此種說法亦不合理，因你等行持均已與自己所屬宗派觀點背道而馳，這豈不更成眾人譏諷的對象！難道你們不明白此理？如只知隨順世間愚癡眾生之見而捨棄自己宗派，此等宗派又有何等存在意義？它豈不成為一派胡言亂語與思維錯亂之產物？此種行為真乃愚癡之中更愚癡者。」

「你們又說：『顏色各異之樹木非為前世業力而顯現，實屬自然發生，若被火焚燒、用兵器砍斷，則再不會重生。同理，整個世間毀壞後，又豈有來世存在。』這種推理實乃錯謬。你們不知分析世間萬法皆因緣具足而後產生，因緣不具足時根本就不會顯現。因不分析觀察，故而不明此種道理，才會擁有這類實屬胡言妄語之理論。事情既然如此，若以你們所持斷滅派觀點衡之，殺人、殺猴等業障又有何過失？」等尊者一席話講完，斷滅派人士不再多言。

普行菩提又對國王身邊精通世間論典之眾智者說道：「你們為何也要譴責我？若你們認為世間論典所宣揚之道理皆屬合理並欲行持，則實在不應責怪我。因你們所持論典中這樣敘說：『為國等利益，不管善惡業，等己解脫後，以財修正法。』你們既如此承認，認為只要有必要，不顧及親友等行為統統可以行持，那我為得猴皮而殺死猴子亦屬有必要之舉，你們為何還要譴責我，而不去譴責你等所持自古相襲之論典？若認為我無悲心而殺害猴子，或我會以此種惡業今後感受果報，那你們不重視自己所標榜推崇之世間理論、反而只知跟隨別種宗派，這種作為又有何益？若這種觀點可算作合情合理，這世上就不會再有不合理及錯亂之事，這豈不可悲！你們這些野蠻眾生以世俗論典、理論為藉口弘揚邪教，若你們認為自己所屬邪見宗派為真實，那麼對我殺猴也不應有任何不滿之見。」尊者即如是以威風及辯才壓服住所有在場之眾。

國王及以大臣為主之眷屬此刻皆對他生起信心，對他所言亦非常滿意。他洞悉眾人心態後就對國王說道：「其實我從不曾將活生生猴子殺死過，只是為今日宣說此等道理之方便，我才特意幻化出一猴並示現將其殺害，希望國王勿再對我有更多顧慮。」言畢即將幻化猴子又幻化而去。

國王及眷屬對他的信心更是加倍，尊者則趁機對眾人說道：「現見法因生，了知有來世，行善大悲者，豈敢殺有情。」接著又專門對國王說：「無因大自在，斷見世間論，為名立宗派，智者誰認可。國王所持見，下屬亦隨順，國王細觀察，眾人之言行。故當持正見，惡見禍害因，遠離諸惡人，依止善知識。」尊者即如是宣說遠離惡友、依止善師、修持慈心之教言，在其引導下，國王與眷屬都開始遠離惡見惡行，行持起正知正見來。尊者開示完畢即顯示神變飛逝而去，眾人則在其身後恭敬、頂禮、供養。

又釋迦牟尼佛以前曾示現為一施主，名為喜靜，他就如高大繁茂之薩拉樹一樣，財富豐饒，為善法、善說不惜犧牲一切。一次從空中傳出聲音道：「如來正等覺無量光佛擅長斷除眾生懷疑，他現已出世。」喜靜施主聽到後立即向虛空發問，詢問如來住於何處，如何才能拜見。從虛空中再次傳出話語，告訴喜靜所欲知道的信息。他立刻集中起大臣及城市中人，向東行成千上萬由旬後到達山王勝幢城中如來居所。途中不斷有人相繼跟隨，最後眾人全部抵達如來近前。

此時諸天人正對如來供養承侍，而如來莊嚴美妙身相很遠處就能望見。喜靜等人從馬車上下來後，皆步行前往如來所住園林。承佛陀加持，陣陣涼風徐徐吹來，並降下甘霖香水。如來早已得知施主心中所思，即以甘露清涼之光觸其軀體，喜靜等人立即就從疲累痛苦中解脫、清醒過來，他們此刻全都看見如來正於一多羅樹高之空中行走。

施主請求道：「我聽聞如來名號後即欲親臨此處，而今已真實面見如來，內心喜悅自是無法言表。於此整個世間中，如你這般具殊勝功德之如來真乃無與倫比。」如來則答話道：「施主你所言的確合理，我是經漫長時日勵行善法後才得此果位，並在此世界獲無與倫比之境界。施主，你們心中有何請求不妨直接道來，我可滿足你等心中所願；同時不管你們諸位欲詢問何事，我都可遣除你們所疑之處。」

施主便開口詢問說：「我們修禪定之時，心如何入定？又如何出定？如何才能得禪定功德？這些道理都請佛陀明示於我。另外，以何善根才能達到禪定之力？瞭解禪定之因緣又為何？」喜靜即問了許多諸如此類的問題。

無量光如來為解答眾人疑問就告訴他們說：「無相禪定者，即達出入理，何人明此理，已各得禪定。」

待如來言畢，以施主為主之眾眷屬即已通達無生法門，並遣除了各人一切懷疑與猶豫。此時諸眷屬又請教道：「佛陀所說語，如何行持之？」佛即告訴眾人說：「恆河沙眾生，聽聞我語後，了達真如理，已得無生法。」為利益眾生，無量光如來就以此種方式答覆眾人所疑。是故諸大菩薩為利眾理當精通禪定之出入法，亦應受持、積累寂止與真實禪之善根。

喜求禪定成辦二利

久遠之前，釋迦牟尼佛曾轉生為嘎西嘎國王手下一大臣，名為查見。他精通一切論典．，並具備性格沉穩、行動調柔等諸多超凡功德，且常為眾人宣說如何取捨善惡之道理，眾人因此都像對待上師那樣對他恭敬愛戴。有一次他想將國王心中不合理之念頭全部除去，於是就與國王來到一寂靜地後說道：「勝身等國王都犯有同樣過失，但國王們自身卻皆未察覺。」

接下來他便首先宣講飲酒之過：「飲酒後能令人生起嗔恨心，且哭哭鬧鬧，說話也語無倫次，並能導致各種疾病等過失產生。」然後他又講賭博過失：「為賭博獲勝，人人心煩意亂且毀壞事業，賭徒各個不能安睡，且要忍住大小便，這樣必將導致各種疾病產生。」隨即他又宣示了打獵、女人等諸種過患：「打獵會被毒蛇、蚊子等動物傷害，且要被冷熱、飢渴、勞累等折磨。路上還可能從馬上摔下，又或者遇到怨敵損害等恐怖之情形，更何況來世尚要承受難忍果報。再看女人，女身之過為：令男人威望降低，出現無明黑暗，貪欲之火焚毀自己，如毒蛇一般心生嗔恨，尚有說粗語之嗔恨過失。為國王自己福德考慮，若能調伏自己根門，如理如法主持國政，即能增上一切功德。」

儘管查見奉獻給國王諸多教言，不過因國王心性散亂，他聽聞後心知自己並不可能將其全部如法行持，但為顧及查見情面，國王只得說道：「你像上師一樣賜我教言，我從今往後定不違越。」待查見說完，國王即自行回宮，又與王妃待在一起。夜晚降臨後，國王依舊開始沉迷於歌舞、美酒等放逸行徑中。

另有些大臣對查見智慧及福德心生妒意，他們便向國王進讒言道：「查見欲與勝身國王裡應外合、推翻王位，你應在各方面小心提防。」愚笨國王嘎西嘎根本不經觀察，自此之後便對查見心生不滿。查見知道國王心態後不覺悲哀想到：人們並不看重說真實語之眾生，這世間膚淺之人就如毒蛇一般。我本無任何過失，但他們偏偏就要離間，以致國王對我不滿。居住、生存於這種眾生中有何利益？我實在應前往遠離一切過患之寂靜地，此等寂靜地方適宜於修持善法。

查見心意已決，於是便將家財、親友統統如雜草般拋棄，自己前往寂靜地精進苦行，並終獲四禪五通。

國王後來駕著馬車並攜帶兵器、率領軍隊，奔赴森林中打獵，且一路馳驅進入尊者苦行森林中。查見此時已知曉國王就在林中活動，他心想：我應將這喜造惡業之國王從惡性道中解救出來，並使其趨入善道。念畢，尊者便於剎那間幻化成勝身國王，擁有四種軍隊。軍士各個握有堅利兵器，且時時擂鼓助威、吹響嘹亮海螺，軍威氣勢可謂撼天動地、力拔山岳。

當四種軍隊威風凜凜出現在嘎西嘎國王面前時，國王立刻驚恐萬分，他不禁恐懼想到：我現在該皈依誰好？久聞大尊者查見居住於此森林中，憑其苦行功德一定會保護我。思及此，他連忙命令駕車者速將馬車駛往查見所居之地。眾人依其吩咐如是照做，等見到查見後，立即就被他以善言款語好生安慰，查見邊招呼邊將國王迎進茅棚、安置於坐墊上。

這時軍隊已消失不見，國王向查見納悶問道：「剛才氣勢洶洶之大軍現在何方？」查見對國王道出實情：「我是為調伏國王才以神變力幻化出四種軍隊，其實這裡根本就無勝身國王及其大軍。」尊者接下來又循循善誘說：「世間不僅有怨敵造成之恐怖景象，就連得到王位亦能產生諸如安樂稀少、引生墮落地獄等眾多過患。若將王位一直保留下去，將來必墮惡趣。為斷除惡趣之因，國王理應前往寂靜地出家求法。」

查見緊接著又為國王宣示了貪著世間妙欲之過患、遠離世間法之功德。國王對其神變力生起大信心，對其宣說佛法生起歡喜心，於是就將自己隨身衣物、飾品全部交與駕車者並令其返回，自己則於尊者前出家。查見為他傳授教言，他自己亦嚴護根門、戒律，並於苦行修持後逐漸獲取禪定境界，享受寂滅安樂。

駕車之人及餘眾返回城中後，王宮中人皆心生悲傷，他們紛紛打探國王去處，眾人回覆說已在查見處出家。王妃等眷屬聞罷不覺失聲痛哭，眾大臣想盡辦法才使其從憂傷中恢復過來，並立大太子為國王。

若具足禪定境界即可獲取神變，以神變即能令眾生歡喜，再以佛法則可利益眾生。故而對聖者禪定功德，我們理應生信、恭敬。

又釋迦牟尼佛曾轉生為森林中一精通一切論典、攝受眾多弟子之苦行者，他恆喜在樹葉叢中坐禪。當時森林附近滴雨未降，樹乾葉枯，眾多苦行者均感身體乏力、難以支撐。正當大家商量欲前往城市中時，苦行尊者便及時向眾人宣說進入城市中之種種過患，並安撫諸人道：「你們均可暫時從我這裡取走食物，以後亦可常至我處取食，但切記勿輕易離開我們苦行的森林。」

等眾人將苦行尊者所有食物分光享盡之後，大家就集中於尊者身邊。而他則手拿土製缽盂、依神變力當下飛往北俱盧洲，並將此地甘露般美食通過化緣得於手中。他將化緣所得拿回來後分與諸位苦行者，他們各個歡喜享用，並立即恢復精力。

尊者即如此為苦行者日日提供飲食，他並且發願道：「以我未被世間分別念染污之諦實力，願天王降下雨水。」結果剛剛言畢，瓢潑大雨傾刻便從天而降。莊稼穀物開始滋長，樹木也開始發芽吐綠，眾人則盡皆歡喜滿足。待尊者為他們宣講佛法後，眾人都遠離惡道趨入正途。他們對尊者感恩說道：「你首先對我們行財佈施，後又以法佈施救度我們，將來必能引領我們獲取佛果。」如是讚嘆後，眾人又開始各自坐禪。

久遠之前於梵施國王執政時，在鹿野苑森林中，釋迦牟尼佛轉生為五百苦行仙人中之尊者。以其慈悲力感召，所有林中苦行之眾均能和睦相處、互不損害。其中有一位苦行者因風濕病而身體欠佳，大尊者以天眼觀照，知其乃因貪執王位而致心有疾患，非身體之病痛也。病者向尊者詢問得病緣由，尊者回答說：「於此苦行森林中，以樹根、樹葉恐難治癒你所患之病，看來必以畜牲肉湯方可治你頑疾。」

尊者隨即便以幻化神變變出一動物，並要求病者將其殺死，且云：「殺了牠，你即可喝湯矣。」病人則說道：「大上師，我如此行事必定會與佛法相違，苦行人怎能殺害眾生？」

尊者即反唇相譏道：「儘管你為了顧惜自己生命，但卻因悲心連一眾生都不肯殺死；如果成為國王，必定要殺害眾多眾生，就連無辜野獸亦會被兵器砍殺，這難道不更與佛法相違？那時你所謂慈心悲意又向何處尋覓？王位實乃一切病苦之因，千萬勿貪執於此。」尊者接著又向其宣說了心被染污後會再三墮入惡趣、感受痛苦之教言。

病者慚愧說道：「大上師確實已將我內心洞悉無遺。」他於是邊讚嘆尊者相救之功德，邊摧毀自己的惡心，最後又向尊者詢問道：「我在苦行時總是將心執著於女人，以致心常常因女人而散亂，如此貪欲如何對治？」

尊者又對他開示道：「你應明白：女人之眼、手、腳、臉面等都為暫時美麗而已，待到年華逝去後就會變得醜陋無比，且骯髒污穢，完全是恐怖本性。若不明此道理，必將感受無邊無際之痛苦。」尊者又繼續向他開示了有關這方面之佛法道理。

苦行者聽聞後即前往其它靜地，並按上師教言精進修持，且終獲四禪五通。等他得到四禪五通果位後，此人又回到上師所居寂靜森林，並對上師讚嘆不已，還以報恩之詞句對尊者大加讚賞。

久遠之前，梵施國王手下有一大臣名為奪施，奪施有兩子，一為奪子，一為奪頂。兩人到森林中苦行後獲得五神通，經常都以神變飛行空中，並因此而受到國王及眾人的尊敬與供養。

後來有一次國王前往別處，公主則接替父王繼續對兩兄弟供養承侍。公主在此過程中對奪頂生起貪心，隨即便以種種方式引誘他，最後又與他做下不淨行，結果終使奪頂神變力完全失毀。

奪子在林中得知此種情況後，就又將奪頂帶回森林，令其繼續苦行精進，奪頂後再次獲得四禪五通。

當時之奪子即為後來之釋迦牟尼佛，當時之奪頂即為後來之那巴朗欽比丘。此比丘出家後，妻子又引誘他還俗，釋迦牟尼佛則又將之帶回比丘僧團、令其重新出家。那巴朗欽比丘最後終得阿羅漢果位。

無量劫之前，釋迦牟尼佛曾轉生為普救國王，擁有八萬四千王妃，每位妃子都與天女一般美麗、善妙。眾王妃待國王就如母親般疼愛，對他又恭敬又喜歡。普救國王在能盡享各種世間妙欲時，就已憑修持獲得從一禪至四禪之間的禪定，且一一修持圓滿。

當他從第四禪中出定後，眼見眾生因強烈貪執世間五種妙欲，以致廣造惡業後紛紛轉入三惡趣：有人雖轉生人、天二趣，但需感受壽命短暫等痛苦；其它眾生壽命有長有短；種姓有高有低；有威嚴亦有不威嚴眾生；財產有貧窮與富裕之分；聰慧程度有智愚之別；有隨順世間，亦有違逆世間眾生……普救國王以禪定得知眾生各種不同狀態後便想到：眾生實不應踏上不公平之世間道，我一定要將此等眾生引入平、清淨之佛法聖道。

他邊思慮邊生出悲心，自此之後便常常前往大小城邑，以五神通力令眾生斷除十惡、行持十善，並將善根迴向無上菩提，且使無量眾生皆趨入不退轉果位。

國王去世後轉生梵天天界，當整個世間趨入滅劫中時，他又從梵天轉生光明天界，並使彼處成千上萬無數眾生皆趨入不退轉果位，且都獲得無生無法之境界。他從梵天轉生光明天界後，為度眾生又再次返回梵天，並偶爾降臨人間。若佛陀未出世，他即以所具五通救度眾生；若世尊已出世並傳法，他即於佛前承侍、供養，並以此善根得知如來入滅盡定或住靜處等情況。

又久遠之前，當寂住如來出世時，世尊壽量長達七千萬年。釋迦牟尼佛那時轉生為一尊者，名為恭敬寂住，並獲現見諸法寂止、大悲周遍集智（集智，十智之一，證上下界集諦之智）禪定。他以方便法不住寂滅，依勝觀顯示神變、幻化出一千尊身體，對散亂眾生施以佈施，令其守持清淨戒律，皆得以蒙佛法陽光沐浴。無量無邊眾生在他教導下獲法忍境界，尊者讓他們修持大悲禪定、一切智智之法門，使眾人趨入六波羅蜜多，並最終在各自剎土中示現成佛，又去度化無數眾生。

佛陀後來說過：「是故我修禪定已圓滿六波羅蜜多。」釋迦牟尼佛又曾轉生為喜世國王，在捨棄王位後前去森林中苦修禪定，對此他自己內心異常歡喜雀躍。喜世不久即得知以前入禪定之人均已獲集智禪定，他就以世間飲食令坐禪者皆生歡喜心。

無量劫之前，釋迦牟尼佛曾轉生為一仙人，名為無著吉祥，雖未曾生起過任何禪定功德，但已知道其為寂滅法。他以不畏世間心、不住寂滅心離世，於九十六劫中不入胎，專以幻化身存世。

又無量劫之前，釋迦牟尼佛曾轉生為賢目，明白三界眾生受自地障礙束縛，並深覺其可悲可嘆。看到眾生無論居於何處，都必受程度不同之損害、且又無依無祜時，他就想：我不應安住於寂滅，若無相也即無動搖，我應給眾人宣說以諸法無相之禪定而獲大悲之法門。於是他在自己精通後又為別人宣說，使無量無邊眾生獲無量智慧，從而趨入無餘槃涅。

苦行得禪定方便度眾生

無量時日之前，賜慰如來出世並為眾生宣講佛法，令眾生得以擺脫老、病、畏懼之苦。他對貪欲熾盛眾生宣說不貪法；對嗔心強烈眾生宣說無嗔法；對愚癡眾生宣說智慧法；對貪執禪定、滅盡處、次第等持眾生宣說無貪法，並及心解脫及極為解脫法等如是八種解脫法門。釋迦牟尼佛那時轉生為摧敵國王，通令整個三千大千世界之人，包括成千上萬眾生、大小六萬國家民眾全部前往如來前聞法。賜慰如來則為他們宣說八解脫法門，摧敵國王就以遍滿三千大千世界之七寶供養如來，然後又與其餘人眾捨棄俗家、趕赴寂靜處出家，結果六萬國家民眾全部現前八解脫境界，國王反倒未現前此等境界。原來因他聽聞八解脫法後，既不貪執世間，又不捨棄世間，他因對身陷生死輪迴中之眾生生出悲心，故而十八大劫安住輪迴中，並為利益輪迴漩渦中眾生而精進努力。

佛陀後來自己說：「目犍連，不住一切等持之諸菩薩，必能速得無上菩提果。」

又釋迦牟尼佛曾轉生為妙智國王，以不放逸行為治理國家。他擁有八萬王妃，各個美艷無比、煞是好看，她們全都早起晚睡，不僅貌如天女，功德更等同於離貪者。妙智國王即於八萬妃子中入等持，並以入定之心如理得知禪定類別、煩惱與功德之差別，且通達女人心態、煩惱、功德等內容。女人中智慧微少、煩惱粗重者，他為她們宣說調伏煩惱、生起智慧法門；女人煩惱微少、智慧增盛者，他為彼等宣說滅盡微細煩惱之斷根法門；貪心大者面前，他為其宣說不淨及無常法；嗔心熾盛者前，他則宣講慈悲及無常法；愚癡者面前，他又宣講緣起及無常法；分別念旺盛者前，他為其宣說呼吸正念及無常法門；執相者前則宣說無相、無常法；執著我與我所者，他以空性及無常法對之；面對貪執世間之人時，就以無願及無常法引導……如是面對眾生種種煩惱，他皆能對症下藥，諸如：

被貪心驅使之女人，令其行禪定、修習梵住道，並因之而得以轉生梵天大界；被嗔恨心驅使之女人，令其修四無量心及梵住道；執相女人令其修無相法及梵住道；貪執世間女人令其修無願及梵住道……妙智即如是令八萬女人皆遠離欲界貪欲並進而轉生梵天天界。

釋迦牟尼佛又曾轉生為毀惑國王，以其福德力而致九十萬女眾相好端嚴，如是諸女眾僅以眼目觀望其他女人時，就能得知對方煩惱及業果，同時亦將對方相續中不生煩惱或毀滅煩惱等情況也完全掌握。國王即如是憑其威力令九十萬女人通達業及煩惱本性，並進而遠離欲界貪欲及煩惱，且於死後均轉生梵天天界。

釋迦牟尼佛轉生為善見國王時，雖享有長壽、富裕、安樂等世間榮華富貴，但卻並不以之而生貪心，他又前往別處深入禪定，有關此等因緣在律藏中有廣說。

又釋迦牟尼佛久遠之前曾為森林中一苦行仙人，當時有五百強盜曾將一村落焚毀，並奪走許多飲食與財物。有一人前往該村落時，強盜立即抓住他並欲以之供祀夜叉。即將被當作供祭品之人深感恐怖，他隨即向仙人祈禱。有天人當即就將情況彙報與仙人，他便親臨村莊要求強盜釋放此人，還為他們宣講佛法。結果因其講法感召，五百強盜全部在他面前出家，並終得四禪五通。

釋迦牟尼成佛後，有一次遇見一位駝背的人要被五百強盜殺掉供祭，危難之時，駝背開始向佛陀祈禱，釋迦牟尼佛立即以天人裝束、形象來至祭祀之地。眾強盜見到他後各個心生歡喜，他們皆認為自己已看到天尊，於是紛紛合掌端坐其前。佛陀化現之天尊便諄諄開示：「從今以後再勿以人為供品，應盡快聽聞正法。」他隨即便視眾人根基、意樂而宣示相應法要，並終使駝背者獲無來果位，五百強盜得預流果位。

釋迦牟尼佛隨後現出真身，眾人見之信心更強，他們全在佛前出家並皆證阿羅漢果位。此時那駝背者遺憾地說：

「若我非為殘疾，我也可在釋迦牟尼佛教法下出家求道，並為渡過輪迴江河而精進修持，但奈何我卻……」結果當他剛言及此，他那駝背身軀瞬間就已恢復常態，且圓滿完好、端正莊嚴。他在生起難以抑止之歡喜心後終於滿願出家，並終獲阿羅漢果位。

釋迦牟尼佛又曾轉生為一國王種姓之大菩薩，財富圓滿、相好莊嚴、對一切學問皆精通無礙，人們都對他喜愛、恭敬。菩薩看到在家諸過失後，等父母一去世即將萬貫家財對沙門、婆羅門，貧窮者行廣大上供下施，然後便毅然出家，到一寂靜地苦修禪定，並終以如理如法之行為而名揚天下。

他父親一親友得知他境況後便對他說道：「在你青春年少之時，怎能捨棄富裕家庭前往寂靜地過那窮困生活？你為何如此行事？還是待在俗家居家過日子比較好！」

尊者便對他宣說困縛於家中猶如身陷囹圄般之過失，及森林中寂靜清修之功德，此人聽罷對他所言深信不疑。

又久遠之前有一贊巴城，國王名為雪海天，太子名為海天，即後來之釋迦牟尼佛。海天太子對藝術、五明悉皆精通，經父王同意後就到森林中苦行坐禪，並最終生起四禪五通。

國王大臣有子五百名，對藝術等學問亦非常精通，他們不免內心日漸驕慢起來，眾人自矜道：「我等學問、相貌已無人能比。」五百人之上師卻對他們說：「海天太子現住在森林中，若與其相較，你們所擁有之才華、相貌、能力、智慧千萬分不及其一。」眾人聞言各個急於見到太子本人，他們便與上師一起來到太子禪定之森林。見到太子後，僅其外相就已令人讚嘆不已，大家皆認為太子肯定更具有其它功德。於是眾人就在他面前出家，並在他教導下亦獲四禪五通之境界。

待釋迦牟尼成佛後，原先那五百人之上師即成為具天箭師，他於廣嚴城中教授五百人射箭技藝，那五百人即為當時之五百大臣之子。具天箭師先讚嘆釋迦牟尼佛箭法高超，然後便率五百弟子同在佛前出家，並皆獲阿羅漢果位。

久遠之前，有五百商人曾路經一茂密森林，當時夜叉興風作怪，竟刮起漫天狂風。正當眾人無可奈何之時，釋迦牟尼佛那時即示現為具有五神通、威力無窮之仙人，將商人及其財富全部從森林中解救出來，並使其順利返回原先居住之地。眾商人皆大歡喜，於是紛紛到仙人前出家求法，並終獲四禪五通。

釋迦牟尼佛以前曾示現為眾多仙人，救度無數眾生出離死亡恐怖，並令其皆獲四禪五通。此種行跡數不勝數，這裡僅能略敘而已。

久遠之前，釋迦牟尼佛曾轉生為一山兔，當時久旱無雨、災荒頻傳，在寂靜地有一仙人此時便欲離開靜處前往城市。山兔與此人歷來關係友善，得知仙人心態後，牠就到他面前廣宣寂靜地之功德及城市過患。山兔最終竟跳入火坑，以此懇請仙人勿離開靜處。仙人急忙將山兔從火坑中救出，並感動不已地說道：「你既希望我能待在寂靜地，那在我有生之年，我發願一定住於靜處。」

待其發願後，天降喜雨，草木復生。最終以仙人大上師山兔之恩德，仙人終獲五通。（在《一切光明仙人慈心因緣不食肉經》中也有類似記載，只是最後山兔為供養仙人犧牲了自己的身體。）

久遠之前，釋迦牟尼佛曾於莫特勒地轉生為一大轉輪王，一直以如理如法之方式主持國政。當其頭髮變白、年歲漸老時，他開始行持梵淨行並最終出家，且為自己後代種姓開啟出家之先例，並要求後輩皆要隨順他出家的抉擇。

其後在莫特勒地方，有八萬四千轉輪王皆與他同樣行持梵淨行並出家求法。其中最後一位轉輪王名為輻輪，已獲得與帝釋天平分秋色之地位。但他不貪享樂，又重返故土弘揚善法、行持仙人梵淨行道。

久遠之前，釋迦牟尼佛曾轉生為一婆羅門，名為熾燃。當其坐禪時，有眾多飛禽於其髮髻中做窩，但熾燃根本不為之所動，始終如如不動、端坐禪定。

因此我等當知：以上行跡皆在宣示世尊於不可思議劫中，曾行持不可思議等持、禪定。

以上圓滿宣說了釋迦牟尼佛廣行禪定之種種因緣。

鏡面國王具超人智慧

久遠之前，有一大國王統領瞻部洲，名為普喜，他擁有五百王子。大王妃隨後又生一子，此子遍體金色、髮呈碧藍、手掌生有千輻輪相、左腳掌有寶馬花紋、右腳掌有寶象花紋，因太子具有如是福德，故被命名為鏡面。當普喜國王病危之時，諸大臣詢問國王道：「如此眾多太子中，我等將為誰行加冕大典？」

國王就將繼承王位者所應具備之條件一一道來：「具備十相者方可繼承我王位。何為十相？即：身為金色；頭髮碧藍；雙手生有千輻輪相、左腳掌有寶馬花紋、右腳掌有寶象花紋；穿上國王衣服後正合身、坐上國王坐墊後頗具威德；深得小國民眾恭敬、承侍；諸王妃、眾眷屬對其歡喜、讚賞；在天尊像前欲行頂禮之時，天尊像反對其頂禮恭敬；以其功德、福德力能令天降七寶雨以滿眾生所願；為大王妃所生；了知外伏藏等六伏藏。如具備此等十相，則可為其行加冕大典。」國王言畢即離開人世。

諸大臣和眾太子集中後，眾人開始鑑別從大太子至最小太子之間到底誰能具足十相。結果除鏡面太子十相皆具外，其餘太子無一具足所提要求。眾太子性格皆為粗暴、野蠻、魯莽，惟有鏡面太子性情調柔、寂靜，特別是他非常擅長以智慧解開眾人深深疑惑。普喜國王曾言能當上國王者必得了知六伏藏，而其餘太子則對六伏藏全然不知。鏡面便為眾人解釋道：「所謂外伏藏乃謂階梯外面；內伏藏是指階梯內部而言；內外伏藏則在階梯下部；樹頂伏藏即指中午時分、國王居所旁大樹蔭影所覆蓋之地域；山頂伏藏即在國王沐浴水池中、一大石板下方；河邊伏藏即位於家中排污管道出水孔處。」大臣們按其所言一一觀察、驗證，結果果然分毫不差。眾人便為其舉行加冕大典，十五日這天，當太陽照耀大

地之時，一由旬半大小之千福金輪恰於東方開始出現。鏡面國王立即發願道：「如我能成為具福德之國王，則願金輻輪現在我眼前。」剛剛言畢，金輻輪即從虛空來至國王面前。此金輻輪上擁有七寶：大象寶乃來自尋香山，背脊為如意寶所嚴飾。國王騎上牠，半天功夫即走遍四大洲。若此大象寶步行行進，則其足踏之地皆變為金沙；紺馬寶則呈現藍色，馬鬃、馬尾又俱為紅色，牠本身就能降下七寶。國王騎上牠，一頓飯功夫即可繞轉整個四大部洲，且不會感到絲毫疲倦；如意寶則無論白晝、黑夜都散發光明，光芒遍達一百二十那由旬距離。在此範圍內，牠可降下七寶雨以滿眾生所願；玉女寶性格善良，美麗非常，能滿國王所欲，施主寶則任何時候都可賜與眾人所需，且享用不盡，大臣寶只需看上一眼即能將國王所需四種軍隊備齊。且令其具備無比威力。

具足如是七寶後，鏡面國王居安思危想到：此乃我前世

福德所感，如今我更要好好繼承王位、主持國政。想到這，他就穿上香水薰製過之嶄新衣物，手捧香爐、膝蓋著地，面向東南西北方恭敬頂禮，且祈願道：「四方聖者，請接受我祈請並降臨此處。」

如此祈禱後，四方緣覺每方兩萬、共八萬名同時齊來王宮，國王與大臣即用四種資具供養、承侍，國王還下令讓所有小國之人亦供養緣覺。以此供養善根，眾人死後皆轉生善趣天界。

鏡面國王智慧超眾，他曾成功解決過持棒婆羅門諸多疑惑。持棒為當地一貧窮婆羅門，某次曾向其他施主暫借過一頭犛牛，役使完畢就欲將之再送還施主。當時施主正在用餐，持棒便將牛直接放於院中，結果犛牛最後卻溜出家門逃跑而去。施主食畢，再找犛牛已是難覓蹤影，於是他就找到持棒責難道：「我家犛牛現在何處？」持棒據理力爭：「早已將牛送還與你。」施主自然不答應，理所當然一直追逼持棒不放，讓他交出所借犛牛。持棒只得堅持說道：「犛牛並非我有意讓牠走失，我確已將其還給你。」

爭執不下之時，二人便協商說此事必須到具智鏡面國王那裡尋求解決良策。

此時有一人正追趕一匹逃跑牝馬，持棒正巧撞見。那人大叫道：「千萬勿放走牠。」持棒慌亂之中拾起石塊就向牝馬腿部砸去，結果因用力過猛竟將牠砸死。那人怒斥他說：

「你已將此馬砸死，為解決此事，我們須前去國王那裡裁決。」被施主及馬匹主人押送前往王宮途中，持棒準備逃脫。

在他從牆頭往下跳時，結果牆下一正在織布之人竟不幸被他壓死。織布者妻子扭住他哭訴說：「我們去國王那裡說個清楚。」

數人繼續前行，路上又遇一條河橫在面前。看到一樵夫嘴含一把斧頭正在過河，持棒便問他：「請問此河水有多深？」那人剛張嘴說「極深」，斧頭便掉落水中。樵夫不滿說道：「是你發問才令我將口中斧頭掉進河中，為解決爭端，我們只得有勞國王。」

一路走來，持棒已是疲累不堪，他就走進一家酒店沽酒。賣酒婦人用衣物包裹住一小孩置於店中，結果持棒不注意，一下坐上去又將小孩壓死。婦人當然不會放過持棒，她抓住持棒說道：「你殺死我孩子，我們一定要到國王那裡將此事解決。」

一隊人繼續前行，途經一夏郭達嘎樹時遇見一隻烏鴉，牠看到持棒後便說：「你欲往何方？」持棒無奈答道：「我哪也不想去，只是他們一定要扭送我去見國王。」烏鴉一聽馬上說：「你既欲前往國王那裡，那就務必替我捎個口信，告訴國王此地有一夏郭達嘎樹，樹上有我這隻烏鴉。我在此樹上鳴叫時，聲音嘔啞嘲哳難為聽；一轉移至別樹，鳴音立即變得悅耳動聽。這到底是何原因？請替我向國王打探打探。」

隨後眾人在一乾枯之樹上又遇到一隻烏鴉，烏鴉見到持棒後便問他欲前往何方，持棒就將上文回答內容再復述一遍。烏鴉聽後說道：「我有一口信煩勞你帶與國王。別處有疏疏郁郁大樹，怎奈我偏偏不欲待在其處；在此枯樹上生活倒令我心花怒放，請替我向國王詢問到底為何？」

持棒後來又碰到一野獸，野獸也煩他給國王捎口信說：

「除此處綠草如茵之草地外，別處我皆不欲去，只喜恆時居於這裡，請替我向國王打探一下此中原因。」

碰到羊角鳥時又聽牠說道：「在此地我能發出我們羊角鳥應發出之鳴音，在別處我則能發出別種禽鳥鳴叫，請替我詢問一下國王個中究竟。」

而蛇因與吐寶鼠不和就請持棒給國王捎口信說：「我倆每日碰面時都對對方恨之入骨，各自滿心不悅、爭執不休，請代問國王這到底是何原因造成。」

接下來碰到的一毒蛇也要持棒捎口信道：「我在每次出洞時均心生歡喜，且出行極易；而每回要返洞時，內心就非常不悅，也很難進去，這到底為何？」

一位剛成家之媳婦則要持棒向國王探問：「我在父母家中時想自己丈夫，在丈夫家中時又想念父母家，請國王替我決斷此中原因。」

幾位欲討還公道者終於將持棒押至國王面前，他們於鏡面國王腳下頂禮後就端坐近旁。國王問諸人：「你們因何事到我這裡？」眾人便將各自與持棒之糾葛一一向國王傾訴。

待施主首先稟明情況後，國王問持棒：「你有無向其暫借犛牛？若確實借過，那借過之後送還與否？」持棒對此回答說：「我將犛牛置於他能看到之地域內，即轉身離開，不過確未曾向他講明。」國王聽罷就裁決道：「他實已歸還犛牛，只是未說明而已。為示懲戒，應割下他舌頭；而施主分明已看見犛牛，但卻未將其拴住，為示公平，應挖去他眼珠。」施主聞言不禁說道：「持棒已搶去我一頭犛牛，若我眼睛再被挖去實在太不合理、不划算。乾脆就此撒手，讓他討個便宜，活命去吧。」

所養牝馬被持棒砸死之人又接著對國王說：「大國王，他用石塊將我一匹牝馬打死。」國王便問持棒他打死馬之詳細經過，持棒說：「我正巧堵在路上，他叫嚷千萬勿放過此馬，我只好用石頭向馬砸去，誰知卻將之砸死。」國王聽罷就裁決道：「因馬主人口喊千萬勿放過此馬，故而應將他舌頭割下；而持棒除了撿起石塊外更不知採用別種方式，以致用石塊砸死牝馬，故而應將他手砍斷。」馬主人聞言不禁說道：「我那牝馬已被砸死，若我舌頭再被割掉就太不合算。不如就此撒手，讓他活命去吧。」

樵夫繼續對國王說：「就因他問我水深不深，結果讓我丟掉一把斧頭。」國王便問持棒具體經過，待持棒敘述完畢，國王裁決道：「不論攜帶任何東西，放於肩上方為合理合度。你既口含斧子，卻還要張嘴講話，實在應該拔去門牙兩顆；而持棒明明看見河水深度，卻還要明知故問，故而理應將舌頭割去。」樵夫聞言不禁說道：「我已將斧頭丟失，若再被拔去牙齒實在太不合算。也罷，就讓他活命去吧。」

賣酒女人向國王指斥持棒說：「這人殺死我孩子。」國王便問持棒具體經過，持棒說：「我當時太過勞累，根本不知墊下還有小孩，故而不經觀察就將孩子壓死。」國王聽罷就裁決道：「你這賣酒女人怎能把孩子用衣物包裹置於店中？這豈不大錯特錯！而持棒不加觀察就隨意亂坐，這又是他錯。茲判罰持棒從今往後當這賣酒女人丈夫，二人再共同生育一小孩。」女人聞畢不禁說道：「我孩子已被他壓死，再與他結為夫妻實不合理。不如就此撒手，讓他活命去吧。」

丈夫被持棒壓死之女人對國王說：「我丈夫正織布時被他壓死。」國王便問持棒是否有此事，持棒說：「當時我被眾人追趕，實在慌不擇路，跳下時根本未注意織布機後面有人，所以才將那人壓死。」國王聽罷就裁決道：「持棒，你從今往後作這女人丈夫。」寡婦聞言不禁說道：「丈夫已被他壓死，我再與他共同生活太不應該了。看來只能就此撒手，讓他活命去吧。」

鏡面國王即以此種方式平息諸人爭論，將持棒從一切困縛中解脫出來。

當時有兩女人曾為爭奪一小孩而來到鏡面國王前要求裁斷，兩人均說此小孩為自己親生骨肉。國王通過觀察後便決斷說：「你二人可拚命拉扯小孩，以能將小孩拽到自己這邊者為孩子親生母親。」此時非為小孩真正母親之女人，因無發自內心之悲心，就開始用力將孩子拉向自己；真正母親則心疼兒子，怕傷害他而始終不欲用力撕扯。國王即以此種方式將小孩判給其生母。

又兩人曾為一些布匹而爭執得不可開交，等他們來到國王面前時，國王還是令二人互相爭搶布匹。此布真正主人自然不捨得將布白白毀壞，於是便不欲與對手爭搶，國王就以此種方式發現布匹所屬主人。

此次又以智慧一一解決完持棒與諸人爭執後，國王還聽持棒說路上尚有眾多人與動物都有需國王解答之疑惑，國王便讓持棒一一訴說。待他敘述完毒蛇所捎口信後，國王讓他回覆毒蛇道：「你居於洞中時不生嗔恨亦不飲食，故而心生安樂；至洞外吃過太多食物，又對飛禽等動物生起嗔恨心，因此身軀才會變得粗大，返回洞中時當然內心煩惱。希望你今後在外面飲食要適度，更勿對其它眾生生起嗔恨心，如此行事才會保證日後遠離痛苦、感受快樂。」

聽完持棒所敘新嫁娘之困惑，國王令持棒對她捎口信道：「因你父母家有你新朋友，所以你在夫家時想回娘家，以慰思念新友之苦；真回到娘家時又對朋友生起厭煩心，故而又欲回到丈夫家。希望你能捨棄兩地中之一處地方，只在一地認真生活，如此即不會再受損害與痛苦。」

國王又讓持棒對烏鴉回覆說：「你聲音好聽是因樹下有黃金，聲音不動聽則因樹下無黃金。」

對另一烏鴉之回覆則為：「你所在城邊（藏文原意不明，請三思。）有一枯樹，樹下埋有寶藏，若將之送與別人則會得到安樂。」

國王讓持棒轉送與野獸之口信為：「你所喜歡之綠油油草地上，從樹上能滴落蜂蜜，所沾染之草地皆因此而充滿甜蜜氣息。但等你日後再欲享受時，這些蜜蜂未必還會存在於世。所以希望你勿要貪執美味，否則定會遭受非理痛苦。」

國王對羊角鳥之疑惑解答道：「你能發羊角鳥聲音之地無寶藏，能出其它鳥類鳴音之處則有寶藏。你應把寶藏送與他人，否則感受不合理痛苦太不應該。你最好能離開那裡，前往別處生存。」

對蛇與吐寶鼠則決疑說：「你們轉生為人時曾為兩兄弟，一人言應均分家財，另一人以吝嗇心作祟而不願均分。非常貪執之人現在轉生為蛇，貪戀財物者則成吐寶鼠。所以你們倆每當擁有財富時，最好能將之供養沙門、婆羅門，如是才能令二位心得安樂。」

國王最後又對持棒叮嚀道：「你自己犯下太多過錯，但我願將你釋放。若你想擺脫貧窮痛苦，將樹下金銀珍寶取走即可。」

持棒返回途中，將國王回話依次傳與相關眾生，他們各個聽聞受持。蛇與吐寶鼠及烏鴉向他指示寶藏，他在樹下發現後便將珍寶取出帶走，並因此而得以組建幸福家庭。自此之後，持棒婆羅門永離貧困，一生盡享富裕幸福生活。

對國王如此做法與答語，眾多大臣都讚嘆他無與倫比之智慧與無礙辯才。國王於真實四門又建造佈施之屋以廣做佈施，十二年中在飢寒眾生前行廣大飲食佈施。釋迦牟尼佛如是轉生為鏡面國王時，即以其智慧、佈施饒益無邊無際眾生。

大藥妙智解疑雛

久遠之前，勝身之地有一國王名為能生，在其統治之下，百姓財富圓滿，安享快樂。國王美麗王妃懷孕後，因每日飲食豐富，待其產下一子後，眾人便名之曰飲食。飲食後來學習文字等學問，並全部圓滿、究竟。他本人又勇敢無畏，做起事來無所顧忌，因而在其勇敢性格中又多少略帶粗蠻之習氣。王妃對此子非常滿意，故而依恃其子，自己竟愈發驕橫起來。她最後連國王都敢違抗，經常不聽從國王吩咐。大臣們則商議說國王應再娶一王妃，於是他們便到利紅國王那裡向其討要女兒，準備娶來作新王妃。

利紅國王則對他們要求說：「若我女兒將來生下太子，必須讓此子當上國王。只有答應這項條件，我才肯將女兒嫁與你們國王。」大臣們不加詳細討論就答應下來。等娶到利紅國王女兒後，此女對國王非常喜歡，她常提醒國王道：

「若我生下太子，你一定要立他為王。」

國王聞言心下暗想：我已有太子飲食，可愛、相貌莊嚴、為人勇武。有他當太子，又怎能讓其他王子繼承王位！

國王不免猶豫躊躇起來，他並未當下答應新王妃的要求。大臣們慫恿說：「我們已在利紅國王面前許下諾言，更何況新王妃能否生下太子還難以預料，國王不如先答應她為好。」

能生聽從諸臣子建議，就在王妃面前承諾可將她所生王子立為太子。結果利紅國王女兒不久即懷孕，九月過後就生下一相貌端嚴太子，眾人為其起名為喜愛國政。利紅國王得到消息後立即派人傳語道：「如果能生不立我外孫為太子、不讓其繼承王位，我即刻便揮軍直搗貴國，與你們一決上下。」

大臣們趕緊要求國王認定喜愛國政為王位繼承人，並不斷造聲勢言欲立利紅國王外孫為太子，且要殺死飲食。能生阻止他們說：「不合正法之語請勿再言！我歷來只聽聞過兒子拭父事件，從未想過父親會殺死兒子，這絕不可能。」大臣們又接著提建議：「你若不願殺死飲食，那就乾脆將他手腳砍斷。」國王駁斥說：「砍斷手腳與殺死又有何區別？」此時有大臣則提議道：「國王如不願如此行事，不如乾脆將飲食驅逐出境。」國王還是不同意：「他又沒犯罪，為何要被趕走？」大臣們胡亂「授記」說：「不久之將來，他就會違法。不管怎樣，國王都應把王位賜與喜愛國政。」

後在一吉祥之日，能生國王終將王位賜與利紅國王外孫。飲食童子聽到消息後，心下明白父王已將自己捨棄，還要待在這裡，生命難免會有不虞之危。他連忙將事情近況告知自己母親，並言自己欲往阿藍國王所統治的國家，希望母親能夠答應。母親抱住兒子脖頸痛苦說道：「你一直在王宮安享快樂生活，現在卻要跋山涉水、越過森林荒原到處漂泊，你如何能承受此種生活折磨？」

飲食答話道：「世上有誰能永享快樂？又有誰會永遠受苦？未曾感受過痛苦之人有多少？得到快樂後就一直享受下去的又有幾人？」飲食

將這方面道理向母親訴說一番，在對她做過種種安慰後即孤身一人前往阿藍之地。

阿藍國王手下一重要辦事人員當時剛好在外面看到飲食，他深感此人相貌莊嚴、身板結實、上身寬大、極具大士相，他不禁納悶：此人到底是誰？在向飲食詢問後，飲食便將自己遭遇講給他聽。這人立即把飲食帶至阿藍國王處，並將情況向國王彙報。國王仔細看過飲食後心生歡喜，與他進行了長時交談，最終並將女兒及領地交給飲食。

飲食與國王女兒在一起盡享快樂生活，後來二人生下一具相之子：上身如獅相。眾人據其父名而稱之為多飲食。

多飲食長大後學習文字，當其時，其父飲食已過世。阿藍國王女兒內心非常痛苦，阿藍國王則想：眾女人大多都會貪執其他男子，還是將此寡婦交與其他人為好。想到這，國王便將女兒及多飲食一併交與手下一大臣，女兒自此之後又與這位大臣共享美好生活。

一次，大臣家門口有隻雞突然啼鳴，剛好一婆羅門看相者路經此處。婆羅門聽到雞鳴後便說：「不論何人，吃過此雞肉後必當國王。」大臣聽到他所說話語後就問明婆羅門原委，然後立即將雞殺死並交給妻子說：「你快將雞肉煮好，我去國王那裡辦完事後就回來。」

在他去王宮辦事之時，多飲食正巧因飢餓而從學校趕回家覓食。當時母親並不在家，他在自己找食物時恰好發現罐中所煮雞肉。雞肉湯正在沸煮，雞頭沖上，多飲食看到後便自行將雞頭割下食用。母親回來後不見雞頭便向多飲食詢問，多飲食承認是自己所食。母親又為他找出些吃食，然後又讓他返校讀書。

大臣辦公回來後也發現雞頭「失蹤」，他向妻子詢問原因，妻子回答說是孩子吃下。大臣吃完剩餘雞肉後心中思量：要當國王是要吃掉全部雞肉，還是部分雞肉？他於是又找到婆羅門打探，婆羅門說道：「誰吃雞頭誰就能當國王，若吃下食雞頭之人的頭顱也可成王。」大臣聽後暗下主張：我應把多飲食殺死並吃掉他的頭顱，但此事若想瞞過他母親恐難辦成。

為試探妻子心態，他便以溫和語氣說道：「賢妻，你以為丈夫當國王好，還是兒子當國王好？」女人此時從側面已知道丈夫心意，她心中暗想：我若說兒子當國王好，他肯定會攻擊我，想來我應以方便法應對。於是她就對大臣說：

「丈夫能當上國王實為最善妙之事。」明白丈夫會因兒子吃掉雞頭而將其殺害後，她就悄悄對多飲食說：「孩子，你因吃雞頭已惹下大禍，現在情況非常糟糕，一切已無法逆轉，你盡快逃往別處，最好到你祖父那裡暫避一時。」

多飲食遵從母命開始向勝身國進發，趕到那裡後已是又累又飢，他便在某園林中一樹下、以衣為墊沉沉睡去。此時喜愛國政國王恰好因病離世，國王傳承自此不幸中斷。在未找到合適、正宗繼承人之前，眾大臣一直未將國王屍體運出王宮，他們協商說應立福報大者為王。

等他們看到安睡於樹下之多飲食後，立即認定此相好莊嚴之孩童必能不負眾望：因他上身竟與獅子相無有二致；且日正中午時，日影並未轉移。看到如此景象後，眾人對國王人選已心知肚明。他們急忙將他喚醒，誰料多飲食起來後竟不滿問道：「喚我醒來有何貴幹？」大臣們回答說：「是為推舉你當國王。」。小小孩童卻責問道：「若是國王，你們能如此將其搖醒？」「若不能這樣行事，我們又該如何是好？」諸大臣不解問道。多飲食從容不迫回答說：「應以妙音輕歌及擊鈸之聲喚國王離於睡眠。」

眾人聞言皆暗自讚嘆此童子天賦高貴種姓，大家不免好奇問道：「你乃誰之兒子？」多飲食就以獅子般神態訴說起自己種姓：「勝身國中能生國王有一子名為飲食，飲食又育一子名為多飲食，我即是那多飲食。」大臣們聽罷會心而笑，他們欣慰說道：「我們已找到屬於自己國家、國王嫡親血脈之真正童子。」

消息傳開，有成千上萬人都趕來爭相圍觀，眾人載歌載舞、彈撥樂器、誦念吉祥頌詞，在一片歡聲笑語中將多飲食迎請入城，並為他行加冕儀式。因他將面臨種姓斷絕之王脈再度延續，故而眾人便將能生國王名字賦與他，再不叫他多飲食，而是自此之後喚作能生國王。

但當能生王欲執掌國政大權時，大臣們卻以他年齡小為由處處輕毀，使他根本不能握有實權。當能生前往眾多大小城市及村落視察時，他問眾人：「此乃誰統治的地盤？」結果民眾皆答言此地屬國王手下六大臣所有，竟連國王名號都不曾提起。能生不覺悲哀想到：我現在怕只有擁有吃飯穿衣權利，捨此再無國王權利可言。心中痛苦不堪之時，能生不免思慮未來道路將如何走下去。

正前思後想之際，有一天尊告訴能生道：「國王不必痛苦，你國中有一山村名為崗波，村中有一具名望者亦名崗波。國王可將崗波所居之地賜與他，以此換來他日後所生名為大藥之童子，此子對你執掌國政有大利益。若你能立其為大臣，他定會扶佐你君臨天下。」

得到天尊授意後，能生立即派人前往崗波打探消息，特別是要觀察崗波之妻有無孩子。所派之人找到崗坡後，發現他妻子正有孕在身，於是就火速趕回將情況彙報與國王。能生馬上給崗波修書一封，以溫和言詞說道：「我可將你所居之地賜與你，待你妻子所懷之子出生後，望你能多加關愛、善為保護，並將之順利撫育成人。」

九月懷胎過後，一莊嚴孩童順利誕生。行賀誕儀式時，眾人為孩子姓名而頗費周章。孩子母親此刻說道：「我一直疾病纏身，遍訪名醫也無濟於事，結果在此子入胎後，我所有病患一掃而光。據此看來，還是叫他大藥合適。」從此之後，眾人也就稱其為大藥，母親還特意為此作一偈頌道：「一切妙藥中，吾子乃大藥，藥中最殊勝，故名為大藥。」

有次大藥被父親扛在肩上前往一水池沐浴，途中發現半條魚屍橫躺路面。崗波以為碰到珍寶，便欲用腳趾將其勾起。大藥卻說道：「路邊已死睜眼魚，父認其為珍寶遺，請父觀察此非寶，腳踩魚屍漸變紅。多聞天子豈隨意，亂扔財富任君撿。」

到達水池後，崗波將大藥及衣物均置於水池邊，自己入池洗浴。此時池中蓮花上落下一水鳥，崗波正欲抓時，牠卻機敏飛走。面對此情此景，大藥又說出一首偈頌。接下來父親又將兒子扛在肩上，父子倆又前往恆河中沐浴。正巧一青銅盤順水流來，盤上立有一天鵝。面對如此景觀，大藥再作偈頌一首。隨後一瓶子又順恆河水流經父子沐浴之處，瓶上棲息一隻水鷗，大藥看到後又作一偈頌。父子繼續在恆河中沐浴，此時一頭公綿羊又被沖來，羊上尚有一白鳥。此種景觀再次觸動大藥，不大功夫一偈頌便從他嘴裡脫口而出。

大藥平日在與諸童子玩耍時，眾人聚集起來後素喜將他假立為國王，他自己也順勢開始分封大臣，大家慣常以此玩天真遊戲。這日正當諸人又在如法炮製時，正巧一老年婆羅門攜帶自己年輕貌美之妻亦上路前往別處。當老婆羅門到遠處方便時，一狡詐男子立即趁機到那年輕女人面前說道：

「這位美女，請問你父親剛才是去哪裡？」

女人有些羞愧、又帶著一些憤怒說：「你在胡說什麼？」狡詐男子趁勢又問道：「難道剛才那人不是你父親，是你祖父？」女人更加不好意思，同時也更不滿地反問他：「你在說什麼？」狡詐男子愈發肆無忌憚，他竟張口亂問道：「你曾祖父剛才是去哪裡？」

女人這才不得不正面作答：「他既非我父親，亦非我祖父，更非我曾祖父！他乃我丈夫！」

狡詐男人故意面帶譏笑說道：「你真乃愚笨之徒。你在朋友或任何具慚愧心者面前，言那老頭為你丈夫，難道你竟不因此而害羞？如此遼闊大地之上，與你自己長相匹配之英俊男子，你是否從未目睹過？如此艷麗美人嫁與那糟老頭豈不太過可惜！不如我當你丈夫，你看如何？你跟隨我，我們共同遠走高飛，再勿於此處為你那老朽婆羅門丈夫互相爭論。若有人問，你就對別人言我為你丈夫。」

女人被狡詐者說動，於是就拋下丈夫與他一起遠走。老婆羅門方便歸來已不見妻子蹤影，他爬到山頂一望，卻見妻子正與一陌生男子相偕而行。他急忙從後追趕，並最終趕上他倆。他一把抓住妻子一隻手，狡詐者見狀忙拽住另一隻，兩人都宣稱女人是自己妻子。最終因狡詐者年輕力大，終於將女人搶到手。老婆羅門只得在寂靜無人之地高聲叫喊：「有人搶我妻子，快來人幫幫我。」

孩子們正在靜處玩耍之時，忽隱約聽見有人大喊言自己妻子被人擄掠而去。諸童子便對大藥說：「大藥，你既為大國王，現有一老婆羅門在那邊說自己妻子已被人搶跑，作為國王，你為何聽之任之？」大藥立即下令道：「你們所有人眾馬上集合，務必將那強盜抓至我處。」結果因眾童子人多勢眾，他們將三人統統押解過來。

大藥正色問道：「你們到底有何糾葛？」老婆羅門首先訴苦說：「我人老力衰，這狡詐之人就憑其大力欺侮我，竟在光天化日之下將我妻子奪去。」狡詐者反咬一口道：「這人分明在說大妄語，此女人實乃我妻。」僵持不下之時，大藥又問女人究竟，女人指著狡詐者說道：「此人為我丈夫。」

大藥此刻已大略看出事態端倪，他深知老婆羅門之失望情緒，為穩妥處理，他又問狡詐者：「你與此女人早上從何處出發？」狡詐者扯謊道：「我們今晨從岳父家中而來。」大藥緊追不捨：「你們都吃下過何種食物？」狡詐者只得胡編說：「我們食用過肉、油餅，還有酒。」大藥立即命令道：「你馬上設法嘔吐，我要親自驗看所吐之物。」狡詐者無奈之中只得以手摳喉嚨，結果所吐之物與所言根本不相吻合。

大藥又轉向老婆羅門：「你們今早離於何處？」老婆羅門亦回答：「我們今晨從岳父家中而來。」大藥接著問：「都食用過什麼？」老婆羅門回答說：「蘿蔔、青粿湯等食物。」大藥要求他設法嘔吐，結果老婆羅門所吐之物與其所言完全吻合。大藥再令女人也設法吐出所食之物，待女人吐出後一看，果與老婆羅門所言相合。大藥至此徹底了知此美女實被狡詐者引誘，她本為老婆羅門妻子。

大藥一聲令下，眾孩童立即棍棒、拳腳相夾，將狡詐者痛揍一遍，並將他埋進地裡，只留脖子及頭顱在外。大藥又用孔雀膽在其前額上寫道：「任何敢對女人行強盜行者，大藥定嚴懲不貸。同理，偷竊小孩、犛牛、毽種、線等人財物者，一律棍棒、拳腳侍候，且脖子以下全部入土為安。」

不久之後，大藥率眾童子即將五百名造作以上罪行者抓獲，全部都予以額上用孔雀膽書寫罪名及姓名之處罰。

能生國王此時已日漸明白國家被六大臣統治之事實，他不由想起天尊授記，故而一日忽心生一念：那名為大藥者如今正幹何事？我應前往探察一番。於是他對大臣說自己要去打獵，然後就率領眾多眷屬前往大藥所居之地。剛到那裡，就見五百人已被埋在土中，望見國王駕臨，這些露於地上之腦袋各個拚命呼救。國王聽到救命聲後，急忙近前仔細打探，這才發現人人前額都用孔雀膽寫有文字。讀過之後，能生方才了然於心。

大藥等眾孩童看見國王後非常恐懼，不大功夫即四散逃跑。國王眼見他們東奔西跑，心知此舉定為他們所為。他覺得諸童子所作所為並無過失，伸張正義、懲處惡人可謂大快人心，國王不禁心生歡喜。他隨後又將五百人挖出且釋放。此時崗波也已聽聞國王來至此處，他與眾人就以瓶裝滿淨水，又持寶傘、飛幡等物前去迎接。能生見到崗波後便令他將小孩帶來，崗波回答說：「孩子尚小，他不敢到國王面前。」國王於是再三要求、勸慰，崗波最終還是將大藥帶至國王面前。

國王仔細打量起大藥，只見他相好莊嚴、一臉勇猛之氣，只是身體還似小孩一樣未發育成熟。國王將大藥交還與崗波後，囑其務必以種種方法善加保護。

後來國王又想到：不知這個大藥到底有無智慧，我還需再三觀察。國王隨即又派人到崗波家中，令其用沙漠之沙礫做成百尺長繩。崗波聞言又恐懼又痛苦，他心想：我從小到大何曾聽說過有所謂「沙繩」，更不用說親手製做，這可能是國王要嚴厲懲罰我。

大藥看父親悶悶不樂就問他憂愁原因，父親向他講明原委後又說：「看來國王是欲用此種方法處罰我們。」大藥卻胸有成竹對父親說：「我來對付送信者，我自有應對良策。」

見到送信者後大藥說：「煩你傳語國王，言我等地處窮鄉僻壤，見識粗陋，可謂孤陋寡聞。若國王能打製『沙漠繩』，則請國王送一尺來以為樣品，我即可據此做出成百上千尺。」

送信人回去將大藥答話稟告國王，國王聞言暗想：天尊囑咐我日後需依賴此小孩，看來這童子對我確有大利益。為更進一步試探他，能生又派人找到崗波說：「請為我做米飯。此米飯所用米不得捶打後去殼；米不得開裂及受損；熬製時不得在屋裡，亦不得在室外；不得用火熬製，亦不得不用火；做好後運送時，既不得上路又不得不上路；運送時不得與陽光接觸，亦不得與陰影接觸；運送之人不得為男人，亦不得為女人；運送時不得腳觸地面，亦不得不觸地面，需以以上方式做好送來。」

崗波聽罷自是痛苦不堪，而大藥則再次安慰父親道：「無需不悅，我自有辦法。」言罷，他即令人把大米曬乾，然後集中起男女老幼，一人一把米用手擠搓；再將捻過之米裝入瓶中、放於門檻上，一邊用火烤，另一邊則靠日光曝曬。如此一來，算是達到「不得用火熬製，亦不得不用火」之要求；至於要求運送時既不得上路、又不得不上路，他則令人行走時一足踏在道上，一足踏在道外；面對國王所謂「不得與陽光接觸，亦不得與陰影接觸」之要求，大藥則在一木棒上吊一瓶子，瓶口以極薄透明布匹封好，再將米飯裝入這種瓶中即可滿足國王要求；還有「不得腳觸地面，亦不得不觸地面」之要求，大藥則令運送者一隻腳穿鞋，一隻腳赤腳；至若「運送之人不得為男人，亦不得為女人」之條件，大藥則以石女充當運送者。

國王得知具體情況後不由讚嘆道：「大藥確實具有一定智慧，他對這些事理可謂異常精通。」

國王不久又要求大藥寄來一花園，此花園中還得有草木水池。大藥聞言回覆國王說：「我們山岩之地實屬邊遠偏僻，何曾見過善妙、名貴花園。國王不如把王宮附近一花園先寄至我處以為樣板，待我父親反覆揣摩、研究過後，再將花園給國王寄去。」能生得到答覆後感覺大藥的確擁有超凡智慧，但他還欲對其智能再作詳細觀察。

國王於是再派人傳語道：「從山岩之地找株一年生樹木，必須完備葉、花、果，找到後速將之寄來。」大藥此次則找到一埃日那扎樹寄與國王，將樹種下後，它果然於一年內發芽、開花、結果。國王目睹之後深覺稀有，他問傳信者此辦法為大藥還是崗波所想出。傳信者據實答來：

「是大藥所想對策。」國王只得嘆聲「善哉」，便一言不發、無話可說。

為再度驗證大藥智慧，國王又派人眩喝五百頭公牛前往山岩之地，找到崗波後即要求他必得以草飼養，還需從公牛身上擠出牛奶，再做成酸奶、提煉出酥油、奶渣，然後將之一併帶往王宮。崗波面對如此刁難自是無可奈何，大藥則安慰父親：「無需痛苦，我自有應對良策，既可令國王歡喜，又能使你免遭處罰。」大藥隨即就派遣一對父子往王宮進發，在離王宮不遠處之地方，按大藥吩咐，父親將一木盆扣於自己腹部並用布包裹，然後便躺在地上左右翻滾。兒子則依大藥所授計策，一邊眼望四方，一邊不斷拋撒香、花供品，且振振有詞道：「祈禱各方護法天尊，保佑我父親順利產下吉祥兒子。」

當二人依大藥囑咐如是行事時，國王已得到消息並派人前往打探。打探者一到現場就見父親倒地翻滾、痛苦不堪，而兒子則在一旁祈禱天尊保佑其父順利生產。來人問兒子：

「你們因何折騰？」兒子認真答言：「我欲幫父親生下孩子。」那人回去就將情況彙報與國王，國王不禁失聲笑道：「男人生子對我而言真可謂聞所未聞、見所未見。」此時兒子也與打探者同至王宮，聽到國王如此言語，他立即乘勢問道：「大國王所說當真？」國王不屑答言：「那是自然。」小孩馬上抓住話柄：「既如此，你又何曾見過布納嘎匝山岩地方、五百頭公牛能產奶之景觀？為何還要下令將牠們所產之奶製成酥油、奶渣帶過來？不知國王何時何地親聞、親睹過公牛產子之盛況？」

國王只得自找臺階說：「此話是崗波教你還是大藥對你面授機宜？」得到小孩「是大藥傳授」之答覆後，國王與眾大臣皆感稀有。

不過因能生做事歷來謹慎，他還是再派一人前往崗波處考察、核實。此次他命人牽去一頭騾子，並要求崗波不得將其綑綁，一定要好生餵養，還得放養在不帶頂篷之處。崗波已是幾次三番接受此等在凡人眼中似乎無法完成之命令，此次他又愁眉苦臉想到：國王幾乎天天都要麻煩我做這些難以做到之事，令我身心痛苦不堪，教我如何承受？大藥則又一次替父親想出妙著，他白天放牧騾子於山上，夜晚則派二十五人在無頂篷之處輪流看管：每組五人、共分五組；一人看護一肢，剩餘一人騎於騾背。國王派人探察父子如何餵騾，來人就將所見所聞彙報與國王，能生不由說道：「他們如此看護，恐怕騾子插翅難逃，我們應設法引誘其中看騾之人。這騎騾者看來較易受到誘惑，可趁其他人睛睡時方便誘之。」後來國王所派之人想盡種種辦法引誘騎騾者，總算將騾子弄出院中。天亮時，眾人告訴崗波騾子已丟失不見，崗波大驚失色，心想這次恐難保性命矣。正當他邊想邊哭之時，大藥安慰他說：「此前眾多難關我們都已憑方便法順利渡過，此次同樣天無絕人之路。」靈機一動，大藥計上心來：

「只要你能按我要求行事，絕對可保萬無一失。」「你有何解圍之策？」崗波瞪大眼睛。大藥不緊不慢從容道來：「不過父親或許會遭受些微損失、痛苦，但只需損失少許即可。」

「只要能活命，受點損失又有何妨？」崗波信誓旦旦。大藥於是便將父親頭髮剪成七塊層次不均、深淺不一之團塊，又用丹黃、靛樹及墨等染料在頭上畫出各種花紋，然後騎於驢上向城中王宮進發。

大藥牽驢與父親同往王宮之消息迅速傳開，當他們抵達城中時，國王與大臣聽到傳言後均大惑不解，眾人議論紛紛：「都說大藥智慧過人、心地善良、名聲遠播，此次他卻為何對父親做下這等傷天害理之事？」大家因感稀有就相繼前往圍觀。諸大臣目睹後不解問國王：「大國王，據說大藥擁有非凡智慧，人人讚不絕口，但他為何卻做出此等不合情理之事？」國王便喚來大藥問道：「你為何要損害自己父親？」

大藥抓住機會辯解說：「大國王，我哪裡是損害父親，分明是在對他行供養。儘管我知道自己已在各方面遠超父親，但我還是對他供養不輟。」國王聞言就問大藥：「你評議一下是你出色還是你父親出色。」大藥堅定說道：「當然我更善妙，父親原本就十分低劣。」國王反駁說：「在此世間，從未聽說過兒子勝過父親之事，歷來都是父親超勝兒子、母親撫養兒子，故而我始終認定對所有眾生而言，父親最為第一，兒子永遠不如其父。」大藥假意問國王：「事情是否如國王所言？國王理應三思而後決斷。」能生與眾大臣不假思索回答說：「事情原本就如此：父親最好，兒不能勝。」

大藥這時便在國王腳下頂禮道：「若你所言不虛，則國王交與我們父子放養之騾丟失不見後，我父親赴王宮給國王賠一頭毛驢也即為合情合理，因驢乃騾之父。」

國王與諸大臣聽罷大藥所言方便語深感震驚、稀有，他們暗暗思付：真是罕見罕聞，這大藥對合理及非理之事竟如此精通無礙。國王亦對大藥所言所行非常滿意，當下即賜予各種妙衣裝飾其身，並從此任命大藥當上自己大臣，同時又不爽前約，將山岩之地賜與崗波。

大藥自此即成國王得力大臣，所作所為無不從國王利益出發、為王

著想，其名聲自然傳遍大小城市，人人都在議論

「大藥已是國王得力幹將，大藥智慧無人可比」之消息。

當時有一老婆羅門娶有一年輕妻子，婚嫁之事就已令其將財產耗盡大半，二人共同生活後更是很快將財產用光殆盡。這婆羅門學過念誦，對秘訣很是精通。為尋找財富，他便前往別處城市，並辛辛苦苦覓來五百金幣。返家途中他想到：我將如此多之金幣直接帶往家中恐非合適，因女人心及行為誰都無法測知。而我妻子又年輕美麗，我不在家時她或許已愛上其他男子。想到這裡，老婆羅門便趁黃昏時把金幣埋於尸陀林中一尼枸盧樹（盛產於南亞地方的一種香料樹，意譯多足。此樹種籽僅為芥子四分之一許，每年卻能生長距二百五十市尺，長勢甚旺。）下，然後半夜三更摸向家裡。

婆羅門之妻果已勾搭上其他男人，此人名為大耳，她即與大耳整日廝混，與他共享甘美飲食。這日婆羅門妻子正遍體噴灑撲鼻香水，與大耳躺在床上消停，恰在此時婆羅門開始敲門。妻子吃驚問道：「誰？」婆羅門在門外急忙報出自己姓名。妻子一邊假意驚喜歡叫，一邊馬上讓大耳躲進床下。待打開門後，她就抱住婆羅門痛哭流涕，邊哭邊假裝泣不成聲地對丈夫訴說相思之苦。

當女人招呼丈夫吃飯時，婆羅門望著滿桌酒菜不禁思量：晚上還有如此豐盛之飲食，看來她剛剛還在宴請其他男人。儘管內心充滿疑惑，婆羅門仍真摯問道：「賢妻，今日又非吉日，我家又非舉行宴會，你為何還要準備下這豐盛酒宴？」女人狡詐說道：「我天尊對我言你今日返家，故而我才為你準備好晚宴。」婆羅門不由感嘆說：「我真乃福報大者，

我妻子夢中有天尊授記。」他於是便不再胡思亂想，吃過飯後就沐浴、上床準備休息。

妻子則邊對他說「你勞累不堪，還是趕快歇息為好」，邊問他此趟遠行是否有所收穫，婆羅門只得答以「找到一點」。妻子立刻以怪叫暗示床下大耳：「張大耳朵仔細諦聽。」婆羅門當然不知她話中之意，他繼續說：「我已找到五百金幣。」妻子馬上精神倍增，她連聲問：「你尚未讓我親睹金幣一角，你到底將之放於何處？」婆羅門搪塞說：「已妥善處置。」妻子不依不饒：「你到底將金幣放於何處？」婆羅門想敷衍過去就說：「明日再看不遲。」妻子死死纏住不放：「我是你一半身軀，為何還要對我保密？」婆羅門內心多少有些不忍，他就老實答道：「已放在城外。」

女人又大呼小叫暗示大耳道：「張大耳朵仔細諦聽，到底放於何處？」婆羅門此番則和盤托出：「就在尸陀林中尼枸盧樹下，我挖坑置金。」女人假意溫存道：「好丈夫，你一路辛苦，好好休息吧。」待婆羅門睡著後，她悄悄囑咐大耳說：「按你剛才所聽之內容速速將金幣取出。」

大耳迅疾離開婆羅門家，他悄悄來到尸陀林中，找到尼枸盧大樹後，就將五百金幣全部挖出並放於自己家中。

第二日，婆羅門到尸陀林準備取回金幣，卻見五百金幣盡皆不翼而飛，他只得一路捶胸頓足、哀哭而返。親友、妻子問他原因，他便將前後經過一一講明。有人對他出主意說：「久聞大藥智慧超眾，你不如到他面前去討教一二。」婆羅門於是老淚縱橫去拜見大藥。見到大藥時，他先以吉祥頌詞問候請安，並講明與五百金幣有關之前因後果。大藥暫時閉口不語，思慮片刻後問他：「你將錢財具體置於何處？又是何時放置？有無人發現？向誰講過此事？」婆羅門據實一一答覆。大藥聽罷心中做出大致判斷：其妻與其他狡詐男人可能和此事有關聯。為安慰傷心欲絕之婆羅門，大藥說道：「不用痛苦難過，若實在找不回丟失錢財，我一定想辦法替你補齊所丟款項。不過我想知道你家中是否養狗？」婆羅門答以「有。」

大藥了解完畢就讓婆羅門先行回家，同時囑咐他見到妻

子後要如此應答——「我已於大自在天面前應承要對八位婆羅門廣行供齋，四位由我來請，四位由你去請。」婆羅門回家後如是照做，而大藥則派手下一人前往供齋之處，並叮嚀他道：「八位婆羅門前來時，你勿放那老婆羅門進入，你要讓他待在外面，讓其妻子負責飲食供應即可，老婆羅門只需在外等候。這些婆羅門進門後，你務必觀察仔細，看他家狗對何人狂吠不止、對何人搖尾乞憐，一定牢記狗對人之不同態度。女人在屋裡招待眾人時，仔細看她眉目如何左顧右盼，還需聽清她都對人說些什麼，又是如何言談、神情舉止又如何、如何施展笑臉、是否分食不均等，這些都需善加觀察並牢記。」

結果當此人前去觀察時發現，其他婆羅門進門狗都吠叫不已，惟有大耳來時狗耷拉耳朵、順從跟隨，還欲跟他一道進屋，嘴裡一直發出似乎招呼熟人之聲音。大藥所派之人暗想：偷金幣者非大耳莫屬。他又繼續打探，當女人供上飲食時，每每都會對大耳眉目傳情、盯著他不放，抓住機會就要與他閒談幾句，給他分配之食物也又多又好。將這些事實

全部看在眼裡、記在心裡，來人返回後就向大藥作了詳細彙報，將狗及女人等情況一字不落全都講給大藥聽。

大藥聽完彙報後，即遣國王手下之人喚大耳來至面前說道：「搶奪別人財產能否算作婆羅門當為之事？還是將你所盜取之物速速交還為好。」大耳故作清白發誓說：「願熄滅一切罪業（當時發誓開場白）！我確實未拿過別人財物。」大藥就吩咐手下說：「將此人打入大牢，如剝皮去骨般對之嚴加刑罰！」大耳一聽立即渾身抖如篩糠，他驚恐萬分地坦白道：「大藥大臣請救救我，是我拿走金幣，我一定歸還。」得到大耳承諾，大藥才將他釋放，他一回家就取出五百金幣全部交與大藥。大藥則將老婆羅門所丟款項如數送還，老婆羅門自是感激萬分。為表謝意，他取出一半金幣贈與大藥，大藥先收下金幣，後又還給他。處理過這件事後，大藥聲名更是如雷貫耳，眾人都謂自己有福報，能有智慧如大藥者作自己國家大臣，百姓於是各個心生歡喜。

有另外地方一人因公事外出辦理，他隨身帶一乾糧口袋上路，後在一水池邊休息，他進食完畢未拴緊口袋就將之放於水池邊，自己到別處辦事。此時有一毒蛇趁機鑽入袋中，而等那人回來後，他不經觀察就用繩紮緊袋口、扛於肩上進入城中。入城後他碰到一看相占卜者，看相者見到他後只匆匆說聲「你有生命危險」，而他亦只瞥一眼看相者、未及詳細探問就繼續趕路。隨後在行進途中，他不免心生後悔：我剛才應向看相者問個究竟。為解開心中謎團及保險起見，他在心中發願：未見到大藥之前絕不歸家。

等他最終找到大藥後，大藥待他敘述完看相者之語就問道：「你從何處來至此地？」那人就將前後經過詳細稟明。大藥當下斷定他所背口袋中藏有毒蛇，於是馬上喚來眾人卸下口袋置於地上，然後又令他們站在遠處、手持木棍伺立左右。當繩子解開時，真相終於大白：令人恐怖之毒蛇從袋中迅速竄出，它昂首怒目、氣喘咻咻、毒芯吐出、躍躍欲試。大藥向他揭秘道：「你所疑惑者正在此處。」

大藥後為觀察了解人們對國王權威之看法，就率領四種軍隊依次前往大小城市，詢問眾人他們所居之地到底歸誰所有。人們皆回答說：「此城為某某大臣所有」、「此處屬某某大臣」，盡皆如是，無一例外。大藥於是明白權力被六大臣瓜分之事實，他心想：能生國王看來只有飲食權利而已。

隨後大藥便來到國王前問道：「外面城邑到底屬誰所有？」國王聞言不覺勾起滿腹心事，他向大藥坦言說：「很早之前，天尊即於夢境中慈悲向我明示，言『布納嘎匝城中有一崗波，他生有一名為大藥之子。你可將其要來作你大臣，崗波亦會同意給你。此大藥可助你統治整個國土，那時你才名符其實成為大國王。』得此授記後，我即派人前去打探，那時你尚在母親胎中。為圓滿我願，我花費錢財盡心扶育你，直至現在你成為我最得力的大臣。現在天尊授記之時機已到，你應想方設法盡快使我成為真正國王。」

面對國王的信任，大藥於其腳下頂禮道：「請國王放心，我一定竭盡全力，務必使國王心滿意足。」自此之後，大藥便常常於各大城邑中頭面人物前，言說離間語以令其生歡喜心：「你等日後定會對我所行深感滿意，且看如今這幾位國家要員貪心如此之大，對你們徵收苛捐雜稅太不合理，對此你們應更有體會。若聽從我的吩咐，我會收取合理稅收，定使你們安享快樂生活。以財富為例，我會對諸位盡心幫助，不過大家也應主動出謀劃策。現今應對諸大臣顯示不滿態度，在我未出面前，你們勿聽其言、勿遵其令，最好人人都對那些掌權大臣挑明：『只有大藥前來，我們才會聽令。除他之外，我們不服從任何人之命令。』」

大藥即如是鼓動各地人士，眾人在其授意下紛紛幹起違法之事。大臣們無計可施、一籌莫展之時就向國王稟明事態發展，六大臣則帶領四種軍隊奔赴各地調解。但因屬下不聽從他們命令，故而糾紛始終無法解決。六大臣無可奈何只得回來請國王御駕親征，但依然無法令任一城市民眾聽從。於是相互之間即互相開戰，一時死傷無數，大家內心皆心生不快且心神不寧。山岩之地諸人都說：「若大藥出面，我們定可聽從他所下命令。其實我們本非與能生國王作戰，奈何六大臣時常損害我等利益，我等無奈才被迫反抗。」

國王立即傳令大藥：「我們無法壓服造反之眾，望你能親自前來處理。」大藥這才適時出現，結果眾人均在他面前恭敬頂禮。大藥安撫人們說：「你們無需再恐懼多慮，我們今後會如理如法主持日常政務。」從此後，大藥對各地民眾徵收合理賦稅，且常常惠下等及無依無估之人以真實利益，對他們多加安慰。他還對大小城邑中人如待父母、兄弟般恭敬，賜其眾多獎勵，以平等、和平之方式撫慰大眾民心。而城中男女老少亦將大藥如兒子或兄長一般恭敬對待，加之大藥也以歡喜心愛護諸人，整個地方民眾於是漸漸開始統一心行，大藥隨後才跟隨國王一道起駕回宮。

因大藥以雄才大略處理國家大政，其它國家也逐漸盛傳他鼎鼎大名。國王歡喜之餘就將自己公主嫁與他，大藥夫妻自此盡享歡樂生活。其後有一被另外國王驅逐之人到能生處尋求庇護，能生國王最終決定不予其保護。此人又前往大藥那裡，大藥悲心萌生後便將其攝受，還贈與他財物。後來又有一婆羅門到大藥前索要財物，大藥允諾送與他一斗糧食，並令手下人負責辦理。誰料手下卻一拖再拖、一直未將一斗糧如數交與他。

能生國王某次在諸位大臣及大小城市中重要人物面前說道：「諸位大臣，依你們之見，最秘密之語當說與誰聽？誰最值得信賴？」

諸大臣在經過深思熟慮後，有人言可將秘密之語於朋友前傾訴；有人說應說與妻子；有人道可向父母訴說；有人則認為秘密只能對姊妹講；還有人覺得秘密只宜說給兄弟……此時國王轉向大藥問道：「諸人都在各抒己見，你為何一言不發？」大藥卻說：「我一直以為對誰都不應洩露秘密，更遑論自己妻子。國王若不信，日後事態進展定會應驗我今日所說之話。」

後來國王所養一隻孔雀丟失不見，大藥多方打探後終於發現孔雀蹤影，他將國王孔雀隱匿起來，又逮住另外一隻與國王所丟孔雀長相相似之孔雀，然後故意對妻子說：「不知你是否聽說你父王有隻孔雀日前丟失？」妻子回答道：「我聽說過、聽說過。」大藥故作神秘狀說道：「你萬不能向任何人透露我已逮著這隻孔雀，不如將其煮熟吃肉，你看如何？」妻子聞言心中暗自思量：這來自山岩之地之人竟敢吃國王孔雀肉，而我父王還對他如此信任，他卻恩將仇報竟害到我父王頭上！

一波未平、一波又起，不多久，大藥發現有一妓女貌似國王一妃子，他就以種種衣飾將其裝扮後讓其混跡於王妃隊伍中。然後大藥又故意對妻子說道：「此乃你父王妃子，而我偏偏對其非常愛慕。你若真正喜歡我，就勿向任何人提及此事。」妻子則想當然認為大藥已與王妃有過關係，因而十分憤怒，同時不免在心中譏諷起父親來：我父王不經觀察就讓這山岩壞人當上大臣，讓這種人為國王做事怎能應理，我定要使他回到原先那種卑微地位。

於是她就向父王告發說：「父王不經觀察就讓大藥這等惡人當上大臣，父王怎知他已與王妃有過關係。而且他還將你所丟孔雀煮熟食用，還私下豢養外來者，又隨意分發財物。你卻在眾人中獨尊重他一人，這豈不荒唐？父王理應看出事態苗頭。」

能生國王為澄清非議、證明自己用人得當，就下令劊子手砍去大藥項上人頭。惡性劊子手馬上在大藥脖頸上套上嘎同渥日花（為死刑犯所戴），又敲響聲如驢子般大鼓，還以粗言惡語斥罵他，然後便如閻羅獄卒一樣，氣勢洶洶攜帶兵器帶著大藥前往尸陀林。結果以其福德力及智慧感召，許多人都不同意將其殺害，城中人哭聲一片，猶如自己兒子被殺般難過。眾人都開始祈禱天尊，一時竟找不到敢對大藥下手之人。

尋求庇護、並已被大藥攝受之人此時卻站出來言自己願當行刑者，他對國王手下說道：「我可親執利刃砍下他頭顱，你們請放心回去。」諸人在將大藥剛剛帶離城門時，始終未得一斗糧食之蒙德婆羅門拽住他衣服質問說：「你曾答應過要送我一斗糧食，現在請兌現諾言，交出糧食後再走。」面對此種景況，大藥從容說出一偈：「不成國王友，惡人不報恩，秘密不語女，未嚐孔雀肉。蒙德婆羅門，追討一斗糧。」他邊說邊行，劊子手不由疑惑問道：「眾人皆言你智慧出眾，怎麼今日臨死之時卻胡言亂語？」大藥輕蔑答道：「我怎會癲狂亂言，只是你們未解開其中密意而已。」

這班人百思不得其解，就到國王面前尋問究竟，他們將大藥所說不明不白之語彙報與國王。國王便問大藥：「死到臨頭之時，你是否因恐懼而錯亂胡言？」大藥平靜回答說：

「大國王，我絕非胡言亂語。每當我痛苦時，我都會將內心苦悶傾訴而出。」國王不由問他：「照你所說，你剛才宣講之偈又為何意？」

大藥遂開始一一解釋說：「所謂『不成國王友』是指國王以前未能真正執掌實權時，根本未擁有大小城市，只享有飲食權利。而今國王已重新樹立起統領整個大地之權威，並擁有真正國王地位。儘管這些均通過我才獲取，但你卻從未知曉知恩圖報，反判我死刑，這豈不是忘恩負義？故我才說第一句；再說『惡人不報恩』：惡種人無住處、無受用，國王不攝受，也未給他飲食、住處。我覺其可憐、貧困，便生出悲心贈與他受用，令其能有今日之安樂。而當他各方面都已初步具足時，他竟高興看到我被處以死刑，還欲親掌屠刀，所以我才說這第二句；至於第三句『秘密不語女』及第四句『未嚐孔雀肉』是指：國王有次在眷屬中問應將極秘密之事說與誰聽，是否將之講給最值得信賴之人。當時眾大臣立即議論紛紛、眾說紛紜，有說應對父母講明，有言應向親友透露，還有人以為可將秘密說與妻子。國王當時說妻子乃丈夫身體之一半，理應將秘密告知彼等。我當時就曾講明不得對妻子訴說秘密，此中原委我日後定會明示。現在回想起當時情景，不由令人感慨萬分；我又故意藏起國王所丟孔雀，找來其它孔雀代替，誰曾想，唉！再說那所謂王妃，我只不過將某某王妃衣飾拿來裝飾於一妓女身上、令其假冒王妃而已。今日就可將這妓女找來，望國王仔細辨別清楚。」

國王認真看過妓女，發現她確實與王妃相貌、衣飾無甚差別。再將大藥所藏匿之國王孔雀帶來觀瞧，果如其言。國王這才知道大藥實為清白無辜、毫無任何過失，他又要求大藥接著講明另外偈頌含義。大藥便繼續說道：「至於『蒙德婆羅門，追討一斗糧』是說：當國王判我死刑、這些劊子正拉扯我時，此蒙德婆羅門為一斗糧就拽住我不放。我實在可憐他，就說了此句。」

待大藥一一解釋清楚後，眾人各個心生歡喜。能生國王不但將大藥釋放還對他恭敬承侍。大藥則於國王腳下頂禮、請求道：「大國王，想必你已瞭解女人本性。我已不欲與公主再共同生活，不過我還欲再尋覓一長相、智慧均與我相差無幾之妻子，請國王開恩答應我。」

大藥接著便打扮成婆羅門形象，右手持一金瓶，身披腋絡、獸皮為衣，臉上畫上三點，一路向山村森林迤邐而去。行進到一村落中時，天已漆黑一片。不一會兒，一婆羅門來至大藥身旁。他問大藥從何而來，大藥答以「勝身國」，並告訴他自己欲前往蒼蒼森林。那婆羅門就殷勤問道：「你今夜欲投宿之處有無相識之人？」大藥回答說：「無一熟人。」

婆羅門就將他帶到自己家中，並熱情款待，大藥一見婆羅門妻子就明白此女人極喜與其他男人廝混。第二日一早，大藥問清楚前行路線後就準備上路出發，臨行前婆羅門又告訴大藥說：「你來回均可住於我家，將我家當成你自己家，來來去去疲乏時不妨在這裡歇腳。」大藥答應後就離開此處。

路上又途經一青粿田地，地裡有一相貌姣好女人正做農活，此女人行為寂靜、調柔，大藥立即對她生起歡喜心。他主動詢問道：「你是誰？可否知道你姓名？」美麗女子落落大方回答道：「我名薩嘎，於此青粿地中為村人幹農活。」大藥心中暗自盤算：這女人雖說外表端莊，但不知她智慧程度又如何。大藥於是便想對其設法觀察。

二人後共同來到另一地方，大藥也下田幹活，他雖將手伸出，但卻似不捨得使喚一樣，只用腳搓來搓去。薩嘎就在一旁笑言：「既捨不得用手，幹脆連腳也閒置不用為好。」大藥用意已被女子覷破，他感到此女子智慧非同一般。他接著又邊笑邊數落道：「你所佩戴耳環太過亮眼。」她卻回答說：「此為掩蓋耳朵特意為之。」大藥又說：「你臉色非常漂亮。」薩嘎一句擋過：「此乃城中主人恩德所致。」二人休息片刻後，大藥又發問：「你父親居於何處？」薩嘎回答說：「他正在另外道路上砍伐荊棘以堵塞路口。」大藥還在追問：「你母親又在何處？」她則回答道：「正在田中為種子而忙碌。」一來一去對答過後，大藥終於向女子提出請她作自己妻子之要求，薩嘎稍顯為難神色：「如城中主人答應，我即可應允。」

大藥又問她：「去蒼蒼森林是否有捷徑？請為我指示一條直路，萬勿讓我繞來繞去。」但為測試未來丈夫，薩嘎卻專門為他指出一條彎路，自己則直上捷徑。行進中當她超出大藥時，她即在大藥前方水池處停下，衣服脫去後閉起一隻眼，悠哉愜意。等大藥趕上來時，二人即以偈頌方式互相觀察智慧、機智對答。大藥最終經由別人指點來到薩嘎家中，她父母此刻並不在家，而大藥又正巧看到薩嘎城中諸主人。他一見主人們就請示說：「若你們開許，我欲娶薩嘎為妻。」

城中諸主人聞言心生不悅，他們怒斥大藥道：「你這等惡性婆羅門竟想娶我們天女般美麗之薩嘎，說出這種話難道你竟無害羞之意？滾開！否則，我們定會讓餓狗撕扯你。」

被主人趕走之大藥隨後碰到急急趕來之薩嘎，她一見他狼狽相就問：「你為何要離開？」大藥委屈答言：「哪裡是我想走，分明是他們惡語詛咒我，我才不得不離開。」薩嘎就問他：「你剛才如何向他們提及我們婚嫁之事？」他就將剛才經過全部講給薩嘎聽。薩嘎對他說：「你不仔細籌劃、直接就這麼莽撞要我，當然不合適。」大藥疑惑地問她：「不如此，又該如何？」她便面授機宜：「你應先以平和之語令其歡喜，還要宴請他們，待他們吃飽喝足、滿心喜悅之時再開口要人。」大藥聽命後返回，他依薩嘎教言款待諸主人，當他們各個酒足飯飽、喜不自勝之時再開口索要，主人們這回說：「依你意願，可將薩嘎交給你。」

不多久，薩嘎父母也返回家中，大藥就拉上諸主人一同請求二老能同意將女兒交與自己。父母斟酌說道：「我們還得權衡此事。」主人他則從旁幫腔道：「無需再三考慮，我們已同意將薩嘎嫁給他，他長相出眾，又精通吠陀等一切論典，嫁與他再合適不過。」大藥此時又喚來此地所有婆羅門，在眾人添油加醋聲中終將薩嘎索要走。

一日，大藥請來薩嘎父母，並對他們承侍供養，然後又為薩嘎穿上新衣，再把她交給父母，自己則欲起身返回勝身洲、能生國王處。十四日離別宴會之時，一婆羅門送與大藥一斗青粿，大藥將其包在衣物中隨身上路。

返回路途中又經過來時暫居留過之婆羅門家，大藥上前敲門，婆羅門妻子在屋裡問道：「誰？」大藥回答說：「我是你丈夫朋友。」那女人聞言驚慌說道：「我丈夫今日不在家，家中現無一人。丈夫不在時放其他男人進來實不應當，請你去往別處。」大藥一聽就明白：不讓我進去，分明是因屋裡有其他男人存在。他於是一邊對女人說「你既不同意讓我進去，我不在此處留宿也罷」，一邊就端坐婆羅門家門口。

不多久，婆羅門從外歸來，當丈夫敲門時，妻子聽出丈夫聲音只得將屋中男人藏入家中一口袋內。打開門後，大藥就與婆羅門一同進屋，婆羅門此番對大藥又是一陣熱情款待。安頓下來後，大藥對婆羅門妻子說：「我這一斗青粿該放何處？」女人答言：「擱地上即可。」婆羅門則打斷妻子話頭：「不可放於地上，這樣會被老鼠全部吃光，還是放在口袋內為好。」

女人以找不到口袋為由企圖搪塞，大藥卻在屋子角落發現一大口袋。想到可能有男子藏身其中，大藥就故意說：「這裡有一口袋，我把青粿就放在這裡。」那女人一聽即大驚失色，她爭辯說：「那裡不能存放青粿，因裡面放有我珍貴物品。」丈夫建議道：「把你那珍貴東西置於別處，還是將青粿倒進去為好。」大藥也從旁搧風：「青粿置於地上易被老鼠啃光，最好能置於袋中。」婆羅門女人更加恐懼，她面紅耳赤爭辯說：「這袋子如此潮濕，怎好存放青粿？」大藥為戳穿她偽裝就繼續說道：「你無需擔憂，我自有辦法不會將青粿打濕。」

大藥於是以獸皮衣及腋絡包裹、綑綁好口袋，同時故作高聲道：「我來將濕口袋烘乾。」言罷就將牛糞、木柴堆於一處，又將袋子放在上面，擺出欲用火燒烤之意。婆羅門妻子此時已是焦慮萬分，她膽戰心驚想到：事情恐難以再遮掩下去，我命休矣！她急忙藉機派一人飛速趕往男子家中，到那裡緊急呼救說：「快至婆羅門家中，大事不好、要出人命！」那男人父親（平日對兒子與婆羅門女人相好之事就略知一二。）一聽此話立即飛奔而來。他對大藥懇請道：「勿燒此口袋，我可將其買下。」大藥當然不會放過天賜良機，他拿腔捏調說道：「這口袋異常珍貴，你恐怕負擔不起。」男子父親救兒心切，他一拍胸脯保證說：「多少我都願買。」大藥斜眼望著他說：「五百金幣，分文不能少！」他邊說邊準備點火。

父親深恐兒子姦情敗露，心想乾脆花大錢以平息此事端，於是他便將五百金幣全部奉上，又喚來一力大之人，措起口袋就朝家中跑去。

第二日，大藥將一百金幣送與婆羅門，同時叮嚀他道：「你妻子如此放蕩、不守規矩，你日後定要對她多加提防。這四百金幣有勞你帶往蒼蒼森林，交給薩嘎父母，還要告訴他們我本非婆羅門，只是為方便索要薩嘎才穿著婆羅門裝束而已。我真實身份乃勝身國能生國王大臣大藥，望二老能妥善照顧薩嘎。」除讓婆羅門捎口信外，他還寫好一封信也讓婆羅門一併帶走，自己則返回能生國王那裡。

婆羅門抵達蒼蒼森林後，只將三百金幣及大藥親筆信交給薩嘎，她看信時碰到有句話如是寫道：「四分中若一分未給，則以木質腳鐐嚴懲他。」看到此處，薩嘎就知道婆羅門私自扣下一百金幣，她馬上在床下開始尋找起木鐐。婆羅門問她：「你欲尋覓何物？」她回答說：「國王說過若來人欲加害我們，可將其抓獲，我即為此而尋找腳鐐。」

取出木鐐後，薩嘎對婆羅門說：「若有人妄圖加害我們，我們即可將其抓獲。不過不知來犯者雙腳尺碼是否與此鐐相合，你替我試穿一下如何？」這婆羅門從本性說來就非善良之輩，他心想倒也不妨一試，正好體驗一下別人將雙腳穿進木鐐後之感覺。等他剛將腳鐐套上，薩嘎立即以鑰匙將腳鐐鎖牢。婆羅門不解問道：「你為何要拘捕我？」薩嘎義正辭嚴說道：「有人讓你將四百金幣送給我，你卻偷偷扣下，這難道還不足以抓捕你？」婆羅門對此深感稀有，他心想：這女人真乃鬼怪精靈，大藥與她簡直太過精怪。於是他不得不將金幣完整歸還。

等父母到來時，薩嘎將大藥信函交給二老。並向他們講了大藥非婆羅門、實為國王大臣之真實情況。父母親友得知後高興非常，他們由衷說道：「我們真乃福報大者，竟能與大臣成親，我們種姓從此便高攀矣。」接下來眾人就為薩嘎沐浴、敷藥美容，又提供精美飲食、衣服、處處加以精心呵護。沒過多久，薩嘎就出落得愈發美麗。

大藥返回國後，能生國王與諸眷屬均歡喜接待。國王問他：「你尋妻子之事有無眉目？」大藥回答說：「我已找到合適妻子，智慧頗高，令我非常滿意。不知國王能否答應將其娶來？」國王說道：「在整個國家中，你都可謂一人之下、萬人之上，只要你自己滿意即可。若你確實深感滿意，用財物將她迎娶過來有甚為難之處？！」大藥高興說道：「國王既已同意，我立刻就把她娶過來。」

大藥於是率領諸大臣、施主及四種軍隊（馬、象、車、步四種）前往蒼蒼森林、薩嘎家中，將妻子娶回國後，兩人在城中共享歡樂生活。

此時從北方地區來了五百商人，他們帶來眾多財寶及馬匹前來交易，此次是專程趕到勝身國能生國王統治之下國家買賣商品。勝身國中有五百長相妖冶之妓女，各個擅長勾引男人之術。無論從何方來此之商人，幾乎人人在離開時都將所賺錢財花費在這些妓女身上。此次之五百北方商人基本上人人都相中一妓女，且與她們做過不淨行，惟除一不放逸之商主。

眾妓女中有一老鴇，以各種方式試圖引誘商主，但商主卻絲毫不為之所動，老鴇就要求其他商人幫自己想辦法勾引商主與自己交好。眾商人便以與妓女打牌等各種方法為她牽線搭橋，但商主依然不隨其所轉。老鴇使出渾身解數，又是對商主嬉笑，又是為商主搔癢，誰料商主卻說：「我不會被你引誘，你再如此行事又有何益？只能自尋痛苦而已。」這鴇兒不甘心被商主冷落，她就挑逗說：「我要是成功將你誘惑到手，你會以何物打賭？」商主冷笑說：「五匹馬你看如何？若你成功誘惑我，五匹馬就白白奉送。」鴇兒也痛快答道：「若不成功，我即不取你一分錢財供你受用。」

打賭之後，雙方各下苦功：拚命進攻或處處設防，但老鴇一直未得手。其他商人對商主勸解道：「這女人已無法引誘你，你不如履其諾言與她免費享受享受。」商主卻說：「諸位朋友，你們並不知情，我於晚間做夢時已與她夢中行過不淨行。」商人們將此話傳與老鴇，她立即找到國王及其手下主要裁決者說道：「他與我已行不淨行，應輸給我五匹馬。」商主則言：「這惡性女人分明是在胡說，我何時與她做過不淨行？」

兩人即如此在國王與大臣前一直爭論不休，從上午開始就持續嘮叨不止。國王與大臣到下午時已飢餓難耐，各個心生厭煩，他們在說過「此問題等以後再議」後，就各自歸家。大藥回家後薩嘎問他：「大人，你今日上朝費時如此之多，到底都在做甚大事？」大藥長嘆一聲：「我們今日為一件事而裁決不下。」接下來大藥就將情況全部講給薩嘎聽。她聞言哂笑說：「如此簡單之事你們竟無法解決，這怎能與有智男人身份相符？」大藥不服氣說道：「你有本事不妨一試。」薩嘎當仁不讓：「憑我智慧定能手到擒來。你可將他二人約至水池邊，連同五匹馬也一併牽去。當二人再辯論時，若老鴇言兩人已親行不淨行，故應得馬五匹；商主言只於夢中行不淨行，不應給馬，此時你可指馬落於水中之身影對鴇兒說：『你可將影子領回。』若她說：『這我怎能做到？』你即可對她說：『於夢中行不淨行亦與此相同。』」

大藥聽後深感滿意，他立即按薩嘎所言一一照辦。國王及諸大臣聽說大藥已將事情處理完畢，皆深覺稀有。

國王對大藥說：「我們昨日費時一整天都無計可施，你這辦法是從何而出？」大藥答以：「是妻子薩嘎所想。」國王、大臣及當地民眾自此之後都議論說：「農夫之女薩嘎真乃智慧超凡。」薩嘎美名從此開始遍傳當地。

其後又有從北方來此地之商人向國王敬獻牝馬兩匹，這兩匹牝馬為一母一女。來人問國王哪匹為兩馬中之老母馬，國王一時無法區分。大藥又向薩嘎討主意，薩嘎告訴他說：「馬毛粗糙者為老母馬，馬毛細膩、柔軟、光潔者為小馬駒。」國王對薩嘎智慧再次深感震驚、稀有。

還有一人手執兩毒蛇來到國王前問道：「請問何者為雌蛇？何者為雄蛇？」大藥再次向薩嘎請教，她邊笑邊戲言道：「人們都誇你為國王大臣中有智慧者，連區分雌雄蛇都弄不明白還算什麼智者？」大藥憤憤不平說：「你又有何錦囊妙計？不妨道來聽聽。」她胸有成竹回答說：「我當然分辨得出，這原本就異常簡單。你可將一竹竿裹以棉花或光滑皮毛，用它輕輕撫摸蛇背。若蛇無法堪忍則為雄性；若願意接受則為雌蛇。」

南方又有一商人帶來檀香木，但眾人均不知頭尾如何分辨。薩嘎則命人將木塊投於水中，以下沉者為樹根部。

有一次國王為了知眾中有誰精於觀察如意寶，就在王宮頂上置一勝幢，勝幢頂部繫一如意寶。王宮下面有一水池，波光盪漾能從中顯現如意寶之光芒與影像。國王派人廣宣道：「誰能辨別、發現如意寶，我可將大量財富送與他。」其他大臣得到消息後紛紛來到水池邊抓、撈水中如幻似真之影像，但全都空手而返。薩嘎則一語中的：「此乃王宮頂上、勝幢頂端所繫如意寶之水中倒影，僅為幻變顯現而已。應至王宮頂上，從勝幢下取下真正如意寶。」如是照做後，大眾皆讚嘆薩嘎智慧出眾。

此時原先執掌大權之六大臣亦被薩嘎姣麗相貌所吸引，他們試圖以金銀財富引誘她與自己相愛，但無論如何努力都無法動搖她堅貞不二之意。他們妄念紛飛之時，不免身體力行、輕舉妄動起來，但始終無一人得逞。薩嘎知道其意後就問大藥：「你們這裡年輕貌美之女子被男人引誘後進行反擊時，有無特殊規矩？」大藥不明所以只得如實答來：「跟別處情況也無太大差別。男人希求女人，女人明白對方心意後，有智慧者未必會受誘惑。」薩嘎又問他：「若女子捉弄男人有無不合理之處？」

大藥不知妻子欲意何為，只得善意提醒說：「還是小心謹慎為妙。」薩嘎就吩咐他：「你只管裝病就是，我只想耍弄他們一番。」

大藥假裝生病後，薩嘎派人到處宣傳：「大藥病情非常嚴重，極需有人做事、服侍。」她隨後就用衣服蓋在一木頭上置於家中、裝扮成臥病在床之大藥，然後就對六大臣分別說：「大藥現已病入膏肓，若你要來則可於外人不知曉時，在某某時辰準時前來。」她接著又備好六口大箱子放於家六人各按與她約好之不同時間依次前來，薩嘎則憑巧計將他們各個剃除鬚髮塞入箱中。第二日，她四處散布消息說：「大藥已於昨日不幸死亡。」王妃及諸眷屬等眾人聞言皆感悲痛，她則把六只箱子拿到能生國王面前說道：「大藥已死，他所有之珍寶財物全在箱中。」國王感慨說道：「大藥死時還不忘對我行供養。」言罷不由痛哭失聲。

恰在此時，大藥卻以鮮花花鬘裝飾己身、從另外地方突然出現在國王面前，他邊頂禮邊故作委屈說：「大國王，你對我太不慈悲，我人尚在世，你就已將我財產沒收。」國王驚訝萬分：「這是從何說起？我根本未沒收你財產，是你家人親自送來。薩嘎她親口說過：『大國王，大藥已離開人世，此乃他全部財富珍寶，希望國王能接受。我現已成寡婦，失去丈夫定會令別人趁機欺侮，財產也會被他們搶奪，還是供養國王為上策。』此乃她親口所言。」

薩嘎見時機已成熟、六大臣已穩穩落入自己殼中，這才為能生國王打開箱子，於是鬚髮皆無之六大臣一一從箱中現身，各個手腳皆被綑縛。國王笑問道：「此乃誰之計謀？」大藥回答說：「薩嘎所為。」於是就將前後經過講與國王。國王心下暗想：這聰明女人竟能成功捉弄六大臣，其智慧真乃不同尋常。國王自此後也對她日益滿意、愈發恭敬，很多地方都開始傳揚：農夫之女薩嘎真正了得，好生厲害。國王對大藥亦羨慕不已：大藥確實有福報，能找到如此賢慧妻子。想到這，國王就對大藥說：「如今你可謂心滿意足，不

過我亦欲尋覓一女子能如薩嘎般智慧超群好當我妻子。若能找到，則對我、對國家、對眾生都有利益。」大藥聽罷就問國王：「從哪裡去找這般女子？」國王說：「聽說阿林國王女兒藥菊智慧、長相都不同凡響，不知此人是否合適？」大藥提醒國王道：「此事需仔細考慮、從長計議，因她父親乃你怨敵，我們還得再作安排。」

國王最終還是派人前往阿林國王處索要公主，阿林國王與大臣商議後答應可將女兒交付能生，但應於約定時間準時前來迎娶，而阿林隨後就命手下在欲行接待之飲食中攙和毒藥以殺死怨敵。得到答覆後，大藥對國王說道：「大國王，我們務必對此事詳加觀察。」國王不解問他：「如何觀察？」大藥則說：「我有一聰穎過人之鸚鵡，我可派它先行打探。」

鸚鵡被大藥派往阿林國王處，牠誰也不見、徑直飛向王宮。而王宮梁柱上恰有一雌八哥，見到鸚鵡後便與牠聊起天來。鸚鵡對牠說：「我乃北方西吾國王手下護衛花園之鸚鵡，以前我曾有位漂亮之雌八哥妻子，可惜牠後來卻被鷂鷹劫走。接下來我便四處漂泊，不想今日來至此處。既如此，可否問你一句願不願作我妻子？」

雌八哥斷然拒絕道：「鸚鵡之妻理應為鸚鵡，我從未聽說過雌八哥可作鸚鵡之妻。」儘管如是拒絕，但牠還是繼續與鸚鵡歡快交談，共度美好時光。鸚鵡見時機成熟就說道：

「王宮裡有許多甘美飲食，我可否分得少許？」八哥急忙阻止牠：「千萬勿食此處之食物，它們全被人下過毒。」鸚鵡面呈不解神色問道：「阿林國王答應將女兒許配與能生國王，不知你是否聽說過此事？」雌八哥快言快語說：「當然聽說過，我今明白告訴你，阿林國王絕非誠心誠意要嫁女，他原本就欲藉機毒死能生。」

鸚鵡圓滿完成使命、得到確切消息後就飛回大藥處，並將詳細情況告訴他，結果能生國王未按約定時間前往阿林那裡。阿林得知他們未按時赴約非常震怒，立刻統率四種軍隊團團包圍住能生王宮。眼見情勢危險，大藥心想：現在若要與他們決戰恐未必能取勝，還是另想主意為好。

他便派人給阿林國王手下五百大臣各送財物以為供養，同時又廣說離間語。之後，能生派人語於阿林道：「我並非不能取勝你，只不過我拿你當未來岳父而已。你性命全部握在我手中，我對你有生殺予奪之權，想來你應有自知之明。若你對我所言尚有懷疑，我可明白告汝：我已將大批財物送與你手下某某大臣等眾多部下，請明鑑。」阿林國王聞言後，立即查封手下接受能生國王賄賂所收受之全部錢財，然後便率軍返回自己國內。剛一歸家穩坐，他就將五百接受財物之大臣統統殺害，接著又立五百大臣之子當上朝臣。能生國王聽到消息後非常高興，大藥得知後也欣慰不已。

此時大藥又想：國王看中之阿林國王公主不知能否得到，我應再設法前去探察。於是他就率軍隊奔赴阿林國王所統治的國家，阿林聞訊後便令大藥進城商談，大藥卻說：

「我暫時駐紮在城外園林中，若國王定要讓我進城，我則欲借住於某某大臣家。」阿林不解問道：「你為何如此計劃？」他不覺想到：看來這大藥又要在我與大臣之間廣行離間之計。他假意隨順大藥說：「你既如此打算，那就按你意願住在園林中吧。」

諸大臣則商議道：「我們父親被國王處死與狡詐大藥大有關聯，現在報仇時機已成熟，我們在國王面前應想方設法勿使大藥生還。」他們便來到國王面前說道：「能生國王根本不具足傷害別人能力，他所作所為盡為大藥在背後出謀劃策。趁大藥居留於此處，我們應設法出動軍隊搶占能生國王地盤。」

阿林採納諸人建議後就率領四種軍隊直奔能生國王王宮，能生立即招集大軍準備應戰。大藥也已了知阿林率軍奔赴能生國王勝身國之消息，他暫時按兵不動，等阿林及軍隊全部走光之後，他才將公主藥菊及阿林國庫情況徹底觀察一番。了解清楚後，他帶領人馬衝進國庫，將金銀財寶洗劫一空，然後帶著藥菊從另處一條通道回到自己國家。看到大藥、藥菊等人安全歸來，能生國王喜不自勝，就大擺酒宴為他們接風洗塵。

阿林國王大臣最終將大藥劫走公主之事彙報與他，阿林聽罷只得率軍隊與眷屬返回；能生與藥菊則開始在王宮安享美好生活。

阿林後來給公主寫信道：「我們過去所遭遇之種種危害，背後操縱者是誰，務必觀察清楚後回信告知。」公主了解後就給父親回信說：「大藥豢養有一隻聰明絕頂之鸚鵡，有關秘密都是牠洩露的。」阿林知道元凶後就要求公主想辦法把這隻聰穎鸚鵡送回國，藥菊遵從父命，用網捕獲住牠後就派人將之押送到父王那裡。

阿林一見聰穎鸚鵡不由怒髮衝冠，他先以種種惡言粗語詛咒牠，隨即便欲將之殺害。鸚鵡在國王腳下頂禮道：「大國王，如一定要殺死我，能否以殺我父親、祖父之方式再將我處死？」國王好奇問牠：「你父親、你祖父又是如何被殺死？」聰穎鸚鵡就回答說：「它們尾巴上都裹以棉花並浸滿油脂，點火後就被放飛。」國王即按牠所說如是照辦，結果牠卻到處點火焚燒，亂飛一氣之後，終將整個王宮燒毀。而自己最終（卻在水池邊撲滅自身火焰，）又安然返回勝身國。

大藥等牠飛回後就向牠尋問究竟，牠就將前後經過詳細講與大藥，大藥與眾人聞言皆感高興。

阿林隨後又給女兒寫信道：「這可惡鸚鵡竟將我王宮焚毀，你務必速速將其逮住送來。」公主此次又將牠抓獲，然後急命人帶回國內。阿林一見牠就怒不可遏，立即命人將牠羽毛全部拔光，隨即就將一團淨肉一般之鸚鵡扔於野外，還惡狠狠對牠說道：「若有本事，你就隨意遠走高飛去吧！」

此聰穎鸚鵡不久即被一鷂鷹叼走，牠看清自己所處情境後就祈請鷂鷹說：「若你啄食我，一天就可將我吃光啃淨。不如把我放走，我可日日供你吃喝。」鷂鷹聽信牠所發誓

，隨後就將牠釋放。牠又對鷂鷹說：「你還需把我放置於某處國王神殿裡。」鷂鷹又如是照做，將牠放在殿堂中，牠則在殿中一小洞中寄居。

第二日，眾婆羅門為供養天尊紛紛來到神殿，他們擦拭完聖像後又各自在聖像前獻上香、花、食品等供物。聰穎鸚鵡就躲在神像背後裝神

弄鬼說道：「噬，諸位婆羅門！你們均應前往惡性國王阿林那裡，告訴他說正因他屢造惡業故而才招致種種懲罰。他若不造如此多之惡業，我亦不會降罪於他。今後若不按我要求行事，我還要嚴厲懲罰他。從今日始，每天都應供奉我新鮮肉食、芝麻、一斗米粉所做之神饋，暫時先供奉這些，以後再據情況重新定奪。」

眾婆羅門急忙向阿林彙報神殿見聞，阿林便派大臣及侍者每天做好食品放於殿中。眾人邊將供品放在神像前，邊小心翼翼主動請示天尊還有何吩咐，對供養物是否滿意，聰穎鸚鵡一直煞有介事一一給以答覆。如此經過一段時日後，牠全身羽翼又重新長出，可再度飛行。此時牠已決意要離開此地，於是牠又躲在天尊像背後說：「國王、王妃、太子及諸大臣，所有人都應把鬚髮剃除，且需全部在我面前集中，這樣才能獲我寬恕。」

諸婆羅門將此話原原本本轉告國王，國王等人不敢抗命，只得將頭剃成石臼般光滑。眾人來到天尊像前膽戰心驚懺悔所作惡業，正當此時，聰穎鸚鵡衝向虛空說道：「所作不空亡，各自受報應，拔光我羽翼，自己鬚髮剃。我僅為個體，眾人齊受報。」說完就振翅向大藥主人處飛去。

大藥等人多日未見聰穎鸚鵡，此回見到牠急忙尋問牠近些日子都待在何處。待牠講完自己經歷，大藥對其行為滿意非常。他又將牠聰慧行徑告訴國王，國王聽罷也深感興奮。他高興說道：「真是稀有罕見，你們家連鸚鵡都如此機敏過人，我能碰到你們真乃福報現前。」

為觀察大臣智慧高下，能生國王後來發給眾大臣一人一條狗，且要求他們在規定時間內必得教會眾犬皆說人言。大臣們各自將狗帶回家悉心調教，但無論如何也難讓狗開口說人語。大藥把狗牽回後，就將之拴於離自己坐墊不遠處一木樁上，每逢享用甘美飲食時，都只令狗可望而不可即，只給牠一些低劣飲食。不多久，此狗雖未餓死，但也消瘦不堪。此時國王下令道：「不知各人所調教之狗現在能否以人言講話，請諸位帶來一觀。」

其他大臣雖訓練多日，但無一狗能說人話。當國王看到大藥餵養之狗乾瘪枯瘦時不由問道：「此狗為何如此乾瘦？」大藥故意裝出一副不解神色回答說：「我亦不知其中原委，平日都是我吃何物也餵牠何物，誰知牠還是如此羸弱。」那狗再也忍耐不住，就用人言大聲揭發道：「大國王，他根本就是在打大妄語！我因飢餓所致才變成如此模樣。」大藥趁機對國王說：「此乃我傳授牠之人語。」國王聞言自然心生歡樂。

國王不久又欲觀察臣下智慧程度，他此次則送給五百大臣一人一隻羊，且要求道：「你們必須餵其以豐盛食物，務必將牠們養育好，使其身體強健有力，但絕不能膘肥油厚。」結果五百大臣盡皆乏少智慧，他們各個將羊養得又肥又大。大藥雖也給牠好吃好喝，但他又在羊面前立一木板，上畫一惡狼形象。羊每次吃飽喝足後再看眼前狼像，不由得魂飛魄散，故而牠並未長出肥膘，力氣倒有增無減。國王眼見其它羊均為外表油光閃亮，大藥所養之羊儘管膘不肥、肉不多，但卻強勁有力，對比之下，自然對大藥表現深感滿意，他從內心對大藥智慧讚嘆不已。

國王還欲繼續觀察眾大臣之子誰具最高智慧，他便將眾大臣五百兒子集中於花園中，一邊讓其自在享用食物，一邊令其分別講述發生於家中之精彩故事。眾童子一一道來家中可讚可嘆之事，輪到大藥之子時，他誇海口說：「我家珍藏有一柱石，將它放於水上，它竟能浮在水面永不下沉；若觸其表面，你等均能感受到它那柔軟質地。如此柱石現今就在我家，你們誰能找到與我家柱石一模一樣之奇妙石頭？」

其他童子均滿懷疑惑說道：「世上哪裡會有這種石頭？真乃聞所未聞！」於是眾人便以五百金幣打賭，極欲一覽究竟。兒子回家後把情況向大藥稟明，大藥面授機宜道：「等眾人前來驗看時，你告訴他們此柱石不能輕易讓人目睹，輸給他們五百金幣即可。」大藥之子聽從父親吩咐，乖乖送上五百金幣。

大藥隨後又抓來一些猴子，並親自教以彈撥樂器及歌舞。等猴子完全掌握後，大藥又對兒子說：「你現在可去與他們再次理論一番，看誰家有真正精彩之處。輪到你敘說時，你可告訴眾人，言我家有能歌善舞、會彈撥樂器之猴子。」待大藥兒子講完上述話語，所有童子因從未聽說過猴子會吹拉彈唱，於是各個表示決不輕信此事。大藥兒子順勢打賭道：「你們若不信，我可親自把猴子帶到你們面前，讓你們仔細觀瞧。不過我們賭多少金幣？」眾孩童因有上次成功經驗，此次便放心說道：「一千金幣！若我們看到，甘願付你一千金幣；若又是虛驚一場，你即付我們一千金幣。」

當大藥兒子將猴子帶至王宮後，猴子在國王面前又是敲鼓彈奏，又是唱歌跳舞。眾童子眼見為實，只得付與大藥兒子一千金幣。國王不得不深感稀有，自此之後，整個國家民眾都認為大藥智慧無以倫比，於是各個對他恭敬佩服。

當時有一地方名為瓦得哈，此地有一婆羅門娶有一婆羅門女，二人後育有一相貌善妙、艷麗之女兒。此婆羅門心想：任何在我教授下精通念誦及十八種學問之人，若其掌握程度能與我並駕齊驅，我即可將此女嫁與他為妻。

他們後為女兒起名俄丹瓦日嘎，此時有一婆羅門子也來到此位婆羅門面前學習吠陀等一切學問。此婆羅門子具足十八醜相，真真切切奇醜無比，故而人皆稱之為醜者。醜者父親雖不同意他出外求學，但他還是自作主張來到婆羅門處，不久即精通婆羅門一切學問。俄丹瓦日嘎父親不由陷入矛盾之中，他想：此人實在醜陋無比，但他確已在我面前精通婆羅門一切學問。看來我也只能不違誓言，將女兒嫁與他了。

婆羅門夫妻遂將女兒梳妝打扮後交與醜者，醜者雖接受俄丹瓦日嘎，但他尚有些微自知之明，故而未敢造次與她行不淨行，他欲將她帶往自己家中共同生活。

俄丹瓦日嘎雖自覺美艷絕倫，丈夫媿怪無雙，因而內心非常自卑、羞愧，但她還是跟醜者上路向夫家進發。一路之上，兩人將口糧用盡，當抵達一水池邊時，二人已瀕臨餓死絕境。恰在此時，他們碰到一人正往米粉中倒水，用木棍攪和後正欲下咽。俄丹瓦日嘎急忙向他討要，誰料醜者卻搶先奪過那人所施之食，並立即送入自己口中。俄丹瓦日嘎委曲說道：「你為我丈夫，我已飢餓難耐，你亦應分我少許。」醜者卻振振有詞：「以前之仙人絕不會開許女人喝此種湯食。」

兩人所路經之地乾旱無雨，醜者與俄丹瓦日嘎一路走來已是唇乾舌燥，但還得繼續前行。其後又找到一塊狗肉，醜者以火燒烤後自己獨自享用。當飢渴難忍之俄丹瓦日嘎向他討要時，醜者又振振有詞道：「仙人論典中皆言女人不得食狗肉。」遭到丈夫拒絕後，女人心中憤憤不平想到：我這苦命人已近餓死邊緣，真不知父母發現我做下何等過錯才將我交與此惡性丈夫。她邊想邊叨念父母名字，儘管滿心怨恨，但還是不得不跟他共同前行。

再往前走，兩人又看到一果實已成熟之曇花樹，醜者立即爬上樹自己大嚼起果實來。女人只能低聲下氣要求道：「你不要只顧自己一人享用，亦應分我一些充飢。」醜者便將熟透之果實塞進自己嘴裡，順便持下少許未成熟之青澀果子扔給妻子。俄丹瓦日嘎請求他：「請給我成熟果實，我要這些未成熟之果又有何用？」醜者此回則惡狠狠說道：「惡性女人，想吃成熟果子，自己上樹採摘。」女人已是身感飢渴、心感痛苦，兩相煎迫下，她鼓足氣力向樹上爬去。

當她最終爬上樹幹、並能倚幹摘果進食時，醜者在心中暗自叫苦：我原本就為無福報之人，再加上如此貪吃女人又該如何養活自己？也罷，我現在見都不欲見她。醜者邊想邊從樹上下來，並趁女人還在樹上之時，竟找來荊棘圍在樹下。女人無法從樹上落腳，醜者則趁機離開。

此時能生國王正於附近打獵，而俄丹瓦日嘎則因丈夫拋下自己開始痛哭哀號起來。能生國王急忙尋聲趕去，終在一荊棘圍繞之樹上發現天女一般美麗之俄丹瓦日嘎，他不由問那美女道：「你是天女、夜叉還是乾闥婆女？」女人回答說：「我非天女等類乃為人，只因被丈夫捨棄才受困樹上。」國王將她從樹上救下後，因心生貪念便與她席地而睡，然後又將之置於馬車上帶回王宮，並從此與她共同生活。

醜者婆羅門獨自一人繼續行進時卻生出後悔心，他想：我在寂靜處扔掉自己妻子亦不太應該，我應返回再將她找回。結果等他回到原地時，妻子早已不見蹤影。有人告訴他說：「能生國王已將那女人帶回王宮、立為王妃。」醜者聞言心痛不已，他立即向王宮進發。當他抵達宮門時，侍衛根本就不讓他進入。他此時恰好看見有眾多服勞役之人正穿梭往來於王宮內外，於是醜者也跟他們一起揹負石頭、混進王宮。

進得王宮，他四處搜尋，最後終於看到盛妝妻子正與國王有說有笑、好不愜意。他一邊暗自心酸，一邊緊張思量：我如何才能與她搭上話？後來他總算找到機會對她說道：「黃金做八物，欲令你歡喜，賢妻應悅意，幫我卸石塊。」誰知自己原先之妻子卻說：「我至今憶念，汝不予我肉，此話尚記否，勿擾我安樂。」二人即如是對話。

醜者婆羅門又說道：「上山可捨身，食毒為殉情，專為汝而來，請卸背上石。」俄丹瓦日嘎則回應說：「汝已捨棄我，食毒隨汝意，有我時不要，勿擾我安樂。」二人如此對答之時，國王甚覺稀有，他不解問道：「賢妻，你二人到底在言說何物？我一句也未逮其意。」

俄丹瓦日嘎便將前後經過稟告國王，隨後又說：「父母曾將我交與此人為妻，他倒也不乏智慧，精通婆羅門一切學問。」國王聽罷為難說道：「事已至此該如何處理？怎樣行事才能令他滿意？你是否願跟他回去？」女人斬釘截鐵回答道：「我根本不欲再跟他共同生活，但我不希望他惡言詛咒傷害到我們，國王應想辦法令其惡咒無法加害我們。」

國王心想：欲求解脫之策還得依賴大藥，我需向他言明此事。大藥聽過國王所講情況後就說：「我自有辦法令其惡咒無法對國王及王妃造成危害。」大藥隨後就喚來醜者婆羅門問道：「你欲索求何物？你到王宮來有何貴幹？」醜者回答說：「我妻子被國王帶走，為尋她我才來至王宮。」大藥接著問他：「你到底能否認出誰是你妻子？」醜者理直氣壯回答說：「當然能認出。」大藥便將計就計道：「我把五百女人帶至你面前，若你從中無法辨認出你妻子，我就以利刃將你身軀切成一千塊。」醜者一口答應下來。

大藥於是將所有王妃都裝扮一新，並領其列隊於國王進餐之處。俄丹瓦日嘎則走在最前列，似天女一般來到國王面前。大藥此時對醜者說：「若你辨認得出，就請即刻帶走。」

醜者眼見俄丹瓦日嘎等眾王妃各個光鮮奪目，他頓時就似毒蛇被咒語迷惑住一樣，犯起糊塗來。他就如眼睛直視大陽光一般，感到目眩神迷、昏沉錯亂。恰好他此刻看見有一僕女跟著另外一位王妃在眼前晃動，他立即拉住僕女說道：「此乃我妻子。」大藥隨順他說：「既是你妻子，你即可將她帶走。」醜者抓住僕女又是一通感慨：「上等人愛上等人，中等人喜中等人，下等人配下等人，而我貪執醜僕女。艷麗天人花園中，你似魔女招人嫌，平分秋色我與你，還是跟我把家還。喜歡你來照顧你，共同生活結連理。」醜者言罷即將僕女帶走。

這之後發生了某事件，令能生國王暫時捨離大藥，大藥自此亦不再前往王宮問候請安。有一次國王與王妃到花園賞玩，王妃隨手就將一串價值連城之珍珠項鍊掛於阿秀嘎樹枝上，然後就與國王忘情享樂，到最後回宮時也未想起它。夜深人靜之時，王妃才想起將珍珠項鍊遺忘於阿秀嘎樹枝上。國王急令手下前去尋找，但早已無跡可尋，因一隻母猴已將項鍊轉移至另一棵樹上。

手下找不到項鍊，只看見一乞丐正於樹下搜尋眾人遺棄之飲食。這些人抓住乞丐說道：「此地除你之外空無一人，珍珠項鍊肯定是你偷去，快快將王妃項鍊交還。」乞丐頓感莫名其妙，他辯解道：「我到這裡只為搜尋剩飯剩菜，何曾見過什麼珍珠項鍊？」眾人不聽他辯解，逕直將其送進監獄。乞丐一入監牢，便又被毒打、又得忍飢捱餓。

乞丐不由暗自思忖：看來我得快想辦法以圖自保，否則定會餓死獄中。於是他便對獄卒胡謅道：「我確實偷走王妃項鍊，但我已將其交於某某商主之子。」據其所言，這位商主之子也被抓進監牢，且與乞丐共用一副鐐銬。商主之子家屬為其送來豐盛食物，乞丐當然想討得一份，但商主之子憤然拒絕道：「你為自己飲食之便就污陷我，我怎會再送你飲食？」他便自己獨自享用起來，未分給乞丐一滴湯、一粒米。

不多久，商主之子欲大解，他就叫醒乞丐同去。乞丐卻說：「我說話你不聽，現在你發令，我又怎能聽從？」乞丐拒不同往。商主之子只得忍愍答應道：「從今往後，我聽你命令，你亦聽我吩咐，不知這是否可行？」商主之子一邊用溫和言辭勸請他，一邊連連發誓許願，乞丐這才答應同去。大解之後，商主之子神清氣爽、身心通泰。自此後，他便要求家人每次都送雙份飯食，二人於監獄中共享快樂生活。

有道是「飽暖思淫欲」，這乞丐酒足飯飽之後又想：過去我一直四處漂泊、難得溫飽，現在雖飲食無憂，但這遠遠不夠，我還應再找一妓女共同享樂。如是打算後，他又對獄卒扯謊道：「王妃所丟項鍊實與某某妓女有關。」據此言論，妓女亦被抓進監牢，並與乞丐關在一起。乞丐如願以償，終能與妓女整日享樂、廝混。

如是享受過一段時日後，乞丐已是樂不思蜀，他竟對二人說：「像這樣生活下去，在獄中待十二年我都願意。」但他轉念又想，只有妓女怕還是難以打發寂寞時日，為增強歡喜心，看來還應再找一會彈琵琶之人。貪心愈發增強之乞丐此回又對獄卒說道：「珍珠項鍊尚與某某彈琵琶者有關。」那會彈琵琶者自然又被抓來，並與乞丐、妓女、商主之子關在一起，四人從此就過上歌舞昇平之生活。

又過一段時間後，三人共同對乞丐說：「你現在應設法解除對我等之關押，至於出獄後之生活，你大可不必擔憂，我們可完全負責。」乞丐也覺長期住於監獄實非萬全之策，他便答應了三人請求。他隨後想到：只有大藥才能讓我們獲釋，別人都無此能力。他馬上就對獄卒說：「大藥之子也曾參與偷竊王妃珍珠項鍊。」結果大藥兒子也被關進監獄。

大藥得知兒子蒙冤入獄後，不由想到：為了兒子，恐怕此次我得親赴王宮。於是他進王宮找到國王請求說：「我兒做下何等令國王不滿之事以致被關進監獄？」能生回答說：「偷走王妃項鍊之乞丐言你兒子亦參與此事。」大藥回來後即展開詳細調查，審慎觀察、推理後他又找到國王：「我敢保證這五人無一人偷竊項鍊，請國王將他們全部釋放。」能生對大藥所言深信不疑，隨即就將五人統統釋放。

大藥則一人前往花園打探、觀察，他找到丟失項鍊之地，發現阿秀嘎樹上經常都棲息有一母猴。大藥心想項鍊肯定已被此母猴拿走，應想辦法從牠手中奪回。他要求國王與王妃再次前往花園，兩人均聽其建議如約而至。大藥對王妃說：「王妃應將飾品戴在身上，母猴愛模仿人，牠想必也會戴出飾品。」結果當王妃將飾品戴於身上時，母猴也將珍珠項鍊掛於脖頸。大藥又令王妃翩翩起舞，母猴見狀也亦步亦趨扭動起來，但此次牠脖上項鍊並未掉下。眼見母猴極善於模仿眾人動作，大藥馬上要求王妃低頭跳舞。當王妃如是埋頭起舞時，母猴當然立刻跟隨，結果當其低頭扭動之際，脖上項鍊終於掉落下來。國王興奮至極，竟抱住大藥脖子讚嘆不已，還獎勵他大批財物。

六大臣後又集中商議道：「國王原先對我們非常信賴、友好，來自山岩地區之惡性大藥被國王重用後，我們竟漸成無絲毫威望之人，這可如何是好？」六大臣中一人首先發話道：「此皆因我們過去不知團結合作，才致大藥趁機鑽空，令我等力量漸趨薄弱。現今我們應於花園中再度集中並共同發願，從此之後務必互相信任、合作共事。國王雖已將我們捨棄，但只要我們有勇氣與毅力共同奮鬥，情況一定會漸至好轉。」

六人便於花園中集會盟誓，大藥看見後心想：這幾人過去從未集中過，此次聚會一定暗藏陰謀。大藥心生懷疑後便派自己平日訓養之鸚鵡達同拉西前往偷聽，當時六大臣正共同起誓道：「我們一定要互相信任，今日必須當眾將自己秘密掏出說與眾人。」於是他們便開始互訴隱情：有人言自己吃過國王孔雀肉；有人言自己與王妃行過不淨行；亦有人坦自己曾幹過某某事……總之六人歡聚一堂，互說平日深藏不露之秘密，還大擺宴席。

達同拉西將偷聽所得彙報與大藥，大藥立即來至能生國王面前說道：「六大臣正在商議大事，他們……」大藥便將這些人所作所為及行為動機全部對國王一氣說完，能生國王聽罷震驚萬分，他感溉萬千說道：「奇哉！我手下大臣竟能做出如是下劣行為，今後凡我統治之國土，他們永遠別想再居住其上！」國王立即將六大臣驅逐出境，這幾人只得落荒而逃。

當時之大藥即為後來之釋迦牟尼佛；當時之能生國王即為後來之舍利子；當時之六大臣即為後來之外道六本師，當他們作大臣時，最終被驅逐出境；現在釋迦牟尼獲得佛果時，也以神變力勝伏彼等，並將他們趕往邊地。

又釋迦牟尼佛轉生為木頭王子時，以辯才威力制伏六敵國之事蹟，《賢愚經》中有廣說。

以智慧力選擇出家道

久遠之前有一方主國王，他育有一太子名為微塵。國王手下有一婆羅門名為牛圈生，牛圈生有一子名為養火。此養火頗富觀察能力，智慧亦超凡脫俗，他即是後來之釋迦牟尼佛。牛圈生做農活之前定要先徵求養火意見，不得養火授意絕不輕舉妄動。養火與微塵王子及另外六王子關係非常友善，幾位還是同年出生。平日裡方主國王總在盡情享樂，大小事情全部委派牛圈生處理，自己則直入王宮、無另外男人之屋中與眾王妃同聽樂器妙音，並共度美好良宵。

其後牛圈生死去，國王痛苦萬分，他由衷說道：「現在牛圈生已離我而去，我在各方面均遭受重大損失。」寢食難安之時，微塵太子就問父王：「牛圈生婆羅門死後，父王為何如此悲痛？」國王回答說：「你哪裡知道每當我恣情享樂時，牛圈生都在背後替我操持起全部政務。」

微塵聽罷就對國王說道：「父王無需擔心，養火可繼承其父職責，因他才具有真正智慧，牛圈生婆羅門每每做事之前都得詢問養火意見，問明白後才肯付諸行動，故而父王可把牛圈生未竟事業放心交與其子承擔。」

國王便找來養火，囑其完成其父未竟之業，養火爽快應承下來。因牛圈生婆羅門以前行事時都是依靠其子智慧進行抉擇，未過多久，養火名字便日漸被人淡忘，眾人皆稱其為牛圈生婆羅門。

此婆羅門後來有次將六王子喚至自己身邊，他對六人提醒說：「你們應去微塵王子那裡，與其長相廝守，並祝願他事業圓滿、長久住世。同時還要告訴他：『微塵王子，你若快樂我們亦快樂；若你痛苦我們也會難過。我們大家均為同歲，都是好朋友，日後父王去世時，你定會登上王位，到時別忘了賞賜我們一些受用，也分我等一杯羹。』」眾人聽其吩咐就前往微塵處，如是照說後，王子痛快答應。

不久方主國王去世，大臣商議過後便公推微塵當上國王，民眾也隨即稱其為微塵國王。微塵國王後有一次喚來牛圈生說道：「你應像承侍我父親一樣幫助、指教我。」牛圈生當下答應願依國王教言奉行。他隨後又招來六王子說：

「你們均應前往微塵國王處，提醒他勿忘此前所作允諾，應分給你等部分受用，不知現在可否得到？你們可問他還能否記得自己答應之事，若他說尚能記起，你們立即就對他言現今時機已成熟；如國王說似馬車形狀般之土地何能分成七份，你們就說牛圈生婆羅門可分，捨他別無任何人堪任。」

六人便依言前往國王處，問國王是否尚能憶起所作允諾。國王回答說並未忘卻過去所作答覆，他們即請求國王能分與自己受用。國王果然面呈為難之色說道：「馬車般大地如何分成七份？」幾人就異口同聲說：「牛圈生婆羅門可以均分，別人都無法做到。」

國王喚牛圈生婆羅門前來請教道：「上師，我所統治的國土能否均分成七份？」牛圈生輕鬆答言：「完全可以。」他就把中央之地分與國王，國王對此十分滿意，他不停讚嘆說：「婆羅門將中央地方分與我，真乃明智抉擇，這令我非常滿意。」國王帶著滿足心情又看他繼續分割土地：他將剩餘地方分為六份，依次交與六王子。依他抉擇，他們全都滿意舒心，幾人紛紛說道：「請牛圈生婆羅門劃分真乃明智選擇，他果能成功做出與我們相合之分配。」六王子於是也請求婆羅門道：「你經常指導國王行事，懇請從今往後也多多指教我們。」如是祈請後，婆羅門終於答應下來。

自此之後，他便對微塵國王，尚有如大薩拉樹般七位國王種姓之人、如大薩拉樹般七位婆羅門與七位施主，再加承侍這些人之四十位妻子廣做開示；還對五百婆羅門子傳授婆羅門秘訣；他開示、指教之對象還包括許多馴服者、騎象者、騎馬者、持劍者、持弓者、追隨者、信使、歌舞者、諸大勇士、護心者、剃頭匠、沐浴者等等。他原本被眾人稱作牛圈生婆羅門，而諸婆羅門則尊其為梵天，國王則將之稱為天尊，民眾又拿他當國王一般對待。

當時很多婆羅門都認為牛圈生婆羅門已是成就者，且非常精通梵天道，國王與臣民亦持此種觀點。牛圈生得知後內心忐忑不安：眾人皆對我非常尊重，認為我已精通、成就梵天道，但我實不明白、更談不上成就梵天道。記得父親以前曾對我開示過，言一婆羅門若能在夏季利用四月時日前往寂靜處修大悲心禪定，則梵天定會親至其前。既如此，我何不利用夏季四個月光陰也去靜修一番？

打定主意，他便前往微塵國王面前請求道：「大國王請聽我言，我欲暫時於寂靜處修習一段時間禪定。」國王回答他：「若你自己感覺因緣已經成熟，不妨按你意願逕自做去。」接下來，他又對六位國王、七位國王種姓者、七位婆羅門、七位施主、承侍他們之四十位妻子說：「諸位切勿散亂，你們安生住於家中，我自己要去寂靜地禪修。」眾人各個表示願按其吩咐遵照執行。

他又囑咐五百婆羅門子說：「以前傳授你等之秘訣務必牢記心間，且需熟練掌握並精通。」然後他又在馴服者及至沐浴者前一一道來：「諸位若暫時需要其它指點，可臨時找人傳授，我於夏季四月光陰中要去靜修禪定。」

全部交待完畢後，他就在城北處造一宮殿，在四個月時日中修起大悲心禪定，但梵天卻一直未露面。還差一日就將圓滿四月期限時，他於當晚暗自思付道：儘管我在父親面前聽過這種說法，怎奈梵天卻始終不現前。正苦苦思索之際，世間估主梵天已知曉他全部心思，梵天就在如大力士之手伸縮之瞬間從天界降至他面前。此刻牛圈生婆羅門所居屋室內外全部遍滿大光芒，而他在下半夜寂靜闃然之際忽見光芒亮如白晝，他急忙問道：「我從未目睹過此種奪目光芒，不知眼前這位身相莊嚴之朋友到底是誰？」

梵天回答說：「我乃天界梵天，此次特意來看望你，你想必應已了知。」兩人以偈頌方式互相交談過後，牛圈生心想：我即生願望已實現，不過為來生利益，我應向梵天提一些困擾自己之難題。想罷他就對梵天說：「我心中一直有幾個疑問，現請你解答：我應修何法、持何戒才能得梵天無死果位？」

梵天對他開示說：「你欲得無死果位必須斷除妄圖轉生人間之貪欲，要獨自一人守護悲心，遠離垢染、淫行。若果能如是修學，將來必得無死梵天果。」

牛圈生聞言堅定說道：「這些我大體都能明白，只是不知何為『遠離垢染』？」

梵天就向他解釋：「整個世間狀如瀑布流水，若有遮障必墮惡趣，哪裡還會了知梵天道！所謂垢染即指憤怒、妄語、仇恨、損害、吝嗇、傲慢、不安忍、貪心、嗔心、癡心、嫉妒、氣惱……，這些皆可謂垢染。世間瀑流若有此等障礙，必將引向惡趣，怎可能再得梵天果位？」

牛圈生聞言暗想：以我所理解之梵天話語，在自己家中無有修持圓滿清淨梵淨行之可能，我理應剃除鬚髮、身披袈裟，以清淨心遠離俗世、出家求道。他剛剛想完，梵天就已了知其意，梵天鼓勵他說：「為生梵天，望你堅持修行此清淨穩固之法。」言畢即消失不見。

四個月轉瞬即逝，微塵國王此時特意來到上師腳下頂禮，然後坐於一旁。牛圈生告訴國王：「我現已不欲過在家生活，望你自己今後能努力護持國家。」國王詫異問道：

「若你有未滿足之願望，我願滿你所願；若你受外人損害，我定設法予以遣除，只是請你萬勿捨棄我。」婆羅門懇切答言：「國王，我既非願望未滿足，亦非受別人損害。我只是聽罷梵天話語，頓時對在家生活失去興趣而已。」他馬上就將梵天所言及自己欲出家證道之念頭，以偈頌方式告訴國王，國王聽後立即向他表白說：「你去哪裡我都會緊緊跟隨，你原本就為我上師，我願作你聲聞弟子。」「既如此，望你也能斷除轉生人間之貪欲，同時精進行持梵淨行。」婆羅門最終答應了國王所提請求。

牛圈生又對六位國王等人說道：「我欲出家修持，你們日後有何打算？」眾人異口同聲答言：「如上師能等七年，待我們兒子長大後，即可將王位交與他們，那時我們定會追隨上師一同出家求道。」

婆羅門感慨說道：「七年時間太過漫長，因貪欲很容易就能生起，受用也輕易就能令人陶醉，而壽命卻很難保證時時擁有。再者說來，我自己七年過後能否出家都很難斷言，故而我一定要先行出家。」眾人一看上師不答應以七年為期，於是就開始從六年說起，五年、七個月、七日，如此一路縮減下來，但牛圈生均未同意。他最後說道：「七日時間雖並不算太過長久，但世間受用依然時時刻刻都易令人陶醉，而壽命又朝夕難保。我自己七日過後能否斷言可以出家都成問題，因此我一定要先期出家。」

牛圈生婆羅門又對如大薩拉樹般之七位國王種姓者等諸人，以及五百婆羅門子、馴服者、騎象者、一直到沐浴者等人一一訴說自己欲出家之打算，他們全都發願說：「若你出家，我們也出家跟隨。」

牛圈生婆羅門當即剃除鬚髮、喜著袈裟，帶著微塵國王及六位國王，還有七位國王種姓者、七位婆羅門、七位施主、承侍他們之四十位妻子，再加五百婆羅門及馴服者、騎象者、騎馬者……沐浴者等成千上萬眷屬於當天全體出家求法。他出家後，通過精進修持終於斷除五種煩障：脆弱微小之心、渺小無力之智、損害之心、損害相應之心、遮障涅槃之心等；又修持無恨、無嗔、無損、寬容、廣大之無量慈心，使此種慈心能遍於一個地方，乃至二、三、四及上下一切世界之眾生；還普遍修持悲心、善心、捨心。此時，眾人都稱其為牛圈生大師。

牛圈生大師培育出成千上萬眷屬到大大小小城市中度化眾生，這些眷屬中有劍命、梵施等七大眷屬，他們令無量眾生斷除世間貪欲，並為眾人廣泛宣說梵天正道。

如此成就禪定之牛圈生婆羅門，以智慧力及辯才力利益無邊眾生。

與此因緣大致相同之因緣內容為：久遠之前有一方主國王，他有一名為童塵之太子，為太子傳法者為一婆羅門，名護火遍入，他即是因地時之釋迦牟尼佛，此因緣見於《百業經》中。

不隨波逐流

釋迦牟尼佛因地時曾轉生為一統治眾多小國之國王，雖如理如法主持國政，但因眾生業力所感，治下國家依然飽受旱魔侵襲、長時不降滴雨。國王於是自我譴責，認為乾旱原因乃在於自己對眾生行持非法所致，他隨即向年長大臣詢問解脫飢荒良策。眾大臣協商後一致向國王諫言：「按吠陀論典所言，只有殺牲祭祀才能令天降雨水，我等皆主張實施此道。」

國王原本就悲心濃厚，他對眾人所提之殺害眾生一議非常不滿。不過因他歷來對眷屬都很隨順，從未以粗言惡語對其痛斥貶損，因此他只岔開眾人話題，內心則打定主意堅決不採納此種建議。眾大臣並不知曉國王甚深、難以瞭解其意，還一味繼續商談殺牲供祭之具體措施。國王深深為其感到悲哀：此類人盡是隨波逐流之輩，自己卻毫無觀察能力，還要對別人妄說不善之道。他們自以為殺害眾生以為獻祭，日後天尊定會心生歡喜，所作所為亦能獲致善果，這純屬謊言，實不應理，更不能接受。

儘管如是思維，但國王仍欲以方便法善巧轉化眾人，他表面應允並說道：「你等眾人可謂一心一意欲饒益我，現在我想殺死一千人以供養聖尊，望你等能在各地備齊所需資具，並選好吉日。」大臣們聞言各個內心恐懼，但表面上人人皆承諾道：「國王，你應沐浴並作短暫休整以成辦此事，我們來做具體供施準備。只是若同時抓捕一千人恐遭民眾反抗，以致使他們對國王徹底灰心失望，我們還是小心謹慎、仔細應對為好。」

其餘婆羅門聞言都讚嘆、附和，稱「言之有理」，國王抓住時機說：「你們不必擔心會遇民眾反抗，或使其對王政灰心失望，我自有解決辦法。」國王隨即就召集城中人說道：

「我欲以一千人供養聖尊，但他們既無有過失、亦未犯法，我若將其如旁生般殺害未免有些不合理。故從今日始，你們當中有誰做下違法或違我教言之事，我所派遣之觀察者都會明察秋毫。若有這種人存在，無論在何處、無論是何人，都應被抓住且殺害，以替代供祭所用之牲畜。」

城中眾人紛紛合掌稟告說：「大國王，你長期關愛眾生，在你慈心護育下怎可能有違法或違背你命令之人？你所作所為梵天都隨喜、讚嘆，你實為真正量士夫，天人亦對你生起歡喜心，我們就更不待言。從今往後，我們定當依教奉行。」

國王隨即派出有智大臣前往四方視察，打探有無造惡之人以抓捕他們。他同時派人到處觀察，且於各地每日廣宣道：「民眾均需遵紀守法，為民眾利益，國王欲向天神供祭，凡行非法者必代一千牲畜被殺死祭祀天神。自此後，膽敢違背國王教言者，一定要將其拴於供神柱上，代替牲畜充作供品。」人們聞言各個膽戰心驚，從此之後，眾人潔身自律、再不造作醜惡之事，大眾全部受持清淨戒律，互相爭論及敵對亦漸趨消亡。人人聽從上師教言，互敬互愛、互喜互利，分配公允、合理，能以寂靜度日，整個世間就如初劫一般充溢幸福快樂。

當國王看到諸大臣都對自己滿意、生信之時，就對他們下令說：「我極欲保護、饒益所有民眾，故而現今單對其行廣大佈施。為圓滿佈施之舉，我要把一生所積財富全部散盡，希望民眾能隨意接納。你們應於各地建造專用佈施房屋，眾生需要何物，你們即佈施何物。」

如此佈施之後，所有貧窮悉數消除，眾人財富各個增上。國王名聲漸漸譽滿大地，眾生也行持起佛法。以此功德，感致風調雨順，天人適時降下甘霖。國中自此草木繁生，穀稼豐盛，大地滋潤，草藥都藥力倍增，眾生自然滅盡疾病，身具光澤，心生歡喜，徹底遠離戰爭等怖畏。人們在安享美滿生活之時，由衷讚嘆國王恩德。有一大臣呈上偈頌讚美說：「恒常已徹見，上中下所需，諸君主智慧，愈益顯增上。」當其敘述完國王功德之時，天尊也現前讚嘆說：「殺害無辜眾生本非應理，應想方設法對其行法佈施，以法佈施惠眾生世出世之利，並熄滅他們所受之危害與窮困。你恰恰就如是行持，此等民眾能有你當依怙真乃他們福報現前。」

如是具有善良心地及崇高智慧者，就算別人引誘他為非作惡，他也不會隨順就範，他會以方便法令趨入惡道眾生再回至善道中來，並廣行自他二利事業。對此，我們理應生起恭敬心。

又在一多覺之地有一月稱婆羅門，他育有一子名為日月。後當月稱生病之時，妻子與日月都對他置之不理。遭親人遺棄後，倒是一僕女四處覓藥，並照顧月稱日常起居。待月稱身體恢復後，他慷慨賜與僕女五百金幣，並使其擺脫僕女身份。僕女對月稱日久生情，貪戀心潛滋暗長，後當她來月經時，就與月稱同居一處。

僕女不久即懷有身孕，月稱妻子立即對她心生妒意，她時常打罵僕女。僕女把一腔怨恨全發洩在胎中嬰兒身上，她心想這可憐眾生入我胎中後，我便開始受別人攻擊，飯食也日漸低劣。故而當孩子生下來後，她便將之投入溺器中欲拋於荒郊野外。月稱見到後忙問她原因，她便將情況講明。月稱制止她道：「你勿拋棄孩子，我來想辦法養活他。」

他就對妻子說：「我患病之時，你與兒子均拋下我不管，全靠僕女精心照料，我方才轉危為安。你從今往後要給她財物、善待她，與她好好生活，否則我就立她為妻，讓你作僕女。」妻子聽後恐懼不已，她答應自此之後再不加害僕女。在隨後之生活中，她尚能時常相幫。

兒子後被取名為溺器者，月稱對他很是疼愛。待月稱後來臨離世時，他告訴大兒子說：「日月，我死後你一定要對弟弟多加關愛。」在無限牽掛之中，月稱離開人世。

歲月流逝，日漸長大之溺器者某次與日月母子吃飯時，日月母親以「僕女之子」之類言詞欺辱溺器者。他滿心委屈跑到親生母親處詢問原由，母親告訴他：「世上有眾多依賴自己力量謀求生路之人，何能稱其為僕人？兒子，你從現在起應到別處求學，務必自謀生路。」受母親鼓勵，溺器者逃離家中，隱名埋姓、改稱月寂前往舍衛城。

當他來到城中一大婆羅門面前時，那人問他：「你從何處至此？」他回答道：「我來自多覺。」那人就問他：「不知你是否聽聞過月稱之名？」他痛苦回答說：「他正是我父親，不過現已去世。」他邊哭邊斷斷續續噢咽成語。婆羅門聞言頗感意外，他說：「月稱是我最好朋友，既如此，你暫且住於我處，我教你婆羅門學問。」等他留下後，婆羅門便開始教他吠陀，他後來將四吠陀全部精通。婆羅門對此深感滿意，將女兒妝扮妥當後就嫁與他為妻，同時還贈與大量財物。月寂生活自此平步青雲，並日漸聲名遠揚、財富圓滿。

其後有一從他老家多覺之地來舍衛城之商人認出他本來面目，來人未說一句即轉身離開。返回多覺後，他將見聞講與日月，日月高興之餘又把情況告訴母親，母親內心立刻憤憤不平起來。她說：「一僕女之子怎能發財？又怎能變成眾人恭敬對象？」不管母親如何不滿，隨時間流逝，日月家中還是日漸衰敗起來。後來她又對兒子說：「你到弟弟那裡，讓他給你些財物。」日月對母親戲言道：「以前你稱他為僕女之子，為何現今又稱其為我弟弟？」母親不管這些，她只是再三勸請日月速往弟弟處，日月最終還是動身前往舍衛城。

月寂聽說兄長前來興奮難抑，他熱情出門迎接日月，並立即囑咐他：「我現已更名月寂，萬勿告訴別人我過去叫溺器者。」日月爽快答應，並與弟弟同入家門。見到妻子後，月寂向她介紹兄長：「此乃我哥哥，日後凡他所需你務必供給及時，絕對不能違逆他教言、心願。」妻子聽令後自然依言照作。

日月一直性情寬容，且易於交往，而溺器者卻性格暴虐。他妻子即便稍有微小過失，他也會拳腳相夾，耳光相向。那婆羅門女子一日忍耐不住就問日月：「大哥，你與月寂乃一母所生，由同一母親用同樣乳汁餵養成人，為何你性格如此溫和、易於交往，而你兄弟卻粗暴、魯莽、又野蠻？這到底為何？這又讓我如何是好？」

日月見她非常惹人憐惜就說道：「弟妹，這需家中秘語才能解決。」婆羅門女忙問：「你能否將這家中秘語賜與我？」日月神秘說道：「一般而言，家中秘語不能講與任何人，掌握家中秘語者需與之同生死。若要得之，則需以極大恭敬與大財富才能買得。」婆羅門女又問他：「你都需要何等財物？」日月緩緩道來：「五百嘎夏巴納貨幣即可。」

婆羅門女馬上拿出五百錢幣，又在日月腳下頂禮道：「大哥，請務必賜我家中秘語。」日月進一步提要求道：「你還需告訴我兄弟，讓他也為我備好錢財，我離開此處時自會傳你家中秘語。」

婆羅門女便巧妙對丈夫說：「你兄長思鄉之情漸趨濃厚，不如讓他回去以解鄉愁。」月寂回答說：「賢妻，你為兄長準備好上路口糧，我再幫他找位亦前往多覺之同行者。」婆羅門女準備好糧食與五百嘎夏巴納貨幣，她又找到日月說：「你弟弟已為你備好所需，你現在可否為我傳授家中秘語？」日月這才將秘語和盤托出：「弟妹，他日後若準備打你時，你即可念誦一遍此家中秘語：『眾人已了知，家喻又戶曉，農夫亦明白，勿打溺器者。』若他問你句中含義，你可言：『你真打我時我再解釋。』如此他就不敢再輕舉妄動。如說上一遍即可收效，日後你便再無後顧之憂。有此秘訣已足夠你應對月寂暴怒，千萬別將它遺忘。」婆羅門女當下就將之牢牢銘記。

月寂除給兄長提供口糧外，尚贈與他一些錢幣、衣物，然後才將日月送走。此時婆羅門女心中盤算到：這家中秘語到底是真是假、有無作用，我還得試上一試。等丈夫當天送走哥哥返回家中時，婆羅門女故意不為他準備飲食、沐浴水。當月寂命她端上飲食時，她大膽說道：「我尚未準備。」月寂立刻嗔心大起，他勃然變色道：「我兄長在家時，礙於情面我一直未痛揍你，看來你真是不打不成器。」月寂伸手就欲痛打妻子。

婆羅門女馬上正色道：「丈夫，你暫時饒過我，聽我道完家中秘語再說。」丈夫驚問道：「何謂家中秘語？」她便琅琅念誦道：「眾人已了知，家喻又戶曉，農夫亦明白，勿打溺器者。」丈夫心頭一驚，他心虛問道：「此偈何指？」女人得意揚揚說道：「你真打我時我再解釋。」

月寂就如被射中要害之野獸一般敗下陣來，從此以後，他再也不敢打罵妻子。他還對她起誓發願道：「萬勿告訴別人，我再不打你就是。」

當時之月稱即為後來之釋迦牟尼佛；當時之溺器者即為後來之登巴。

佛陀後來說過：「登巴為溺器者時就喚我作父親，現在他還稱我為他親戚。」

革夏巴救度沉迷情欲者

久遠之前，釋迦牟尼佛轉生為一國王種姓者，名為革夏巴，他精通世間一切論典，又長於言論，說話非常得體。革夏巴長大後常想：生存於人世間，我當以何種營生過上清淨生活，且對眾生有利益？登上王位是產生使人驕慢等煩惱之根源；而商人又不得不造作說妄語等不善業；生為農夫必然要與鞭打犛牛等惡業連在一起……如此看來，我還是當醫生為好，既能生活清淨，又可利益眾生。思前想後，革夏巴打定主意立志行醫。

他既留心於醫術後便精研深思，加之又言談得體、善慰人心，心中又時常發願要幫助利益他眾，故而多有眾生從其手中徹底擺脫疾病折磨。

後有一次在某一地方，有一女人於丈夫生病且去世後心生極大痛苦，她整日哀號並大叫丈夫姓名喊道：「你去哪裡？」自從遭遇喪夫變故並因此著魔後，她精神日趨癲狂、錯亂，從外邊瘋跑回家後竟胡說道：「我丈夫根本未死，他已復活。」然後就不再哭泣，只擁抱丈夫屍身，並對屍體傾訴說：「你為何沉默不語？若你喜歡其他女人，我不會阻攔你，你盡可前去與她相會，你快快睜開眼吧！」每每說到此處，她都會邊胡言亂語，邊伸手拔開屍身眼皮。

某日趁家中親友半夜三更均酣夢不醒之時，她扛起屍身就跑到曠野郊外，並翻山越嶺奔波不已，又在尸陀林中四處遊蕩，她把屍體認作真正丈夫，給他講種種話語，並行各種夫妻間禮儀。久而久之，屍體腐爛變質，到最後只剩一副骨架。她依然不捨骨架，對它同樣珍愛異常。天氣酷熱之時，她自言自語：「我丈夫太過勞累。」於是就以水為骨架沐浴，還用鮮花裝飾。癲狂女人即如是日日對丈夫骨架言說愛語，且對之彬彬有禮，一如丈夫存活之時。她對骨架溫存體貼時，經常對它言說丈夫往日最喜聽聞之語。白晝時如此抱著屍身到處漂泊；夜幕降臨，她就在野外以花草做成臥具、墊子，用沉香薰染過後，即把骨架抱至薰染過之臥具上，說過「好丈夫，請歇息」後，就與骨架同榻相擁而眠。

精神錯亂女人此種可憐行為漸漸為人所知，革夏巴與眾弟子也早有耳聞。革夏巴了知女人境況後悲哀說道：「嗚呼！被邪分別念迷惑之女人，我實在應設法救度。」把想法告訴弟子們後，諸弟子同聲說道：「具智者無有不能成辦之事。」他們紛紛讚嘆他慈悲發心。

革夏巴對女人生出強烈悲心後，就於晚上帶眾弟子來到所言所行令人頓感恐怖之女人所在屍陀林。他一到此地就發現這裡遍布眾多可怕魔女，為保護弟子，他將咒語書於他們所盤髮髻中。革夏巴同時心想：世間人貪執之女身分明就是屍陀林中這被人遺棄之醜惡屍骨，若有人貪執屍骨且擁抱屍骨，真乃可悲、可嘆、可笑之極至。他邊想邊遏制不住地對女人再度生出悲心。

第二日黎明時分，他要求弟子先行返回城中，並對他們解釋說：「城中多有病人需有人療治，對這女人，我要想出穩妥辦法進行救度。」弟子們依言返回城中，革夏巴獨自一人留下來，當他尋找苦行女人時，這女人剛剛起床，她拿起丈夫屍骨就向河邊走去。革夏巴來到她露宿之地，一見她所用之臥具等物就知她常住此處。再一路搜尋而來，就發現她已來到河邊。革夏巴順手在屍陀林撿起一具女屍，扛起它就開始追隨女人蹤影。

女人此時把屍骨拴於河邊一樹上說道：「好丈夫，你暫且待在此處，我到河邊取水為你洗臉，我還要用可愛飾品裝扮你。」就這麼邊說邊來到河邊，女人一低頭就看見映現於水面上之自己身影，她不由想到：此美女會將我丈夫奪去。想到這，她立刻就以種種污言惡語狠狠詛咒水中女影，越詛咒越起嗔心，她又用石頭猛擊水波上所現女身，但那影子無論如何都不捨離。看到這，女人只得說：「你既不走，我就把丈夫帶走，如此一來，你休想再睹其容。」她邊對身影嘮叨不止，邊扛起骨架向別處進發。

到另外一地時看見背一女屍之革夏巴，她不覺暗想：此人為何帶一女人到處亂跑？我應問個清楚。於是她就上前詢問：「我和丈夫欲往別處，你為何見到我們就心生懷疑、以致逃跑不已？我非魔鬼，你倆大可不必懷疑。」革夏巴對她說：「妹妹，我並非懷疑你，我帶著自己妻子是要去其他男人找不到之地。因我女人非常漂亮，天人見之也讚嘆歡喜。我是害怕你丈夫奪走我妻，故而才躲避奔跑。她原先並不喜歡其他男人，但見到你丈夫卻顯露羞澀之態，眼睛也不敢張開。我要把她帶到山後去，在那裡長期定居。」

女人聽罷安慰革夏巴說：「大聖者，你無需憂慮，你妻子性情沉穩，不會喜歡其他男人；我丈夫同樣人品亦佳，絕不會愛上其他女子。我們理應成為好友，可共同生活、一致行動。」看到女人心態已放鬆下來，革夏巴就答應說：「你既遵規守矩，我們即可在河邊共同生活。」他說完即將那具女人屍骨放於河邊樹下，並開始裝飾骨架。女人把丈夫屍身也置於旁邊，亦為「他」梳妝打扮起來。

當女人後來放心入睡時，革夏巴將兩副骨架以繩子綑在一起並扔進河中，同時大聲驚叫「哈哈」等語，又痛哭哀嚎。女人醒來後，革夏巴涕淚縱橫哀叫道：「你丈夫將我妻子拐帶走了，現在一切都已毀於一旦。」此時兩人都看見緊緊相擁之兩骨架被急流沖走，他們邊哭邊緊追不捨。女人淚流滿面哭訴說：「我時刻思念你、疼愛你，誰料你今日卻跟別人妻子棄我逃跑，將我所有情感毀滅盡淨，你真是從來都不曾考慮過我的感受與心情。」她瞬間嗔心大起，轉瞬又痛苦哭泣。革夏巴趁機勸慰她說：「你失去親人再這樣哭天抹淚亦無濟於事。你還說你丈夫素不喜其他女人，孰料他竟將我最可愛、艷麗之妻從我們眼皮底下拐帶而去。我所有之一切都已毀棄無遺，你馬上賠我妻子！」

革夏巴邊哭邊說之時，女人用衣物包住脖頸、羞愧說道：「大聖者，我無法再令丈夫返回，而我兄長恰有一賢妻，我可想辦法讓他把妻子送與你。」革夏巴一口回絕道：

「我只要我美麗妻子，除她而外，天女我都不欲娶。若你今日不能將我妻子交還，我馬上用大石塊砸爛你腦袋。」言畢即舉起石塊，氣勢洶洶向女人撲來。

女人戰戰兢兢跪於他腳下頂禮道：「我又無錢財又無親友，孤身一人可憐度日。如今我已知錯，並在你面前懺悔，祈請你千萬勿奪我性命。」革夏巴立即抓住機會說：「你既如此懇請，若你真能聽我吩咐，我即不會打死你，還能讓你獲得快樂。」女人急忙應允願依他所言實行。

革夏巴這才諄諄開示道：「從今日始，你務必放棄懷抱丈夫屍身之惡念，因攜帶他骨架原本就是最愚癡之舉！眾人皆赴死，山海如意樹，人天諸財富，一切均無常。如是一切有為法盡皆無常，人們理應對世間生厭煩心。貪執親友定會引生痛苦、憂慮，並致人墮落，真希望你能從沉迷情欲中清醒。」

待革夏巴說完，女人癲狂思維即回覆正常。她感慨萬千說道：「奇哉！你所說明燈般教言已完全遣除我惡劣分明念之愚癡黑暗，……」言罷如是讚嘆語，她已完全變成思維正常女人。

革夏巴將她又送回她親戚家中，當地人眾及革夏巴弟子均讚嘆他聰慧做法。

久遠之前於印度鹿野苑梵施國王統治下的國家中，有一婆羅門前往森林中尋找藥材。當他找到藥材，然後於返回途中在一岩石上休息時，一人非人女人目睹他儀容便生出貪心。兩人後共同前往人非人所居之地，那人非人女人則將一山洞口用巨大磐石擋住，自己就與他在洞中過起夫妻生活。釋迦牟尼佛當時即轉生為二人所生之子。

後當他長至八歲時，開始在父親面前學習眾多論典，並精通天文學。有次被母親帶到洞外後，他又在其他仙人前聽聞其他論典。因他前世串習顯發，他每每看到偷盜者所留腳印就知道此人到底是誰，當他把情況彙報與父母後，人們便稱之為知跡。

知跡有次問父親：「父親家鄉在何方？」父親不勝感慨回答道：「在印度王舍城。」知跡便要求說：「我欲跟父親到鹿野苑大智者前聽聞經論。」父親無奈說道：「怎奈我們山洞門口已被磐石阻擋，若你有突圍之策，我們父子便可前往鹿野苑王舍城。」兒子經過一番努力後終將磐石挪開，父子二人於是得以上路。

來到王宮後，父親先對梵施國王誦以吉祥祝詞，然後告訴國王說：「我兒知跡可據盜竊腳印捕獲竊賊。」國王聞言非常高興，自此後，知跡幫助國王抓獲很多盜賊。但他每每都要求國王勿將他們殺害，國王也按他意願如是照做。天長日久，整個地方都已難覓盜賊蹤影。

國王有次騎駿馬與眷屬、侍者邊交談邊去眾王妃所居之地，然後又到另外一寂靜地賞玩。當時有一女人已安然入夢，衣服散落身旁，珍珠項鍊也丟棄於地，不過卻無人偷走。國王目睹之後就對侍者說：「自從知跡到我國中，國家就可謂路不拾遺、夜不閉戶，現在連女人珍珠項鍊丟棄於地都無人偷撿。」

侍者聞言當下就對知跡心生嫉妒，他馬上離間道：「大國王，你並不知曉知跡過失，故而才會只讚他功德。」國王疑惑問他：「知跡又有何過失？」侍者就順勢說道：「他自己晚上常常偷竊別人財物，不知大國王是否知曉？」國王為顯示知跡功德，就讓侍者偷走王妃項鍊。侍者偷走後又在城市周圍繞轉三匝，最後將其於獅子寶座下挖地掩埋。

女人醒來後發現珍珠項鍊丟失不見，她滿心痛苦、焦急地來到國王面前申述。國王當著侍者面吩咐知跡道：「誰偷走這女人珍珠項鍊，請速速查出。」知跡於是前往女人丟項鍊之地察看再三，又繞城三匝，最後回到王宮、直趨國王獅子寶座，然後就面呈笑意觀望國王，但一直不開口講話。國王好生奇怪：「你為何要笑著看我？」知跡答言：「大國王，偷珍珠項鍊者並非普通人。」國王鼓動他說：「既非普通人又是何人？請不諱直言。」知跡這才說道：「大國王，我以譬喻明之：有一做陶器者被坍塌窯坑埋住身體，陶師當時感慨說道：『大地原本為萬物生存、生長之因，誰料今日卻壓住我身。』此譬喻恰能說明如今丟失項鍊一案。」知跡言畢即沉默不語。

國王未聽明白，只得要求知跡再說清楚一些。知跡便說道：「要我明說，我則再以一譬喻明之：婆羅門於火中行火供時不慎被火焰灼傷，他當時說：『我每日均頂禮並以恭敬心在火中行火供，怎奈今日卻被火傷身，這讓我以後又以誰為依怙？』此喻也與此案道理相同。」知跡言畢又閉口不語。

國王則再請求說：「你所用譬喻我皆不明瞭，可否請你明確指示？」知跡只得再次解釋說：「大國王，我再以譬喻明示，請諦聽：一婆羅門為沐浴來到河邊，誰知他卻被河水沖走；多有飛禽以樹木種子為食，但林木燃起大火時卻燒毀禽鳥自身，此時誰可作依怙？此理與丟失項鍊一事亦無本質區別。」

待知跡講完，國王還是說道：「我依然未明此理，請你直接挑明。」知跡繼續解釋道：「大國王，我再講一譬喻：有一農夫耕地之時，他美麗女兒前來為父親送吃食。當其鬆解腰帶時，父親突然對女兒生出貪戀心，並馬上與她行不淨行。過後父親又生起後悔心，於是他對女兒說：『你剛才為何不阻止我非法行為？』女兒委屈答言：『你是我父親，若你都對我做不應理之事，誰還會再去遮止有害行為？就如燈火中出現黑暗，誰又能遣除黑暗一般。』」知跡敘說完畢又緊閉雙唇。

國王還是未聽明白，他最後說道：「不管你如何指東說西、譬喻明示，我依然不解其意。」知跡此次則挑明道：

「既如此，我乾脆直接講明：若問是誰偷走女人項鍊，此人不是別人，正是你這位侍者！」國王馬上便問:「他既偷走，又將之放於何處？」「請國王挪走獅子寶座。」知跡如是吩咐。待眾人將獅子寶座挪開且挖掘後，珍珠項鍊終於顯露。

國王不覺心生稀有，他讚嘆說：「以嫉妒心誹謗具功德、具智慧之人實不應當。」說完就將侍者趕出王宮。女人項鍊失而復得，自是歡天喜地回至家中。知跡又趁機對國王宣示世間貪欲過患等佛法，國王以「喜哉」連聲讚嘆，又賜其豐厚獎勵。

以說善遣除惡行

久遠之前有一仙人以歌舞為生，他有一極具智慧之女兒，名為無喻姆。無喻姆出生時即色妙形姝，吸引住眾多人之目光，她即是因地時之釋迦牟尼佛。無喻姆兩歲時即成孤兒，父親一朋友自此開始養育她。此人亦能歌善舞，他告訴無喻姆親戚說：「我欲傳授無喻姆歌舞技藝。」隨後就開始對她傾囊相授有關舞蹈之種種學問，而無喻姆對他所教授之內容很快就通達無礙，舞師便將各類舞蹈道具一一賜給她。

當地國王有次命人於舞場中舉行盛大歌舞慶典，舞師也將無喻姆及種種演出用具一並帶往王宮，以國王為主之成千上萬觀眾便得以觀賞此次精湛絕倫之表演。無喻姆上場時以千姿百態之身體動作翩翩起舞，許多人一時皆被其嫵媚風姿與秀逸、綽約體態深深打動，他們目不轉睛沉迷之際，都很想親近親近無喻姆。

與此同時，有一出家修苦行者已對苦行生起厭煩心，疲累不堪之時正準備還俗。他當時亦前往城中，在接近舞場邊緣時忽聽到隱約鼓聲，於是他便不經意到舞場中匆匆一瞥，恰好看到無喻姆婀娜身姿，並聽聞她天籟之音。苦行者馬上暗自思付：我於森林中苦行何能享受此種妙欲？想來我真應該捨棄苦行修道。

正在此時，無喻姆上身衣物忽而墜地，兩只秀美乳房豁然顯露，舞師當下貪心頓起。無喻姆知曉他心態後沉穩說出一偈：「自心常依正法者，誰願造孽趨惡道，驅遣暗夜明燈亮，再入歧途誠可惜。」這善說之偈在舞師聽來就如弟子聽到上師教言一樣，他在即將趨入惡道當口，立時遮止住自心煩惱。口說「善哉」之同時，便將自己上衣脫下交給無喻姆。而苦行者在聽到這善說之偈後，忙將自己樹葉所成坐墊、黑色薩拉樹皮恭敬置於無喻姆前。兩商人也在觀舞，此時他倆則將自己如月光般白色衣服送與無喻姆。同時，國王大臣及王子也紛紛將各自月光般白衣送與她。

歌舞結束後，國王首先問舞師：「你為何將自己衣物交與無喻姆？」舞師慚愧回答說：「國王，當她上衣落地之時，我當下就對她的美麗生出貪戀心。等她說過善說之偈後，我心中癡暗立刻即被全部剷除，故而我才送衣明志。」

國王又問出家苦行者：「你為何要把樹皮、樹葉送給無喻姆？」出家人自我譴責說：「我已捨棄苦行，正欲還俗時，一聽她善說之偈，我即打消此念頭，我還要精進苦行！正因對她恭敬、感激，我才獻上樹皮、坐墊。」

國王再問兩商人贈衣動機，其中一位如是說道：「有一商主外出之時囑我替他看管一珍珠項鍊，後於某次宴會時，我將此串項鍊借與他（兩位商人中另一位）妻子佩戴。看到她脖上項鍊，我妻子就問她從何處得來。她回答說：『此乃一商人之物，你丈夫將之借與我享用。』因她如此言語，我妻子就想：我丈夫既已拿到這串項鍊，何不等那人回來討要時拒不交付？如此一來，這項鍊就歸我們兩家共有。我妻子即將此想法告知他妻子，她們二人商議之時，我倆聞聽後亦貪心大增，共同預謀等那人前來討要時堅決不還給他。結果剛才聽到無喻姆善說之偈，我們立刻將此種貪心捨棄，並開始趨入真正善道。故而我們一邊讚嘆，一邊送與她白衣。」

國王接著問大臣：「你為何也把自己上衣送與她？」大臣一聽立即膝蓋著地、恭敬說道：「若國王答應不懲罰我，我則向國王講明原由。」國王答應不懲罰他後，他就將國王請至寂靜無人之處告訴國王說：「我這惡性之人竟與你大王妃商議，欲趁大國王沉睡時以毒藥或寶劍殺死你，我好登上王位。但此種惡念已被無喻姆善說之偈徹底摧毀，所以我將衣服送與她以明謝意。」

國王最後問王子：「你又為何送無喻姆上衣？」王子回答說：「父王，你已聽聞大臣所述，這人竟欲與我姨母一起毀滅國王種姓，我原本極想將其誅殺。不過此等惡念現已被無喻姆善說之偈一掃而光，我這非法之心亦同時被她清除。她已成我真正上師，因此我才以衣供養。」

國王聞言嘖嘖稱嘆道：「真乃殊勝無比。」隨即就賞賜給無喻姆大批財物，並恭敬讚嘆不已，眾人隨後也相繼歸家。如此大菩薩以其智慧力宣說一偈都能對眾生帶來不可思議、無法估量之利益，對此我們理應生起恭敬心。

又久遠之前有一具大勢力且財富豐饒之國王，名為置岩。當時有一商主名為善行，精通一切論典，性情寂靜、堪忍，具種種功德，實為世間無偏親友。善行常對眾人開示光明道，他也即是後來之釋迦牟尼佛。

那時在鹿野苑有一天女般妖冶老鴇，經常欺詐眾商主。善行聽說後為摧毀此鴇母青春倨傲心理，便與眾多朋友特意趕往鹿野苑。當此之時，有許多惡人對鴇母說：「你之艷麗恰如蓮花吸引蜜蜂一樣，能勾招一切男人。既有如此本領，不妨拿來一試：聽說有位智慧超人之商主善行已來此地，你何不以善語及引誘男人之本領好好款待他一番？」

有人如此說過之後，她便派一能言善道之人以恭敬心對善行說道：「受眾人喜愛之鴇母讓我傳語，言你這位善行可前去她那裡攝受她們。」善行巧妙答言：「能引誘眾人、又具色藝之女人，我來此地就專為見你。除此之外，我別無它求，我定會赴約。」

善行於是來到身著白衣、統領許多妓女之老鴇處，鴇母看到他後馬上來到他身邊，以種種搔首弄姿之態與其嬉笑言談，還時不時以媚態觀望、挑逗善行。總之她以各種令人貪欲大長之行為、舉止不停誘惑商主，又將喜愛商主之話語時時溫存道來，末了又含情脈脈要求晚上再能與善行親密接觸。善行晚上如約而至，並與老鴇發生淫行。第二日黎明時，善行將一價值連城之珍珠項鍊送與女人。

第二日晚，善行又至老鴇家中，並送與她一純金飾品；第三日，則送與她以少量銀子做成之飾品。鴇母嗔心頓生，於是便把善行告到梵施國王處。她振振有詞說道：「我對他歡喜異常，愛意可謂日日增上。而他送我之物品，價值卻一落千丈，為何反差會如此巨大？」

國王喚善行前來與老鴇當面對質、辯論，這鴇母又說道：「大國王，此人毫無慈愛之心，對他說上半天又有何用？正所謂無水之地無需橋，喜歡這種人無任何實義。」國王便要善行回覆女人質疑，善行就反駁說：「她所出賣之肉體本來就為充滿過失之物，她所謂嬌軀時刻都在衰老變質，價值當然要一跌再跌。正如陳舊、凋謝之鮮花，蜜蜂都會捨棄，世間眾生亦情同此理：青春韶華之時，肉體可作行欲之工具；衰敗老朽後自然會被廢棄，眾人哪個不是喜新厭舊。一切有為法均為剎那生滅，年少翩翩最終定會被衰老磨蝕，而壽命總會被死亡一日日侵奪，萬法說到底盡皆無常。那些不知老、病、死等痛苦會毀壞自己肉身之愚者，他們所迷戀之女人身軀亦無非為一堆以筋肉相連之骨架而已。對此等骨、肉、筋生貪，癡迷不拔，豈非太過愚癡？有智之人哪個不知貪戀女人身軀有諸多過失！」

國王聞言連嘆「善哉」，讚嘆之情溢於言表。而鴇母聽後也立即熄滅對自己肉身之執著及貢高我慢之倨傲心態，她自此亦開始趨入寂靜善道。最後眾人都開始遠離放逸，並守持清淨戒律。大尊者善行則又返回原先自己居住之林木豐茂之山岩地區。

久遠之前，釋迦牟尼佛又曾轉生為帝釋天。當時在一森林中有一苦行仙人，他身邊總是聚攏起眾多野獸、飛禽，牠們亦喜歡與他共住，恰似他弟子一般。有一母象當時產下一可愛小象，但小象不久即告走失，牠一時找不到母象。苦行者看到後就開始似父親一般愛撫、養育小象，而牠也常常以蓮藕、樹葉供奉於苦行者手上，並長時住於仙人所居茅棚邊。無論仙人前往何方，牠都將資具馱於自身緊緊跟隨，仙人大小事情幾乎都由牠來承擔。

小象後來又找到母象，於是便又跟著母親前往森林。仙人在做過火供等儀軌、正欲吃飯時，這才發現小象已不知蹤影。他未顧及吃飯，踩著小象腳印就追蹤而去。追趕上時，正見小象於母象身邊吮吸乳汁，牠見到仙人後立即起身相迎。仙人不覺熱淚盈眶，他撫摸小象頭頂說道：「你喝母乳有何作用？還是飲清淨水為好，我們最好再回我們所應居住之地。」

將牠又帶回來後，仙人特意為小象搭建一茅棚，日夜為牠健康、飲食擔心，確實可稱得上關愛異常。此種情況早已被帝釋天以天眼覺知，他深感此位修行人對小象已太過貪執、太過愛護。帝釋天想到：雖然修行人已遠離親友前往森林苦行，但他依然未捨對小象之貪執，這又怎能獲得妙觀察智？我實在應調伏他不應有之執著。

帝釋天於是便降臨人間，並以幻化力使經常障礙修行人之小象忽染沉痾。眼見小象病情日益嚴重，無絲毫好轉跡象，仙人不由淚流滿面。一邊不解自問「為什麼？」，一邊哭泣不止，邊哭還邊痛陳各種悲傷語句。帝釋天隨即便以苦行者形象來到他面前說道：「大仙人，你將可愛親友盡皆捨棄，來此森林中本為苦行。既如此，你為何現在還要為擔憂小象生死而痛苦、悲傷？這種如大象沐浴般之修行到底有何實際利益？有智者見到你所作所為都會譏笑不已。因所有眾生都將赴死，如此哀傷了無實義。前輩仙人了知萬法終將毀滅，故而才拋下錢財、親友奔赴森林；你既已住於苦行森林中，奈何又用貪執繩索重又將自身綑縛？這實在不應理！一切有為法盡為無常本性，最後皆具毀滅性。若貪執任何眾生，都只會導致作繭自縛、劃地為牢之結局，因此你實不該與其長期交往並共住。於輪迴苦海中如只精進於貪執，只能產生一切痛苦；若不貪執，眾生才會現前解脫。」

仙人聽罷苦行者諄諄開示，立即對之生起恭敬心並連連

讚嘆。帝釋天化現之苦行者又繼續說道：「若我們自身六根絕不輕易隨順悅意、舒心之外境，只以正知正念攝受身心，那就能獲一切成就。故而我們理應隨順諸智者前行足跡，怎能滿足於做低劣小人？」

仙人聞言由衷敬佩，「善哉」讚嘆不絕於口。帝釋天此時則顯現出原來身相，並說道：「我實乃帝釋天天王，現以我加持力，願小象即刻恢復健康。」話音才落，小象即恢復如初。

仙人將小象放回象群，牠日漸長大後終成一代象王。象王常以裝滿水之葫蘆及水果供養仙人，仙人則撫摸牠頭頂，以饒益心悉心教導。他日常最喜行之事即是安住於自己茅棚中，一心一意苦修禪定。

旁生說妙法

久遠之前，有一天鵝王住於無熱惱湖中，名為護國。護國天鵝王育有兩子，一名崗瓦為兄長，一名辛傑為小弟。崗瓦性情粗暴、舉止笨重，經常以拔毛、手撓、摳抓等方式傷害其它天鵝。眾天鵝將崗瓦劣行告知護國天鵝王，天鵝王知曉後不由心想：將來我若將老大扶上王位，牠性格如此粗暴，定會逐漸毀壞掉我鵝群，看來還需另謀主張。

於是牠就喚來兄弟倆說道：「你們兄弟各帶五百眷屬飛往江、河、湖、海等處巡視，先回來者即可繼承王位。」崗瓦、辛傑便攜帶各自眷屬飛臨各處。牠們先來到鹿野苑梵施國王治下國土，那裡有一梵具湖，深廣浩淼、壯闊莊嚴竟超勝大海。林林總總之花、木嚴飾周圍，種種禽鳥各出和悅雅音。崗瓦一見就不願再離開，牠便與眷屬縱情陶醉在這湖光山色之中。辛傑之眷屬亦請求牠能帶屬下於此地安居享受，但辛傑卻說：「等我們返回、先得到王位再回來享受也不遲。」

辛傑隨後便率領眾天鵝飛回無熱惱湖，並搶先繼承王位，然後牠又帶五百眷屬飛臨梵具湖。此次牠們無有任何負擔，自由愉悅盡度自在時光。

梵施國王統治下的民眾有許多人目睹過辛傑天鵝王飄逸、秀雅之身影，眾人皆認為此天鵝實莊嚴整個水域，牠之丰姿已遠超所有飛禽，故而每日都有成千上萬人爭相圍觀。諸大臣將情況彙報與國王，國王當即就召集捕鳥者，吩咐他們務必以溫和方式抓獲天鵝王，眾人遂用一種不會傷害天鵝王身體之網將牠捕獲。當時辛傑無奈說道：「我被眾人精進不懈地逮住，現已落入他們虎口。盼你等天鵝速速遠離此地，逃命去吧。」結果除一隻天鵝留下來陪伴辛傑外，其它天鵝盡皆紛紛潰逃。

捕鳥者捕得天鵝王，尚有一隻天鵝還緊緊跟隨牠，此種景觀眾人咸嘆稀有。人們將天鵝王押至國王那裡時，那隻不肯離去之天鵝也同至王宮。國王一見頓感稀奇：「這隻天鵝從何而來？」眾人回答說：「大國王，我們並未逮牠，是牠自己前來。」國王因感罕見難睹故而對之生起信心，他急忙將能引領天鵝跟隨自己之天鵝王送上獅子寶座，而辛傑則以人言為國王宣說十善法等善說。國王聽後下令道：「從今往後，凡我國土之中，任何人都不得殺害水生動物。」

當時之辛傑即為後來之釋迦牟尼佛。與此因緣相同之大護國天鵝之事蹟，在《三十四本生傳》中有記載。

又久遠之前，釋迦牟尼佛曾轉生為一野獸王，名為金腹。金腹獸王之身軀具有不可思議功德威嚴，甚為莊嚴、可愛，任何人見之都不免震驚萬分，並百看不厭。獸王自己也知道自身有如是功德，故而牠常常擔心會招致獵人等惡人損害。有一烏鴉見牠悶悶不樂便問道：「你為何經常陷入恐懼、擔憂之中？」獸王就坦言說：「許多人都覬覦我身體，因此我才惴惴不安。」烏鴉主動提議說：「我亦懼怕獵頭鷹侵襲，想來我們可互相保護：白天我守衛你之安全，夜晚則需你對我進行保護，你看如何？」獸王馬上接受了牠所提建議。

其後有一雙手被人綑綁於身後之人順水漂來，湍急水流中，那人哭叫道：「何人能拯救我痛苦？若他能解脫我，我願成為他的僕人、信使。」

獸王恰巧率領獸群偶至河邊，牠馬上就發現了驚恐哀嚎之落水者。

當那人淒慘大叫之時，其餘野獸全都四散奔逃。而諸菩薩即使身為惡趣中旁生形象，但其本心則絕非如此。牠當時馬上就生出悲心，立即準備跳進河中救人。

烏鴉因不違諾言，始終於白天緊跟獸王、保護牠免受傷害，此時看到牠正準備救出落水者，就急忙告誡獸王道：「獸王，務必放棄此人，萬勿草率行事，此人根本不知報恩，純屬忘恩負義之徒。」

儘管烏鴉如是勸說，但諸聖者只考慮眾生利益，絕不顧及自身得失，因而獸王未聽烏鴉勸阻，直接跳入水中，就如母親待兒那般將此人馱於背上，順利脫離水面。上岸後又以種種方式將綑綁他雙手之繩子鬆開，不大功夫，那人即緩過勁來。獸王勸他道：「你勿於此停留，應趕快返回。」被救之人雙手合十，跪於獸王腳下頂禮說：「你既救我性命，我願作你僕人、信使。」獸王回絕說：「我何需僕人及信使，只是我皮膚會招惹眾人將我殺害，故而請勿將此事告訴外人。生存於世，我之身軀能令太多人們歡喜且生出貪心，你切記勿向人提及曾見過我，以此報恩已足矣。」那人忙不迭答應後就離開此地，臨告別時還繞轉獸王三匝，且在牠腳下頂禮。

當時鹿野苑大自在部國王權勢顯赫、財富圓滿，他有一王妃名為月光姆，素以夢兆準確而著稱，所夢之事後來無不應驗。有次王妃在寶座上安睡，於後半夜時分，她忽夢見一野獸王，通身毛色異常鮮艷，且坐於獅子寶座上為眾生宣講佛法。王妃心中很是喜悅，她醒來後即刻就將夢境告訴國王。國王對王妃所夢深信不疑，同時也深覺稀有，他想一旁生怎能宣講佛法？王妃則又以悅耳言詞勸說國王，請他無論如何都要將夢中獸王找到。在王妃幾次三番請求下，國王終於對大臣下令道：「迅速集合起我國所有獵人。」

待獵人們全部集合後，國王對他們說：「據傳我國境內有毛色鮮豔之野獸王存在，你們務必以溫和方式用安全之網將其捕獲後交與我，絕對不能傷害牠一根汗毛。」獵人們各個面呈難色：「大國王，從小到大，我們都以打獵為生，也去過眾多地方，但從未聽說過有此種獸王，更未曾目睹。若國王知其大致方向，再對我等下命令，我等即可想法抓住牠。那時我們定會依教奉行，保證令國王滿意。」

國王就又對大臣下令道：「你們去鹿野苑廣為宣布，言在我國境內有一膚色鮮艷、美觀之獸王，若有人見過請速速向國王彙報，我定會賜其大量獎勵，並贈與五座城鎮。」大臣聽令後如是照做。那曾見過獸王、並被其搭救者聽到消息後心想：我是知恩圖報抑或向國王彙報？

一般而言，貪欲增長之人可謂無惡不作，這人也不例外。當其貪心猛增時，他又想：如我能得大財富，我即可向往昔怨敵復仇。除貪欲增強外，嗔心之火亦開始相續焚燒此人心念。他想：報恩之事暫且放下，先以獸王獲取大批獎勵、報仇雪恨為快。

下定決心後，此人即於第二日一早就啟程向王宮進發，還隨身帶有鮮花以為供養。來到王宮門口，他發現此處匯集有眾多大臣、侍衛。一一通過後，他最終來至國王面前。供上鮮花，他以大恭敬心說道：「大國王，在某某地方，有一遍布各種林木、飛禽、野獸之地，分外莊嚴。當地有一金腹野獸王，被成千上萬野獸圍繞，我可向國王指示這隻皮毛格外鮮艷之獸王。」

國王聞言非常高興，他馬上欲率臣民共同前往。這忘恩負義之人就充當帶路者，引領眾人向野獸王住地進發。

烏鴉為遵守此前對獸王所作之承諾，白天一直在各處巡察。看到有人進入森林中後，它飛快向獸王報信說：「大獸王，我過去勸告過你勿搭救那落水者，因他不知報恩反而還要趁機害人。果不其然，他現已帶領很多人奔向我們這裡。」聞聽烏鴉所言，其它野獸皆心生恐懼，牠們紛紛四處逃竄。獸王此刻心想：我若不保護其它動物，它們今日肯定會被人全部消滅，捨棄眾生遠不如捨棄自己性命為好。

如是打定主意，野獸王就親自迎向國王及眾人。此刻，那不顧來世、亦毫無悲心之人迎面看到獸王時，立即用兩手向國王指指點點說：「大國王，牠正是獸王。」話音剛落，此人雙手立刻掉落於地，因一些猛厲之業無需觀待時間即可成熟。國王頓感稀有，他問那人為何會如此，斷手者痛苦不堪地呻吟說道：「大國王，何人竊財非算盜，忘恩負義方為賊。」國王又問他此話何解，那人便將全部經過講與國王。國王聽罷不由義憤填膺，他對不知恩圖報者說：「你這低劣之人該當遭受此種痛苦，為何你不碎身成一百塊？為何不天降金剛矛摧毀你醜陋身軀？」

國王了知獸王不可思議威力功德後就對諸大臣說：「各位智者，我們應對獸王表示最大恭敬。你們均應返回城市，清掃乾淨街衢，將大小城邑全部除塵灑掃，尚應噴灑檀香水，還需設置妙香香爐，並豎立勝幢、飛幡等物。地上亦應以鮮花遍撒，務必將整座城市裝扮成花園一般。」

如是吩咐後，國王即將獸王帶回並迎請入城，城中成千上萬人都手捧鮮花列隊歡迎。國王以最恭敬之禮儀請獸王坐於莊嚴獅子寶座上，具威望之王妃、太子、大臣及村落民眾團團圍坐於獸王座下，聆聽牠為眾人宣說佛法。

國王及眾眷屬聞已即開始守持五戒，無邊眾生都因獸王傳法而獲善根。國王終將森林等地賜與眾野獸，並從此將無畏佈施施與所有旁生。

又久遠之前，釋迦牟尼佛曾轉生為五百隻水鳥之王。眾水鳥中有一老水鳥常食其它水鳥之蛋及幼雛，儘管行為如是惡劣，但牠經常都偽裝成行動遲緩、單足獨立之苦行者形象。眾多水鳥對此都心生厭煩，牠們紛紛集中於水鳥王前請求解決之道。水鳥王知其劣跡昭彰，於是便私下作偈子揭露牠惡行。老水鳥恐懼異常，立即皈依水鳥王，水鳥王告訴牠說：「何時諸鳥無爭執，彼時即為快樂時。」老水鳥聞言深感恐懼，於是就飛往別處。自此之後，其餘水鳥就開始恒享幸福生活。

釋迦牟尼佛又曾轉生為一能言鸚鵡，牠設法使梵施王皈依佛門；當釋迦牟尼佛示現為天鵝王、孔雀王時，為他眾宣說佛法從而利益眾生之事蹟，上文已有敘述。如是諸菩薩即便身為旁生之軀，但依其無比智慧力，依然可成熟眾生善根，令其皆趨入善道。對他（牠）們之智慧，我們理應生起恭敬心。

又久遠之前有一鮮明仙人，當時在其住地有一尼枸盧妙樹，籥郁枝葉竟遍覆一聞距之地，鮮明仙人即住於此樹下。他以神通欲觀察並計量此樹樹葉總量，於是便花費十二年又七日光陰才最終得到確切數目。釋迦牟尼佛當時也轉生為一仙人，名為碧藍仙人。他到鮮明仙人處與之交談時，鮮明問他：「於此整個世間，有無婆羅門能了知眼前尼枸盧大樹之樹葉總量？」碧藍回答道：「我就明瞭樹葉總數。」鮮明非常驚奇，他試探說：「若你知道，就請報出數目。」結果碧藍根本不看樹葉、樹幹，竟脫口而出樹葉數目，他完全是以自身智慧力方能於一剎那間如實說出，（藏文原文中有具體數目，可查閱。）且所得數量完全等同於鮮明通過計算而得之結果。

鮮明對此非常滿意，他由衷讚嘆道：「我費盡十二年又七日心機方以神通算出樹葉數量，你卻看都不看一眼就一口報出，此到底是你智慧力所為，抑或有天尊前來相幫？」

「這並非依賴天尊傳語，確實是我自己親算。即使虛空有邊際，我亦不會說妄語。」碧藍如是回答。

當時之鮮明仙人即為後來之舍利子比丘。

釋迦牟尼佛曾轉生為野蠻人王，名為柘香嘎。當時有一種姓高貴、地位顯赫之婆羅門，名為蓮精，他有一善妙且富智慧之女兒。野蠻人王有一子名虎耳，本欲迎娶婆羅門女兒為妻。但婆羅門自恃種姓高貴、又有智慧，故而傲慢不已，根本就不理會野蠻人王之請求，斷不肯輕易將女兒嫁與虎耳。柘香嘎即以智慧及辯才摧毀婆羅門傲慢心態，他憑對吠陀及世間論典之精通徹底制伏婆羅門，使婆羅門在恭敬、讚嘆之餘，心甘情願將女兒嫁與虎耳。相關細節在《虎耳經》中有廣說。

以種種身相根除眾生癡暗

釋迦牟尼佛在很多世轉生過程中，為尋得不可思議智慧，曾廣行六波羅蜜多。當他為蓮目婆羅門時，曾供養如來殿堂，以此等供養威力，得以在不可思議、無量無邊如來前廣行種種供養；又為獲十力智慧而發願。他在諸佛面前精通盡所有、如所有等一切法，並為他眾宣說。他還在無量如來前承侍、供養，聽聞、受持佛法。

為利益無邊根機不同之眾生，釋迦牟尼佛曾示現為國王、婆羅門、歌舞伎樂者等無數種身相，以種種方便法成熟眾生善根，他利益眾生之行持真可謂數不勝數。其中部分事蹟在《廣智經》等經中有廣說，下文即節選自其中。

久遠之前，釋迦牟尼佛曾轉生為普嚴國王，他素喜修學大乘佛法，並統領整個四大部洲。當時他想到：我應像古代轉輪王一般如理如法治理國家，若以非法主持國政，當上國王則毫無實義。於是他就向大臣詢問：「古代國王都是如何以合理合法之方式治理國家、利益眾生以致國泰民安？」大臣們回答說：「大國王，我們亦不明此理。不過此地附近有多位仙人，很多都具五神通且精通佛法，不如召集他們以便仔細打探，他們應能為國王宣講有關古代轉輪王之事蹟。」

國王聞已即依大臣所言以大恭敬心召集諸位出家仙人，在八十萬仙人中，大多都具五神通，並經長期修學後，均對眾生生起大利益之心。國王與眷屬各個心懷極大恭敬，他們特意走出一由旬之地前往迎接仙人，並將他們全部觀想為本師。後又在他們面前頂禮，並祈請諸仙人能為眾人開示佛法。

仙人們滿國王所願，為其宣說古代轉輪王之種種事蹟。除這些仙人外，還有八萬人也前來為國王及眷屬宣說，國王以恭敬心盡最大可能承侍所有傳法者。眾仙人對國王宣說古代轉輪王之君規教言，此中包含某某轉輪王如何合理治國家、如法主持國務及民眾事宜之全部詳細情況。普嚴國王不惟如是聽聞，他亦將從所有傳法者那裡所得教言，全都轉化為實際行動，以轉輪王規矩主持國政，對任何眾生都慈悲為懷，確實做到以佛法護持國家。他自己尚親自修持四梵住，並令其他眾生亦修持四梵住，且因此而使此等眾生暫時轉生梵天，最終全部逐漸得大菩提果位。

又釋迦牟尼佛轉生為金存國王之時，他憑自己所獲宿世通，而能回憶起自己以前轉生為轉輪王時所行種種事蹟。當自己為轉輪王時，有一具五神通之仙人，名為猛威。猛威曾為自己傳授以不殺生而趨入善趣之道、滅盡煩惱之通、及獲取一切智智之道。聽罷如是教言，自己即開始如理行持，如此修持實為殊勝無比。金存國王每每在心裡回憶、觀察前世聽聞受持佛法之經歷時，心中總在想：欲獲一切智智之道，首先就應明白輪迴之因果關係：業及煩惱是產生輪迴之因，而非理作意又為業及煩惱之因，有種種非理作意及其派生而出之業與煩惱，有情世間及器世間方得以顯現。如能斷盡業與煩惱，則可滅盡五蘊，並從而獲取涅槃之果。如是宣說此等道理並使眾人行持，以此善根力，自己也可獲得通達一切學問之智慧。

於是金存國王便給眾生宣說工巧、醫方等學問；為遣除眾生痛苦而宣說種種名言法規、積資之法；面對眾生各種痛苦，他尚且將藝術、事業等方面技藝廣為宣講；再加未來、過去、現在三世學，聲律學，看相術，觀察學等種種學問盡為眾生明示。

釋迦牟尼佛轉生為世證仙人時，了達受者、行者等類別，又通曉善惡之事，學習世間工巧、事業、藝術等學問時也全部精通。他後在觀察所謂工巧等事有無生滅時，終於通達其本性——工巧本性亦屬無緣。不只工巧，此等一切萬事萬物均如陶師手中陶器一般，盡屬無緣，就連眾生死亡都屬無有。若無我執，眾生何來生死？世證仙人即獲此種等持，並常於等持中安住。安住於等持中後，他就能憶念眾生各個不同之身相，乃至微塵數眾生種種不同身相，他皆能镱念，並且他尚能億念眾生各自身相形成原因。在他觀察無我執之智慧從何而得時，他發覺除不執著我所有外，再別無它途可通達此種智慧。無明、貪執即形成我執，若我執不生，世間也絕無產生可能。諸智者皆能生成此種智慧，並從而獲不退轉果位。

釋迦牟尼佛又曾轉生為一舞者之女，名為眾生勇母，形姝貌端，長於舞蹈技藝。某次當眾人圍觀、欣賞她精湛舞姿時，她則面向觀者說道：「青春易逝如流水，……」她即以此等偈頌為眾人宣講佛法，並因此令許多眾生獲取利樂。

又釋迦牟尼佛曾轉生為一幻化師，能以幻變變現出種種藝術，人皆因此而稱其為異工。異工於許多眾生前顯示幻化所成藝術品，以此揭示一切萬法如夢如幻之本性，並因此而利益無邊眾生。

又釋迦牟尼佛轉生為乾闥婆普證時，能以琵琶彈奏出各種樂器之聲，令眾人皆心生歡喜。普證後獨自一人來到寂靜地時心想：此等眾生極喜聽聞琵琶聲，但他們均不明瞭聲音本性乃剎那滅盡。如是如理觀察後，普證已了達聲音雖顯而本性為空之本質，並從而獲得無生法忍。接下來又將自己所證境界向眾生廣為宣說，並使其皆獲不退轉果位。

久遠之前，在一山岩之地有位鐵匠，他育有一相貌姝麗之女兒。鐵匠想：我不能將女兒嫁與種姓高貴、財富圓滿、相好莊嚴之人，我只能將女兒嫁與打鐵技藝與我相同之人。

某日有位婆羅門子前來討食，當鐵匠女兒給他施以食物時，童子問她：「你是否已許配與人？」她則回答說：「我父親只肯將我嫁與打鐵技藝與他相等或超勝之人，故而要為我找到夫家尚有很大困難。」童子又問道：「你父親都有何高超技藝？」鐵匠女兒自詡道：「我父親身手的確不凡，他打製之針可浮於水面而不下沉。」婆羅門童子心中不由想到：按說我並不需要此女為妻，但為摧毀他們父女傲慢，我還是應在其前顯示顯示。

於是他借來工具，打造一陣後，竟製出可納於一針眼之七根細針，並且將這些針置於水面上後皆不下沉。帶著此等戰果，他再至鐵匠家問他們是否需從他手中買針。鐵匠女兒聞言頗覺此童子行為可笑，她譏諷道：「你難道精神錯亂，抑或為無智之人？竟敢（關公門前耍大刀）賣針賣到鐵匠門口？」婆羅門子心平氣和回答說：「我並非精神不正常，我只想驗證一下自己打鐵技藝究竟如何。」鐵匠女兒不屑嘲諷說：「你懂什麼打鐵技藝？」童子輕鬆應對：「我打造之針可浮於水面上。」

她立即將童子邀入家門，童子先拿出七針一一平穩擱置於水面上，再將大針拋進水中，它依然能浮出水面。最後他又將大針針眼穿入七針後再置於水面，此次群針還能漂浮於水面。鐵匠不由驚嘆此人技藝遠勝自己，於是就將女兒妝扮妥當後準備嫁與此人為妻。婆羅門子此時則坦白說：「我並非為討要你家女兒而來，我只想摧毀你等傲慢心理。」婆羅門子最終並未娶其女兒。

當時之婆羅門子即為後來之釋迦牟尼佛；當時之鐵匠即為後來之普行瑪得；當時之鐵匠女兒即為後來之無喻姆。釋迦牟尼成佛後說過：「如今普行瑪得依然欲將女兒嫁與我，但我還是未接受。」

又釋迦牟尼佛亦曾轉生為一善證匠人，對工巧明等很是精通，並因此而聲名遠播。

釋迦牟尼佛亦曾轉生為一善製兵器之人，名為勝部。當其獲取工巧方面最勝妙獎勵時，眾人紛紛以偈頌讚嘆、勸請。他在如來正等覺徹見如來前聽聞一切諸法不生方為最殊勝之工巧法門，聞聽此法門後，他當下即獲無生法忍。

釋迦牟尼佛又曾示現為慧海國王，以外道修行而遠離貪欲，並對一切眾生慈愛關照。當其時，為治癒眾生瘋病，他特意前往森林中尋覓六味藥，林中樹神一見他即合掌向其一一指示。他又觀察一切疾病之來源，並進而把握住風、膽、涎之本性，從而成為治癒此病之名醫。

他將疾病分為三類：必死之病；不死之病；治療則不死、不治則必死之病。對得必死之病之病人，他施以減少痛苦之藥，並以佛法妙藥遣除其來生痛苦；對治療則不死、不治則必死之病人，他施以於生命有力、有益之藥；對活著之人，他則施以斷除痛苦之藥，他即以遣除別人痛苦而清淨度日。

釋迦牟尼佛轉生為火施國王時，能知道一切眾生之聲音，不只分辨得出聲音所屬，而且對聲音所含意義也能善為觀察。他無論聽聞何種聲音，都能明瞭聲音含義、發聲原因、不同發聲時間所具有之不同意義，並且對哪些聲音可發出、哪些聲音無法發出也通達無礙。他以力與非力之方式進行觀察，一切事情均能通過聲音知道其是圓滿、稍圓滿抑或不圓滿；尚能通過聲音知道誰堪為法器，誰可熄滅煩惱。因其掌握此種本領，故而成為整個瞻部洲之大上師。

又釋迦牟尼佛曾轉生為正智國王，精通調解眾生爭執、辯論之術，只需聞其音聲即可知曉爭辯雙方孰能獲勝、誰必敗無疑。他自己身形亦莊重、調柔，心性寂止，人們每每見之都不覺呆立其處，為其威儀所震撼。他以真正智慧力裁決所有有關法與非法之爭論，並於此過程中獲取深廣智慧。正智國王後依智慧力抉擇前往寂靜地安住、內觀，並依天眼而了達眾生生死實相，通過觀察而知其來世流轉情況。此時他已通達無來無去、如水月般生死本意，並將自己所證境界向其它眾生廣為宣說，使其亦獲證無實有之境界。

釋迦牟尼佛還曾轉生為說法仙人，不惟具超人智慧，且長於辯論，並極為關心利益眾生之事。他以內觀安住而通達十四種無記法道理、及以禪定、尋伺所假立之六十二種前後際見，終於明瞭此等見解盡皆依靠眾生各自所有之分別念在薩迦耶見基礎上而假立。若無產生之基礎薩迦耶見，則所有見均不可能成立。他又證得能摧毀這些見之真理，並將此真理向眾人廣為宣說，令無量眾生皆趨入不退轉之道。

又釋迦牟尼佛曾轉生為仙人淨智，擁有大神變，並依外道法門而遠離貪欲。當他觀察何法究竟存在時，發現何法皆不存在，連見亦不存在，最後終於知道若存在三種癡暗不明則會產生種種見解：過去有無我存在；現在有無我存在；未來有無我存在。眾生如有此三種懷疑，就會因未通達無我本質而生出各種見。對此如理如法深加觀察後，他終獲智慧眼。

此時他想：我與眾生雖從本質而言無有實體，但依煩惱及業卻會成熟五蘊，此乃顯現之甚深緣起。除去因緣假立而有外，一切諸法全為無生無滅。

淨智即因此而獲無生法忍，並令無量眾生皆趨入無有本性之道。

釋迦牟尼佛示現為巧智仙人時，遠離貪欲並擁有大神變。他內觀安住時就想：嗚呼！世間眾生可謂苦惱異常，根本不知解脫痛苦法門。當他苦苦思索從痛苦中解脫之道到底為何時，他又想到：分別念實乃產生痛苦之源，若無分別念，痛苦又從何而來，當此種分別念與貪欲滅盡時，殊勝涅槃寂滅即可現前。他接著又如理觀察涅槃眾生到底有無涅槃，此時他又得出結論：若眾生實有則有涅槃；眾生既非實有，涅槃又焉能存在？不過眾生因分別念而產生之痛苦到底會對眾生帶來損害。眾生如尋求涅槃，實則並非尋找非五蘊之另外單獨存在之涅槃，因五蘊即是涅槃。為何如此？因眾生無緣，本性就是涅槃。

當他從此種思維等持中出定後，即開始廣為他人宣流如此佛法妙音：「依此分別念，出現大痛苦，若無分別念，諸苦盡熄滅。眾生皆無生，諸法均不滅，心假立萬有，此即為涅槃。」聞聽他所宣法音後，無量眾生均獲無生法忍，並於無上菩提道中皆獲不退轉果位。

釋迦牟尼佛轉生為婆羅門子勝慧時，當時有一名聖仙人具有神通及離貪功德。勝慧與七千婆羅門子一道在仙人前學習四大等性、三世平等秘訣，勝慧為所有眷屬中之首領。他能憶念七千婆羅門子各自所牢記之秘訣，並於很短時日內精通吠陀等一切學問。勝慧自己思索：如未了達實義，只記住秘訣又有何意？我應積極尋求真義。

勝慧於是前往寂靜地安住，並觀察秘訣到底有何涵義。他想到：如是風輪無依無靠，它所引生之東南西北四方亦了不可得，所謂寂靜、調柔、調伏都無可尋覓。為何如此？因無有眾生之故。他最終知曉眾婆羅門子上師與其弟子皆已進入迷途、邪道，故而心生煩惱。

此時淨居天天人親自現身其前，不斷賜以「善哉」讚嘆，並說道：「善男子！你能隨順、精通一切諸佛教言，依賴此道，微塵數如來皆得以現前佛果，並利益無量眾生，從而顯現涅槃。」勝慧出定後立即來到仙人上師及七千婆羅門子前為其宣說此等話語，他們也均於無上菩提道中獲不退轉果位，利益無邊眾生後顯示涅槃。大菩薩勝慧則恆久守持如來勝法。

久遠之前，有位大師名為靜行，他曾對眾生說道：「若能獲得離貪境界，暫時即可獲取寂滅果位。」在其宣說下，許多人都趨入其門，前後共達八千萬人。這些眾生自覺都已遠離貪欲，並得最究竟離貪果位，他們死後全都轉生梵天。在其轉生梵天後，此等眾生深覺他們信賴之大師所謂寂滅純屬邪法、邪道。當他們生出這種邪見後，全部從梵天無量宮直墮大地獄中。

另有一仙人名為非勝種，他自己認為獲取第二禪境界即已等同於獲取蘊不剩餘寂滅。當時有十萬眾生趨入其道，並於死後皆轉生光明天。轉生後他們認為非勝種所謂寂滅純屬邪道，結果當他們生出這種邪見後，全體人眾立墮大地獄中。故而我等應知：沙門、婆羅門欲以禪定安樂獲解脫並非究竟解脫之道。此時釋迦牟尼佛則轉生為一具五神通、名為了知種種見之婆羅門，他得知眾生因生邪見而墮地獄中後，即依靠神變力令地獄眾生暫時先感受清涼快慰，然後就開示說道：「噬！諸位眾生，所謂寂滅並非不存在，你們只是未聽真實寂滅法而已。你們此前所認定之寂滅並非真正寂滅，但諸位卻認其為寂滅，並最終反而否定真實寂滅存在，故而你等才盡墮大地獄。希諸位從今往後捨棄各自邪見，如此才能獲寂滅安樂。」眾生聞聽他法語後，全都捨棄以前所持惡見，人人心中均生出有寂滅之道存在之念頭，並立即得以從地獄中解脫而出。

他們馬上來到了知種種見婆羅門導師面前，他則再為眾人宣說佛法，並使其獲得從初果至阿羅漢間各種聖果。

釋迦牟尼佛又曾轉生為一國王太子，名為大悲尊。有一次他想到：於此世間所顯現之五顏六色、千姿百態種種法，諸如色、形、語言、種姓、名言等等，到底因何而存在？於是他便派人分赴四方打探，查找如今健在且精通此意、具有智慧之沙門、婆羅門、上師，並廣泛詢問有誰可遣除自己心中疑問。

大悲尊父親名為穩住，他有一日告訴太子道：「太子，以不可思議思維尋找不可思議萬法根源純屬徒勞、自找麻煩之舉，你始終也無法探尋到究竟，亦根本不會有人能回答你疑問，因而希望你能對王位、世間妙欲多生歡喜心。有意義之事你不加重視，無意義之事你倒勤為，自討苦吃有甚實際利益？」

太子回答說：「大國王，請勿在原本無黑暗之處再籠罩黑暗。在父王治理之國土中，眾生相貌有妍媸之別，種姓有高低之分，智慧有智愚差別，財富有貧富之殊；學工巧者有其人；亦有原先赤貧而後憑精進努力獲取財富者；病者通過治療得解脫者亦不乏其人。如此差異皆各有因，而我卻不明此中因緣，但我不懂絕不證明沒有因緣。正如我不明工巧事理一樣，我們所能瞭解者皆為有限，更有諸多無限之未知領域。大國王，你應知曉，世人中肯定有通達我所提問題之答案者，只是我不明答案而已，所以我才想向沙門、婆羅門、有智者廣泛詢問。」國王聞言只得隨順他說：「你既如此認為，那就隨你意願隨意請教吧。」

此時正值如來正等覺星光如來出世，當大悲尊太子安睡時，從空中傳出音聲道：「如來正等覺星光如來現已出世，他可解答你所有困惑。」第二日早，太子將情況稟明父王，父王疑惑問道：「太子，星光如來到底居於何處？」

如來早已知道國王心，他立即攜帶眷屬以神變力來到國王住處。眼見如來身光遍滿整個地方，國王與太子皆生起信心，他們帶領六十萬眾生一起奔赴如來座下，並詢問有關問題。待如來一一解答後，眾人均能精通一切論典。如來尚且對此等眾生皆做未來各得菩提之授記。

釋迦牟尼成佛後說過：目犍連，是故諸菩薩應精通一切論典，如來一切智智之因正在於精通一切論典。」他又說：「當知眾生處所、種姓皆為業所造，所謂業又因煩惱及心而立。」

釋迦牟尼佛轉生為正光菩薩時，每次都能於睡夢中與如來交談，除此之外再無其它夢境。當他在無著如來前詢問有關世間學問，諸如集智、世間智等問題時，如來告訴他說：

「欲獲無上菩提之菩薩，應精勤了達一切論典，為了知此等道理，亦應精勤不輟。諸菩薩應精通往事、來世名言、人之概念、地域名相、去來名言……，凡世人所了知之名言皆應精通。」正光菩薩即依如來教言對世間名言盡皆掌握。

釋迦牟尼佛尚曾轉生為一仙人，名為精通後際法，並依外道而得離貪境界。他總喜思索一問題：每個眾生都有不同身相之顯現，此由何因而成？當他對此詳加觀察時，終於明白此乃因我執及分別念而起惑造業並生種種煩惱，從而產生眾生種種不同之心。接著他又觀察所謂我是否即是色蘊，並依受、想、行、識一一觀察下來，最後了達無我道理，且如實通達無有我及我所之理。

當他再從等持中出定後，便將無有我及我所之理向眾生廣為宣說，使無量眾生皆獲無生法忍。

又釋迦牟尼佛曾為一精通死滅仙人，以外道法門而獲離貪境界及五神通。當他看到所有有為法都為毀滅性後，便去觀察到底存在不存在一種不生不滅法。他最終知道有為法有生滅，而無為法則無生滅。更進一步觀察時，他就獲得所謂歡喜無畏法如金剛般之等持，隨後就了達萬法生滅全部依賴於心，心才堪為萬法生滅因。而在觀察心之本體時，他又發現所謂心無有色相，亦無可詮釋，心之本性無所見，以心不可見心。心之滅盡無有所知，不過貪心等心相滅盡時，名言中同時能起其他念頭。他即如是精通所有心相續。

在其了知此等道理後，他再不生煩惱，並精通諸法之性三世平等。自己了達之後，又對所有眾生宣說此等法門，令無量眾生均獲無生法忍。

釋迦牟尼佛轉生為知前際國王時，明瞭眾生現有苦樂均依前世業力而形成。明白此理後，自己即於未來無數劫中心不起染污。

又無量劫前，有一如來正等覺善導如來出世說法，當時贍部洲勝部國王以如理如法之方式治理國家。他有一千太子，釋迦牟尼佛彼時即轉生為其中之寂慧太子。他求法之心非常迫切，為圓滿他願望，國王招集起所有沙門、婆羅門等智者，令其與寂慧太子談論正法。太子首先問諸大聖者：

「你們以為世間最大之危害、痛苦為何？」

有人言最大危害、痛苦乃貧窮；有人言輕毀；有人以為是暗啞；有人說是愚癡；有人言無業；有人言離別親友；尚有「不知工巧技藝」、「失去王位」、「低毀國王、大臣」、「夫妻反目」、「不知恩圖報」等種種回答。寂慧則說道：

「你們所說我皆贊同，在此等答案基礎上，我尚覺人生最大之危害與痛苦應為老、病、死三者。不論魔王或梵天都會遭受這三者侵害，而我們又不知從中解脫之法。我聽說善導如來正宣說了脫三痛苦之法門，我們何不一同前往如來前請求聆聽解除苦惱之法門。」

於是六千萬眾生便共同來到如來座下，如來則為他們宣說了解除世間痛苦、危害之道，並使其全部當下通達無礙。

釋迦牟尼佛又曾轉生為月相婆羅門，精通一切論典。當他看見如來三界導師所具三十二相後，當下就遣除懷疑、生出信心，並發無上菩提心。

迦牟尼佛曾轉生為善目國王，他在無著如來前聽聞十力讚頌，並於如來前廣造善根，以無有滿足之心態度化眾生，令無邊眾生皆於無上菩提道中成熟相續。

釋迦牟尼佛又曾示現為一國王之子，名為遣愁太子。他整日思慮整個世間不知有哪位沙門、婆羅門了知世間智、集智。當其苦思冥想之時，天尊現前勸請他到甘露妙音如來前請問。他依言前往，並在如來前發無上菩提心。

釋迦牟尼佛還曾以仙人卓行傑之形象應世，當時他想：所有有情及非有情到底如何產生？如何存在？想向旁人詢問時，虛空中傳出聲音道：「如來正等覺世間明燈如來無所不知、無所不見，他必能解答你心中疑團。」卓行傑便到如來前詢問，如來依靠五蘊而為其宣說無來無去法門。仙人對此生出信心，他發願道：「將來一定要獲得如來殊勝之智慧，並要為他人宣說佛法。」

釋迦牟尼佛轉生為能光國王時，擁有七寶及一千太子。他後到寂行如來前詢問涅槃道，並行廣大供養。

當釋迦牟尼佛示現為甘露妙音時，又在如來正等覺聲妙如來前問道：「眾生依何道方能解脫痛苦？」聞法後則依教言令無數眾生從痛苦中解脫。

當釋迦牟尼佛轉生為比丘華炯時，他盡心承侍淨頂如來，並為獲佛果而發願。此時如來光芒接觸其身，他當下獲大悲心等持。

釋迦牟尼佛又曾轉生為深慧菩薩，當時妙解如來正出世並宣說等持智慧法門。深慧一邊執拂塵承侍如來，一邊亦發願將來要得如來殊勝智慧。

又釋迦牟尼佛轉生為淨施菩薩時，於五年中精心盡力供養如來正等覺無塵垢暗如來之舍利，他捨棄自己一切財物，守持如來所有教法。

釋迦牟尼佛轉生為月光菩薩時，以偈頌讚嘆明智如來，並詢問解除煩惱妙法。待如來宣說後，他自己全部掌握精通。

智光處處顯

釋迦牟尼佛轉生為國王善抉時，有普行外道問他心識之因為何。國王就到淨目如來前請教，自己通達此理後再答覆普行外道，令其亦明此理。

當釋迦牟尼佛轉生為察行婆羅門時，某日於空中聽聞「萬法均為剎那毀滅性」之聲音，自此之後便對有為法之對境再不關心，只一心尋求不滅法。他最終對無取、無貪、無執之法生起定解，並精通對一切眾生以大悲心無執著利益之法。又淨目頂如來出世時，釋迦牟尼佛轉生為獅慧菩薩，他於成千上萬無數年間承侍、供養如來，並同時獲心識剎那滅盡法門。

當釋迦牟尼佛轉生為畏頂國王時，已獲無生法忍。其時有一尋找佛果之國王，名為善慧。當畏頂見到他時，就為其宣說讚嘆如來文，使他發心並亦獲如來授記。

釋迦牟尼佛轉生為勝名國王時，一直苦苦尋覓解脫輪迴之道。他後於法雲殊勝妙音如來前以偈頌做讚嘆，向如來詢問過所疑問題後，他對解脫輪迴法門已全部通達。

釋迦牟尼佛又曾轉生為熄念大臣，當時有一國王名為淨慧，他將所有大小事情全部委託熄念處理。而熄念則以如法調解，平息眾人所有爭論、不和，同時亦瞭解所有聲音皆為無常性。他遣除整個國家不如法之行為，使國家繁榮昌盛，並廣泛成辦自利利他之事。

釋迦牟尼佛轉生為稻稈王子時，於無垢頂如來前廣積善根，並為獲無上菩提而發願。

當釋迦牟尼佛轉生為無住妙香勝解安穩菩薩時，曾於千百萬年中承侍法雲雨滿足國政如來。如來對其非常歡喜，他自己亦守持佛法。不過因他對菩提心有貪執，故而未獲如來授記。

梵師如來出世時，釋迦牟尼佛轉生為明覺菩薩，他已通達受覺本義——證悟受覺即可生生世世擁有調柔行為。明覺菩薩以神變顯示如來諸剎土，在如來剎土中、於漫長時日內度化不可思議之眾生。他以言語宣講佛法，無遺度化具足貪、嗔、癡之煩惱眾生。

釋迦牟尼佛曾轉生為月施國王女兒，名為無數，相貌秀美。國王欲為其尋一丈夫，無數卻不願婚嫁，因她已斷除一切貪欲、安住於無貪法樂中。

釋迦牟尼佛還曾轉生為一體態娉婷、面容姣好之美女，當時有一婆羅門苦行者相貌極其醜陋，但他卻大膽前來索要美女為妻。美女父親暗想女兒未必會答應這門親事，故而拒絕了婆羅門求婚請求。不過女兒為圓滿父親佈施心願，也為令婆羅門心滿意足，她自己答應願嫁與此人為妻。在兩人生育過小孩後，美女又出家證道。

又釋迦牟尼佛曾轉生為一普行恰嘎，當時有一世間導師據傳精通世間心性，並於大小城市中為眾生宣說抉擇心之根源法門。普行恰嘎聽其傳法後不由想到：此種世間知識實不應為眾人宣說，我應真正了悟世間根源。他便前往寂靜地一心觀察世間心識從何而生，並最終了知所謂世間實乃五蘊聚合而已。而五蘊又不離生等痛苦，故而所有眾生真是可憐無比。為解脫自他痛苦，他就開始精進修行，並終獲五神通。然後又對眾生宣說此等法門，從而令其皆入正道。

釋迦牟尼佛轉生為大悲商主時，具足善巧方便。當時有五百商人一同前往大海探寶，他對眾人說道：「十方無邊世界中，眾生好壞有別，種姓亦各不相同，……」他即將有關世間之法向眾人廣為傳講，令其均對世間學處通達無礙。

當釋迦牟尼佛轉生為慈魔商主時，有次與五百商人同去大海，其後在航行中不慎將落入鯨魚之口。眾商人慌亂之中紛紛祈禱梵天、大自在天、水天等各自所信奉之種種世間天尊，並頂禮、哀哭不止。商主則冷靜想到：這些人均將非皈依處當成皈依處，非眾生估主當成眾生估主。正如有一以色為生之隨順者，他總依自己所擁有之美色而隨順他人，只要能令他人歡喜。別眾言不淨，他亦許以不淨；別眾說淨，他則也同聲相和，此隨順者即以此度化眾生，而眾生卻根本不知他本來面目。同理，眾生各隨業而行。每個眾生行為、想法皆不盡相同。萬法本無定準，亦無有實質可言。若有眾生執著於淨，則需以不淨對治；執著於相，則需以無相對治；執著於束縛，則需以無常觀令其得解脫；執著於我，又需以無我法破其執；執著於安樂，就應以空性法破除……應如是掌握、通達各種不同之應對措施。

當時正逢摧暗如來出世傳法，商主便令眾人皆祈禱「南無佛」，眾商人於是都念誦三遍「南無佛」。鯨魚聞聽後緊閉起嘴巴，商人們於是得以脫離險境。

又釋迦牟尼佛曾轉生為婆羅門勝持，他通過觀察了知一切過患之根源在於煩惱，而一切功德之根本則在於善法。依自己觀察了悟後，他即開始弘揚善法、禁戒惡業，並於其後獲等持境界。他隨即於六十萬劫中不墮惡趣，並利益無量眾生。

釋迦牟尼佛轉生為光賢仙人時，為守持禁戒而將頭髮梳理成五髮髻。他對寒冷及酷暑均不作意，不顧自己身體而精進苦行。光賢不懼怕任何邪魔鬼怪；對他人之婦從不邪淫；亦不飲酒；心也從不散亂；總能護持他人心；自己斷盡妄語胡言，總之具有種種功德。

光賢後獲五神通，並對工巧等世間事業樣樣精通，且對正法、世間、自我、善巧法等無數學問全部通達無礙。他此時則想到：我雖精通此等道理，但從不知這些學問如何滅盡，亦不通達能了知這等學問本性之智慧。於此世間，有哪位沙門、婆羅門可為我開示所疑？他整日如是苦苦思索。

為求無上道，光賢又以乞討者之形象去往普行外道處。他們見到這位乞丐後，種姓再低劣者亦紛紛給他佈施，但光賢並未接受。不久，他以乞討為生（但又不接受佈施）之名聲便傳遍各地。

此時於大雪山地方，當燃燈佛正處因地菩薩位時，有位普覺仙人具足五神通。他入於辨別一切世間等持之中時，能了知所有眾生心與行為。當時他即以天眼觀照到光賢正以乞討方式求道之情況，於是他便立即對之生出悲心。他想：光賢尚未有了知理與非理之智。接著便於大勇士伸手之瞬間，普覺就從大雪山來到光賢面前。

光賢向他頂禮後問道：「如何才能擁有知曉眾生心與行為、通達理與非理之智慧？」普覺回答說：「通過無吝嗇之佈施及自心專注於禪定，且需以歡喜心佈施、攝受智者，廣聞博學、上下尋覓智慧，如此方能獲得殊勝智慧。」

又釋迦牟尼佛還曾轉生為見滅國王，他看到所有產生法均滅盡之本性後，就對很多眾生宣揚此法門，令其皆趨入正法。

釋迦牟尼佛轉生為知味過國王時，凡感覺任一法味道均知其過，但就不知從何解脫，於是他便苦苦思索到底有誰能知曉解脫法門。當他邊想邊欲睡眠之時，具三十二相之如來對他說道：「善哉！唯無為法方能令人獲得解脫，有為法定不能使眾生擺脫束縛。」待如來宣說完畢，他已通達菩提正道。

釋迦牟尼佛又曾轉生為根天婆羅門，以外道修行而離於貪欲，並具五神通及威嚴。他勸請成千上萬眾生以學習通達智慧，並依第一禪而了徹五通。然後他又想到：第一禪亦不離禪味，當然無法擺脫禪味之過；眾生若執著於佛法中所言內外所攝法之感受，同樣過失很大；真正擺脫之道乃在於無味，無味即無過失。如是思慮過後，他開始如理作意，並終獲無生法忍。又將自己所得向眾生宣講，令他們亦同獲無生法忍境界。

釋迦牟尼佛轉生為譽賢國王時，正值無量光如來出世傳法。如來為眾人宣說以七菩提支為主之佛法，國王聞法後即獲無生法忍。目犍連後於釋迦牟尼成佛時曾就此事問過如來：「既如此，為何還要說釋迦牟尼佛在燃燈佛前獲無生法忍？」釋迦牟尼佛對此回答說：「目犍連，因眾生根基不同，有關如來獲取無生法忍授記之說法亦有種種。」

釋迦牟尼佛轉生為天賢國王時，以外道法門而遠離貪欲。當其於寂靜地觀修禪定時，以觀心而知下自地獄、上至非想非非想天之眾生，皆因各自所作業及煩惱之不同而擁有今世之不同身相，若能滅盡煩惱，則再不會有業產生。他隨即獲有頂等持，並入於受覺滅盡定及心識滅盡定。他認定必有從痛苦中獲解脫之道，並於出定後將此等道理廣泛為眾生宣說，使其皆獲不退轉菩提果。

釋迦牟尼佛又曾轉生為一劣種悅意仙人，具足五神通。他經觀察得知：萬法，諸如種姓、姓名等均為假立妄有、根本不實，因法性無有法與非法之分。十方世間智者皆對無生法不生恐怖，惟凡夫愚氓方對之恐怖不已，萬法本性實無所緣。他將觀察所得為眾生廣泛宣說，令無量眾生皆趨入無生法之道，並於無上菩提中獲不退轉果位。

白慧如來應世時，壽量長達九千萬年。當時有一國王名為智相，其太子乃一菩薩，名為兔句，也即因地時之釋迦牟尼佛。於此剎土中，白慧如來顯現各種稀有神變。兔句太子則於夢中親睹如來之出世，並立即生出無以名狀之歡喜心。第二日，他即召集起所有人眾，勸請眾人道：「如來正等覺白慧如來現正住世，他所宣揚者乃斷除煩惱及恐怖法門，我們均應前往聽聞受持。」言畢即率大眾至如來前頂禮、迎請、供養，而如來則率眷屬歡喜應供，愉快享受眾人所供布匹、飲食等物。大眾皆發願欲獲無上菩提，且各個得如來授記。

又釋迦牟尼佛曾轉生為妙寶仙人，他特意為趨入歧途之眾生宣講佛法。為令其曉悟貪圖種種意樂之過失，他為眾人宣說滅盡種種意樂之清淨法門，又宣說不可刻意貪執意樂本體之法門，從而令無邊眾生均得以擺脫痛苦。

釋迦牟尼佛又曾轉生為持地菩薩，具有無量功德，且智慧超凡。他僅發心一次即能積累無量劫之善根；一次發心就能使無數眾生趨入三乘道。有一次他心想：若如來正等覺正降法雲雨如來能親為自己眷屬授記則實為善妙。結果當其正如是思維時，如來果依其意願而當下為不同眾生做不同授記。

當釋迦牟尼佛轉生為持寶菩薩時，一直恭謹承侍勝寂如來，對如來恆時恭順，令世尊非常歡喜。他勤修五神通，不久即獲他心通，並取得與如來大致相同之了知種種意樂界性之智慧，且廣行如來所行之無盡事業。

釋迦牟尼佛還曾轉生為在家菩薩水天，他於如來美目前請教滅盡種種意樂之法門，並自此之後了知一切外境本性，從此再未產生任何過失。

釋迦牟尼佛又曾轉生為無垢月菩薩，當時有一如來正等覺普度如來已住世無量劫，並以大乘法而令無量眾生皆獲不退轉果位，且顯示涅槃。彼時有一天月菩薩曾令十世界微塵數之眾生發起菩提心並趨入涅槃，無垢月之善根即為天月使其成熟。無垢月曾想過：天月菩薩竟能使無量無邊眾生皆發菩提心，並成熟他們善根，以此廣弘如來教法；我亦應緊隨其後，善加效法。立定志願，他即據十方眾生不同之意樂、根基，幻化成天龍夜叉等各種身相，使所有眾生都趨入三乘道而獲解脫。以此善根，他後來獲取了知種種意樂界性之智慧。

釋迦牟尼佛轉生為無等力菩薩時，長久承侍如來正等覺藥師王如來。當時他已了知義、法、時、人等四法，並精通一切論典。他後於如來前請教知諸根法門，並終獲如來授記及無生法忍。

當釋迦牟尼佛轉生為勝天婆羅門時，通過觀察自己如何造作善、惡、無記業而知曉以何業方能廣積善根；同時亦通達若貪心生起，則以上、中、下三對治法門制止煩惱之術，並因此而於八十劫中不墮邪道。

又釋迦牟尼佛曾示現為月天國王女兒月天女，極富智慧且心地善良，完全堪行國王之事業，並最終登上王位。月天當時問女兒：「以何因緣方能獲得知諸根智與集智？」月天女則回答說：「必以恭敬承侍沙門、婆羅門、具清淨戒律之廣聞多識者方能獲得，並可依之修學。」國王自此後即開始廣行上供下施，並獲不退轉信心。

釋迦牟尼佛又曾為普生仙人，具足五神通。他在一園林中苦行時心想：以何種方式才能滅盡諸根，並再不生起？後來他想到只有依聖智方可滅盡諸根，不過通過何種智慧才能了知諸根已滅盡不生？就如頭被砍掉後不可能再生，同理，通曉根源方能保證斬草除根、滅盡不生。既如此，又以何種方法直抵究竟？

為獲此智，他就向瑣事微少之沙門、婆羅門多方探問，但一直未得滿意答案。此時他下定決心，必以自己智力明白此道，為此可捨棄常人難捨之頭、目等一切身、物。歷經千辛萬苦後，他終於知道只有通過聖者之道才可獲此智慧。為令他人亦明白此理、生出此等智慧，他捨棄大象、駿馬、馬車等種種凡夫絕難割捨之物以積累無量善根。若其所造善根可以色相衡量，則此色相以恆河沙數之世界都無法包容。

久遠之前，釋迦牟尼佛曾轉生為淨慧仙人，每當生起煩惱時即以不淨觀對治，結果當下即可捨離煩惱。不久後，他即不再生出煩惱，恆時處於清淨狀態中。眾多天人亦趨入其道，他又將自己所明白之理為他眾廣泛宣說，使很多人死後皆轉生梵天。

釋迦牟尼佛成為道施仙人時，捨棄故土前往寂靜地出家修行。當時他於一大樹下如是思維：此樹不久即會倒下，同樣，所積資財亦會滅盡。高際必墮，處高而不下墮之法不知是否存世？他最終得出定解：高而不墮之法無處可覓。不過若不位於高處，又從何墮起？如傲慢自驕當會高抬自己；一旦滅盡貢高我慢，自以為高亦了不可得，故而我與眾生皆應力斷狂傲自矜。思慮成熟後，他即為眾人宣說佛法，以大悲心令他眾皆趨入十善道，並於死後均得以轉生梵天。

又釋迦牟尼佛曾為善導仙人，以外道法門而離於貪欲，並具五神通。當其觀察眾生之所以各不相同時發現，煩惱生業，業又成熟果報，一切歸根結底全因有我執而環環相生。他於是當下即獲取無我法忍，並令無量無邊眾生亦趨入自己所證之道。

當釋迦牟尼佛轉生為善住滅仙人時，他常常如是思維：眾生皆因不懂諸法無自性而招致痛苦，故而他隨後就千方百計令眾生趨入無我道。

又釋迦牟尼佛轉生為持地國王時，眼見眾生受苦之根源盡在造作惡業，為令眾生能不再貪執自己身體，他就為其廣宣不淨觀法門，使無法計數之眾生都因之而趨入不退轉之菩提道。

釋迦牟尼佛轉生為心力強菩薩時，曾特意前往甘露滴王如來前聞法，並獲諸法無生無滅法忍，且蒙如來讚許。

又釋迦牟尼佛曾轉生為勇勢仙人，心無絲毫畏懼且精通一切論典。他當時認為一切有漏法若不生即必定滅盡，換言之，滅盡五蘊、十二處、十八界、五根實為修證根本，能知此理及要訣者定為智者。正所謂煩惱生業，業生異熟果報，若能摧毀根本，則煩惱不生，亦必能斷盡輪迴相續。

當其從定中出定後，他連說三遍：「斷除輪迴根，能獲快樂果。」他之聲音藉助風勢傳遍四方，無量眾生聽聞之後，均精進斷除煩惱根本，於無上菩提道中得不退轉果位。

釋迦牟尼佛曾為普眼仙人，他覺知眾生依各自途徑而持有各自觀點，又因各自見解而行種種事業。眾生為得快樂而造諸惡業及有漏善業，並因之而墮惡趣或趨善趣；為入涅槃道，只能以造作無漏善業而得解脫。

當其從定中出定後，即開始將此理向眾生宣說：「從本性而言，不造作諸法即得安樂，也不會產生異熟果。」他廣為宣講之音聲被風吹向四面八方，無量眾生聽聞後均獲無生法忍，並安住於無上菩提道而不退轉。

釋迦牟尼佛轉生為國王隨眾時，精於觀察眾生根性之道。他想多有眾生因貪執色法而引生苦惱，並趨入三惡趣，他們實不知色相確乃不淨之對境，正因不明此理故而貪執不休。對眾生心生悲意後，他便廣為宣講不淨觀法門，使眾生均從內心生起不淨觀之境界，並了達諸法本體。無量眾生都因此而遠離貪欲，並於死後轉生梵天。

又釋迦牟尼佛曾轉生為解法仙人，以外道法門而遠離貪欲，且深知貪欲過患。他已了知諸法如鏡像般無實有之本質，並依此而現前五神通，又令無量無邊眾生獲無生法忍。

釋迦牟尼佛還曾轉生為恩匝雅達仙人，為一具神變及富有威嚴氣勢之人。在其觀察於自己所了達之法上是否尚有最殊勝之法時，他想到：

自己所證者實為滅法，而任何法若能無滅則最為殊勝，但只要為所生法則盡皆毀滅，看來何法無生方堪稱為無滅。如此一來，這無生法又到底是何模樣？思前想後，他最終明白過來：萬法本體皆為無生！憑此觀察思索所得，他終獲無生法忍，且令無量眾生皆趨入此道。

當釋迦牟尼佛又轉生為仙人勝觀行時，以外道修持而遠離貪欲並具神變。他觀察欲界眾生煩惱之因與本體時，終於了達無我之理，且具足五神通，還令不可勝數之眾生皆趨入無生法忍道。

又釋迦牟尼佛曾轉生為首領之子，名為檀香。他自己認為無論執著道或涅槃，任何實執都無法令眾生獲得佛果。因此欲獲真正解脫，必得遠離貪執，此中道理就如過河需用舟，至岸可捨船一樣。獲證圓滿菩提時，絕不可存一絲一毫求解脫、得佛果之心。如已了達萬法本體，則如船筏一般之暫時、不究竟之法均應捨棄。檀香不僅如是思維，更將自己了悟之境界為他眾多方宣說，以此而利益無量眾生。

不只生為檀香時如是行持，當釋迦牟尼佛轉生為喜世仙人、寂世仙人等仙人時，為了達世間種種煩惱、過患本質，亦進行過同樣如理之思維，並生起如法道相。此等仙人行跡，諸如自己生起清淨智慧，並令他眾也獲不退轉果位之內容，於《廣智經》中有廣說。

方便度眾不可數

久遠之前，釋迦牟尼佛轉生為一知吠陀仙人，精通一切論典之詞句、意義，且具神變及威力。他以外道行持而獲離貪境界，並壽長九萬年。

中有八萬年都未安眠榻上，真可謂衣不解帶、夜不就寢。他從不貪著昏沉、睡眠，心中整日思維眾生痛苦因何產生。後來他知道除無明外再無別種根源，正因無明而產生輪迴。若通達無明本質，也即可謂滅盡輪迴。

正當其如理觀察之時，淨居天八萬天人一齊在他面前虛空中現身。眾天人對他如理作意讚嘆不已，且同聲念誦三遍如是偈頌：「獅為獸中王，豈能有畏懼，智慧如獅心，導師汝似獅。吾等八萬眾，誦偈如獅吼，各個恭敬汝，合掌又頂禮。十方世界剎，無量佛陀尊，顯現汝心前，汝已守此剎。大象及駿馬，難馴又難依，眾中最殊勝，人中勝導師。往昔諸如來，所有眾功德，汝皆已具足，必得佛陀果。」

知吠陀仙人受眾天人禮贊之時，將心安住下來後想到：他們所謂之佛剎何時方能現前？淨居天天人此刻又說道：

「好朋友，你以心之顯現力可現前十方世界不可思議諸如來剎土。」聽天人如是講罷，以此善根力加持，他自然躍升至七多羅樹高之虛空，並頓時目睹十方剎土。種種剎土中，有些剎土中之佛陀正在降生，有些剎土中之佛陀正邁步，有已出家之佛陀，亦有已成佛者，還有佛陀正轉法輪，尚有入於寂滅、入無餘涅槃之佛陀，他並且聽聞如來說法妙音。

然後他告訴淨居天天人道：「往昔輪迴邊，無法衡量之，以無明而捨，寂滅菩提道。為獲菩提果，吾等當發心。」說此頌詞後，他以自身光芒照觸無量眾生，令其皆獲不退轉果位。

又釋迦牟尼佛曾為善住仙人，具善法等持。他經常都在思索：菩薩以何學問方能究竟善法等持？若能了知一切萬法本體為空，才算究竟等持，因一切法均遠離所作故。當其從定中出定後，就開始前往各地為眾生宣說此理，以期眾人都能通達空性之道並因而放下勤作。其後有無量眾生因聞聽他法語而獲無生法忍。

釋迦牟尼佛轉生為無著識菩薩時，具無性等持，後又獲一切諸法無有本性等持，並於二十四中劫中以諸神變足精進修持。他後又前往無量佛剎，於二十中劫中為眾生廣宣無性等持法門，令無量眾生皆趨入無生法忍之道。

釋迦牟尼佛又曾轉生為無障見心仙人，以外道法門而遠離貪欲，並具神通、威嚴。他去寂靜地觀修時總在想：何為法？何為障？最後他自己得出結論：一切法均無有，一切障礙均不存在，因萬法本體就為空性。正如虛空無法障礙虛空一樣，因虛空本身即無實體。得到定解、並從定中出定後，他向眾生開示道：「諸位朋友，一切法本體為空，既如此，我等又能以何法障礙何法？」在其宣說後，諸法本來為空之音聲便藉風勢撒播向四方，令無邊眾生均得以聽聞，並皆獲無本體等持，且均生起無生法忍之境界。

當摧敵國王執政時，利樂如來正出世傳法，在其菩薩眷屬中，釋迦牟尼佛彼時轉生為信力菩薩，一直讚嘆大乘功德。有一些不喜、不願住於輪迴中之聲聞乘比丘，他們經常說：「前際無邊無涯之輪迴有誰願住？」並以此與大乘佛子展開如理如法之辯論。

信力菩薩則對其說道：「諸位長老，不知你們是否具體知曉眾生過去長陷輪迴中時所遭受之劇烈、難忍痛苦？」他們紛紛回答說：「不大清楚。」信力接著說道：「正執著於法時有何畏懼？你們對過去之事不願觀察，對未來又妄加觀察。諸位長老，捨棄已逝之事、一心只想未來之事正乃真正可怕之事。你們在進行對過去之所謂觀察時，對未來並未從根本上加以重視，你們均如是思維：過去已永遠過去，無需觀察，亦無可恐怖，諸位長老，我據佛陀本義對此理解為：過去之事亦需正確觀察，在觀察時，『我做過諸多事』之類念頭根本無法存在。諸位長老，往昔有位仙人名為紅馬，他欲到達世界邊際後而死去。於是他就以神變腳踏山王，一一飛越崇山峻嶺，怎奈依然半路死去，並未摸著所謂邊際。諸位長老，佛陀從未開示過可依雙腳踏遍邊際，惟以智慧方能觸摸世間邊緣。你們以為未來痛苦不堪，並為未來痛苦而擔憂不已。但諸菩薩所要滅盡者乃貪欲邊際，他們絕不會徒勞趕赴世間邊緣，若能滅盡貪欲，哪裡還會有痛苦記憶及關於痛苦之念頭？」

儘管他如是宣說，但依然未能遮止住聲聞乘比丘種種見解，因他們尚不具備信心之力，他們修無上菩提之緣份尚未成熟。佛經中說：「是故諸菩薩為眾生利益，應精進生起信心力。」

久遠之前有一國王，名為執實法，對佛法具大信心。但他一直執著一切法實有，一切法均不可改變。釋迦牟尼佛當時轉生為國王一大臣，名為法行。法行聰慧，且具觀察力，精通法與非法之區別，經常幫助國王主持國政。他又承侍如來，並修持大乘佛法。

平日裡他就已知國王實執嚴重，為制止國王偏見，他令工匠做成很多金質器皿，可用以盛儲芝麻、酥油、油餅、食物、飲料、蔬菜……做成後他問國王：「這些器具都可用來盛裝何物？」國王便找來諸位首領令其抉擇，他們便一一向國王推薦道：「此為盛水之器，此為裝芝麻之用……」。

法行大臣後把用以裝芝麻之器皿改盛酥油，並以之為國王供齋；而當國王命手下用盛水之器皿裝滿水送來時，手下卻順勢將水滔在另外器皿中端來。國王一看器皿錯用，就對左右說道：「原先曾有規定，為何現在又錯雜用之？一切規矩都已被你等破壞殆盡，以致秩序全無。所有器皿自此之後都成廢器，這豈不浪費？」

法行大臣就趁機進言道：「無論何種器皿均無裝盛一定物品之不變規矩，同理，一切法亦可發生轉變、轉化，皆具毀滅性，無有一法有所謂決定性，萬法盡皆變化無常、轉變無定，何來永恆實有之法？大國王，你應了知並修持萬法無常、無定及動搖不實。大國王，少年會漸至青年，青年會邁入中年，中年又步入老年，老年又走向死亡，此乃人生歲月之流程。同樣，一切法亦無真實存在。」

國王對其所言深表贊同，並為真正通達此理而開始精進修行，他隨後終於捨棄並滅盡實有之憶念。

久遠之前，釋迦牟尼佛曾轉生為尋生國王，後捨棄王位出家求法。每當根識散亂之時他就想：嗚呼！我捨棄能致散亂之王位而出家修行，若根識再向外驅馳不止，此等修持又有何義？這也太不應該。在自己根識陷入迷亂外境之網時，必須依虛空般等性等持，並以最大精進力超勝散亂心態。不過，諸大菩薩那如虛空般之等性等持又到底是何景象？思慮及此，他又想到：一切法原本就似虛空般平等，而虛空則沒有任何障礙。既如此，外境一切法亦沒有絲毫阻礙。問題之關鍵乃在於無分別念則定無障礙，分別念若起，眾生即作繭自縛、自我阻礙，無分別念就能當下解脫。為達此目的，看來我應捨棄一切分別念。

將前因後果一一想明後，他即滅盡一切執著，並終獲如虛空般等性等持及無生法忍。此時，以其發心不可思議之力，他騰身七多羅樹高之地，並宣說偈頌道：「何人證悟無礙法，此人了達佛行境，亦得往昔佛所證，通曉法王之諸法。一切萬法如虛空，法性亦無所證性，亦如是無所證行，此法無變且無二。」

尋生國王即如是不依其他人，只憑自己智慧終獲無生法忍。故而釋迦牟尼成佛後曾說過：「目犍連，是故若善男子善女人欲獲無上正等正覺，不論其值遇如來與否，為證悟甚深法要，皆當精進修持。」

又釋迦牟尼佛曾轉生為無垢灌頂國王，一直以佛法治理國政。他治理之國家擁有七寶，本人還經常與沙門、諸大臣交談各自對佛法之理解。當時淨眼如來出世傳法，無垢灌頂國王即率十萬民眾、一千大臣、八十萬女眾趕赴佛前。淨眼如來為眾人宣講佛法，所有眷屬都聚精會神聽聞法語。

國王因前世善根力成熟，雖身處眾多女眾之中，但他原本就能長時安住於第四禪。此次見到如來後，心裡更是歡喜無比、信心大增。他當下想到：如來座下有如此眾多之眷屬，威力確實無人可比；再看如來行為亦寂靜調柔，想必定具不共智慧。如來此時則對國王說道：「請國王上前，因目睹如來有極大利益。」國王就與自己眷屬一同至如來前頂禮，後端坐如來座前。

當此之時，八億梵眾天天人現身虛空並合掌請安。梵眾天天人原本連欲界天人都難睹其容，更遑論凡夫要親見真身。但以如來神變加持，欲、色界眾生全部看到他們身形。國王暗付：若與如來相較，任何天眾身相都無法與其比肩。欲、色界眾生紛紛合掌，國王也恭敬合掌，並以偈頌讚嘆如來功德，又殷勤問法，淨眼如來一一作答。國王聞已心生極大歡喜，並再次讚嘆不已。

以此善根，無垢灌頂國王後於九十六個無數大劫中不墮邪道，又具神變、相好莊嚴、智慧等功德。

久遠之前，尼枸盧王如來出世傳法，其剎土清淨廣大，眾生壽量千百萬年。釋迦牟尼佛當時轉生為除疑菩薩，成為此世界中一國王，他擁有八十萬女眾眷屬及一千大臣。國王將國庫財富經常佈施與貧窮眾生，令其皆日漸富有。所有民眾都無犯戒意念，各個皆具清淨戒律。眾人亦無三世睡眠、昏沉等煩惱，均能以正知正念及不放逸之心行攝身安住於大慈大悲、菩提心、禪定之境界。人們都富有慈愛之心及智慧，並發四無量心，且喜愛通達世間學問之智慧、及至佛智間所有世出世智慧。

前世與國王有因緣之天尊某次勸請他前往如來前聞法，國王便集合起所有眷屬共同趕赴如來座下。尼枸盧王如來遠遠望見大隊人馬蹤影後，立即勸請其他天尊從速裝飾國王必經之路，且要恭敬承侍國王。國王一見不覺滿心疑惑，他急忙問左右大臣何故如此，眾大臣、天尊皆言：「世間怙主以大慈大悲之心特意令天人為之。」

國王聞言立即走下馬車，開始以極大恭敬心向如來頂禮。遙望見如來後，國王一邊急急走向如來，一邊不停念誦讚嘆如來之偈頌。此時淨居天天人為供養如來，便幻化出千萬寶傘、妙衣。國王見後心下暗忖：此等供品皆從何而來？剛一生出此等念頭，千萬供品立刻隱匿不見。國王不覺納悶想到：它們又消失於何處？天尊此刻則趁機將「無來無去、無生無滅」之偈頌向其宣示，令其當下通達萬法本義，立刻遣除一切懷疑。

當釋迦牟尼佛轉生為智頂國王時，當時與他共處同一時代者尚有一大稱國王。大稱國王依外道法門而遠離貪欲，且具神變及威力。每當人間逢到十五日時，大稱即以神變常常飛臨三十三天，並與其處天人討論佛法大義。大稱在探討時說道：「諸位朋友，若如來正等覺出世，他即可為眾生宣說佛法。」

當此之時，智頂國王、遍入智國王、星光國王等九萬人間君主亦匯集於三十三天天宮參與討論法義，他們皆言：

「諸位朋友，我們都應持佛法正見，絕不應執非法見，務必守持真實寂靜觀、空性真諦與無我之見，凡與之相違者均應捨棄。諸佛早已揭示出空性法門，他們從未言說有所謂『人』獨立實有。諸位朋友，如來已明示內外所攝十二處皆無本體。」

當其宣講此等話語時，天人及眷屬全部無漏聽聞。他們紛紛說道：「諸位朋友，若一切本性為空，則所有現行之業又為何存在？若無我及我所，大人與眾眷屬又以何種現行因緣而產生？」有些天眾此時則說：「諸位朋友，吾等不應誹謗如來教法。若出現五種外相，天人則必定死墮，此乃我們親眼所見。即使所有天人聚集一處，亦無法救其出離死亡恐怖。既如此，莫非死亡可謂真實存在？不也，因當我們真正觀察死亡存在理由時，即會發現死亡並非真實實有。從第一外相看起，無我存在；第二相至第五相一一觀察下來，我皆不存在。欲死之我不存在，正死、已死之我亦不存在，此等我與我所何處有其立足之地？一切諸法均遠離我、我所，如來早已宣說過此等道理。」

智頂國王此刻則對九萬國王說道：「諸國王似應單獨聚

會一處，因天人觀點不盡相同，眾人辯論、爭執不休，看來人間眾生與天眾中皆有眾多不懂佛法之輩，我們應回瞻部洲繼續深研法義。如認為諸法不空，我與我所皆存在，持此等觀點之天人皆已入於邪道，並對如來教法心生疑惑。我們本為探討究竟法義而來天宮，現在看來還是返回瞻部洲為好。」

這些眷屬便於另外地方、遠離天人處對智頂國王說：

「你轉生之地乃為中土，並非東南西北四方邊地，想必你應懂得正法真理。」智頂則吩咐眾國王道：「你們暫時選出東方二十五國國王，並及南、西、北方各二十五位國王，這一百位國王應最富有智慧、觀察能力，心態恆時穩固，善於觀察、取捨，遠離迷亂、傲慢，均為正直之士。」

眾國王依智頂授意選擇出一百位符合要求之君主，智頂帶領他們如天鵝般飛至人間大雪山。眾人住處皆由天人幻化而出，天王亦降臨人間觀望。於眾人住處中間，眾天人為智頂幻化出一七寶坐墊。智頂向四方頂禮後就安坐七寶墊上，其他國王頂禮後均坐於他法座前。三十三天天人皆大歡喜，他們欣喜想到：瞻部洲之人已開始弘揚佛法，佛法暫時應不會趨於隱沒。他們均向智頂拋撒曼達同花，並齊來聞法。

智頂告訴另外一位國王之信使說：「在我們大雪山山頂上住有一位仙人，名為善慧，你可前往他那裡迎請，言眾國王欲見他。」信使依神變一下飛臨仙人前，頂禮後便將智頂口信傳與他。仙人當其時恰好聽到持地如來涅槃消息，他正哀哭不已，眼淚熱氣竟將雪山山頂融化。聞聽信使所言後，仙人拭去眼淚說道：「朋友，有無人見到如來或聆聽過如來法語？佛法隱沒與否？你獨自返回吧，我不欲同往。讓我捨棄如來寂靜法前去散亂之地，我不敢為之。」

信使勸請道：「朋友，天人正為有無我存在而爭論得不可開交，請務必前去調解。」

仙人回答說：「若有我存在，即不應有老、病、死，因我獨立永恆存在之時，何來生、老、病、死？既如此，我即便將無老、無病、無死賜與眾生，想來他們也不會歡喜。由此可知，我決定不存在。」

信使當下證得清淨無垢法眼（證悟無我），然後又似天鵝游舞於虛空般從空中飛回眾人住地。他向諸人宣示道：「諸位朋友，佛法確實真實存在，佛教定會興盛壯大。若有精進求法之人，他必獲取如來教法精華；而對不精進之人說來，他既聽不到佛法也不會守持佛法，佛法對他而言可謂無有。不精進之人極易退轉；在精進者看來，佛法必定存在。諸行皆無常，諸行無不苦，諸法本無我，涅槃即寂滅。」

信使說法聲音被風吹向四面八方，聞聽此種聲音之後，承認有我者均立證無我，承認無我之人更加增強所證境界。

智頂國王則以其威力所感，令眾人皆趨入正法。他因過去世時曾於一萬如來前恭敬承侍，又令眾生心生悲意，故而現今也能於三千大千世界眾生前宣流如是法音，使佛法光明遍地普照。

佛經云：「是故諸大菩薩，無畏通達如來教法者應出獅吼聲。」

久遠之前，於枸尸那城，極喜如來出世傳法。當其時，此世界廣大遼闊，眾生幸福快樂，恰如極樂世界一般。極喜如來住世很多年後，於兩棵大薩拉樹下示現涅槃，其後佛法尚住世四十萬年。當時有一守持清淨戒律之比丘，名為德慧，擁有眾多眷屬，他每每都如獅吼般宣講九部經典。

那時他要求所有比丘均不得擁有僕人，亦不能飼養犛牛、羊等家畜。此時有很多破戒比丘都對他心生嗔恨，他們紛紛拿起兵器欲將其殺害。釋迦牟尼佛彼時轉生為一具德國王，聽到消息後立即趕赴說法上師處，並與諸破戒比丘奮力決戰。他最終保護說法上師順利脫險，但自己卻身受寶劍、利箭重傷，渾身體無完膚、遍體鱗傷。

德慧比丘對國王說道：「隨喜你保護佛法之功德，以此善根，你未來會成為無量法之法器。」國王聞言心生歡喜，不久即於歡喜心態中安然離世。他隨即就轉生於不動佛佛剎，並成為佛陀最好之侍者。與他共同作戰、護衛他或隨喜他護法之舉的人們，也於菩提道中皆獲不退轉果位，並於死後全部轉生不動佛剎土。德慧比丘亦於死後轉生不動佛剎土，並成為佛陀首座聲聞弟子。佛經中曾說過：「如果佛法即將隱沒或毀滅，亦應如是奮力護持。」

當時之說法上師德慧比丘即為後來之迦葉如來。

又無量劫之前，如來正等覺無上聖者出世宣說《涅槃經》，釋迦牟尼佛那時轉生為佛陀聲聞弟子。他不僅受持此經，還為他人廣泛宣說。以此善根，他後來不再墮入惡趣，亦不誹謗佛法，也不轉生為捨法、墮入惡趣、身相醜陋、疾病纏身之人。

釋迦牟尼佛如今亦遠離一切疾病，無畏無懼、卓然立世。

心善則一切皆善

釋迦牟尼佛轉生為星宿婆羅門子時，於四萬兩千年中行持梵淨行。他有次來到富麗王宮後偶遇一商主之女，那女人一見星宿立即被其莊嚴相貌所吸引，於是馬上在他腳下頂禮，星宿疑惑問她：「你欲何求？」女人大膽說道：「我只要你當我丈夫。」星宿坦誠回答說：「我不能隨貪欲轉，因而不能與你共同生活，我乃持梵淨行者。」女人窮追不捨：「若你不與我共同生活，我馬上就會死去。」

婆羅門子此刻則想：我已在四萬兩千年間行持梵淨行，若要與她生活實在不應該。於是他便扔下女人、自己逕直走開，但走過七步後又心生悲意。婆羅門子想到：看來我應捨棄戒行，為此身墮地獄也應承受，惟望這可憐女人不要死去，亦不再感受痛苦。

其後十二年中，他一直與女人一起生活，最後又再次出家修持四梵住，並於死後轉生梵天。以他當時發大悲心之故，婆羅門子迅速圓滿了四萬大劫資糧。其他眾生必墮地獄之惡業，菩薩以善巧方便及悲心攝受，反以之而轉生梵天。

又燃燈佛之前，曾有五百商人赴大海取寶，得寶後眾人即踏上歸程。五百人中有一黑人，慣喜造作惡業，加之他本人又精通武功、喜行強盜行徑，故而屢屢造惡不休。回程途中他又想：我應殺死所有商人，如此一來，全部財寶即可盡入囊中。

釋迦牟尼佛當時轉生為五百人中一商主，名為大悲商主，他於夢中得到海神授記說：「你們同行者中有某位人士，長相如何如何，裝束如何如何，此人妄圖殺害所有商人後奪走寶物。這五百商人皆為無上菩提道中不退轉菩薩，若一次殺光如此眾多之菩薩，此人必得在地獄中待夠每位菩薩從因地至成佛間所用時日之總和，在此無法計數之漫長時日內，他時時刻刻均需感受燃燒劇痛。既如此，你何不依善巧方便法保護好五百商人，同時也挽救此人，使其勿墮地獄！你應三思而行之。」

大悲商主聽罷便一直輾轉反側、苦思冥想，他最後終於下定決心：看來除由我殺死此人外別無良策，因若將此事告知眾商人，他們必定會心生嗔恨，會將他立即誅殺。如此一來，眾商人則將墮入地獄中；若由我取其性命，我決定會因之而墮地獄中，並於十萬劫中飽受燃燒之苦，但我願替眾為之；若聽任此人殺死五百人，這人就會造下天大惡業，如此行事何能應理？乾脆我來替眾行道、殺死此人，以挽救五百眾人與他自己！

大悲商主主意已決，他馬上搶過黑人所持短矛，一下就將之刺入黑人軀體，使其立刻斃命。

當時之五百商人即為賢劫中五百菩薩，因大悲商主是以大悲心及方便法行事，他憑此迅速圓滿了十萬劫所需資糧，而黑人死後也轉生善趣。但等釋迦牟尼成佛後，儘管佛陀已獲金剛般堅固身軀，不過為以善巧方便法度化眾生，他依然示現腳被檀木刺刺入之情景。

當時有最後有者二十人，另有二十人乃他們怨敵。這些怨敵偽裝成最後有者之好友，欲撲向最後有者所居之處將其全部殺害。正當他們如是盤算時，佛陀憑其智慧早已對其想法了知無遺。為調教眾生，他對目犍連說道：「此地有檀木刺，定會刺入我右腳掌。」結果剛剛說完，一根一拃長之檀木刺就現在佛前，此檀木刺可謂尖銳無比。目犍連主動請求欲將之拋向另一世界，佛陀卻告訴他：「以你神通，根本奈何不了它。」目犍連即施以最大力量試圖移走檀木刺，怎奈三千大千世界之大地盡皆震動，但檀木刺卻紋絲不動。

釋迦牟尼佛隨即以神變來至四大天王之天界，那根檀木刺也跟隨世尊升至四大天王處。佛又相繼來到三十三天、離爭大、兜率天、化樂天、他化自在天乃至梵天，刺亦緊緊相隨、不離寸步。當佛陀從梵天返回後，刺也跟著回來。佛陀安坐坐墊上時，刺就現在佛面前。此時佛以右手從容將右腳擺在那根紮於地上之鋒利檀木刺上，整個三千世界頓時震動起來。

阿難不解問道：「以何前世業力成熟如今果報？」佛陀方便開示說：「我過去世時曾於海上用短矛刺死一黑人，此乃當時所造業之餘業報應，殺人之果報現今已全部成熟。」

正磨刀霍霍、欲殺二十位最後有者之二十人，聽聞佛教教主釋迦牟尼佛亦需感受業果報應之消息後，各個感慨萬千。他們議論紛紛道：「佛陀尚且如此，我們更不待言。我等亦欲殺害眾生，現在應速至佛前懺悔罪過。」待他們來到佛前時，釋迦牟尼佛將不應造作惡業以及滅盡惡業之法門對其宣講，在場眾人人人現前證悟智慧，包括同時聞法之四萬人也當下證悟萬法本性。

同樣，佛陀原本無病無患，但顯現上仍服食醫師耆婆所配藥物；佛陀前往城中化緣，未有所得後只得返回洗缽；有人還曾以婆羅門女扎瑪姿瑪誹謗佛陀；一普行外道女人被眾人毒打，並扔在紙園精舍一坑中，佛陀雖然知道此事，但卻未理睬那女人；佛陀曾在三月時日中僅能以腐爛馬具為食；佛陀背部亦曾示現過疼痛症候；釋迦族被毀滅當日，佛陀也曾示現頭痛；曾有一婆羅門名為多同多匝，他竟列舉出所謂一百條過失用以譴責佛陀，而佛陀則一一接受；提婆達多生生世世都對佛陀緊逼不捨，為殺害佛陀，他想出種種毒辣計策：放出狂象欲踩踏佛陀；喚劊子手以砲彈轟擊佛陀……。

如是種種因緣，僅從外表觀之，似乎為佛陀所承受之十種果報；若就實質而論，佛陀絲毫也無有任何所謂業果報應。只為度化眾生，他才以各種善巧方便法隨緣示現自身亦需承擔不同業果之道理，此等舉止對調化聞法眾生實有大利益，這些事蹟、道理在《大密方便經》中有廣述。

又久遠之前，於迦葉佛教法下，釋迦牟尼佛轉生為光鬘婆羅門子。當時有五位如大薩拉樹般之婆羅門子，雖入大乘佛法，但因後來依止惡友之故而日漸忘失菩提心。他們開始行持外道禁戒，於佛不再生信。光鬘婆羅門子有一好友乃陶師之子，名為曼西，他對佛一直抱有極大信心。為善巧方便度化此等退失信心之婆羅門子，當他看見光鬘與那五人待在一起時，就開始高聲讚嘆迦葉如來之功德，並對光鬘說：「光鬘婆羅門子，請隨我一同拜見迦葉如來。」

光鬘此時心下暗付：如我直接讚嘆如來功德、不禮讚外道功德，這些人定會心生懷疑，他們斷不會與我同去拜見如來。我應依方便法，及與智慧空性（諸佛菩薩本性中無所見）相應之見解隨宜教化。於是他便善巧說道：「拜見那光頭沙門對我們有何作用、利益？菩提妙難思，光頭沙門怎會有菩提？」

光鬘有次又與這五位婆羅門子坐於河岸休息，為調伏這些人，承佛威神加持，陶師之子曼西再次來到河邊說：「如來出世極為難得，我們理應前去拜訪。」結果光鬘婆羅門子又如上大放厥詞，顯現上似乎極不情願前往。曼西乾脆扯住光鬘髮髻，連拉帶拽硬是將他拖到佛前。這些婆羅門子當時心想：陶師之子拚命拉扯光鬘，無論如何都要將他帶到佛前，不知這佛陀到底有何法術、本領？五人便滿懷好奇地跟在二人後面也來到迦葉如來面前。

一見到迦葉佛，因前世善業成熟，他們立即對佛生起信心，五人反倒不滿地責怪光鬘：「佛陀竟有如是功德，你為何不早早向我等訴說？」五婆羅門子目睹如來威嚴、辯才，聆聽佛陀梵音後，均以清淨意樂而發無上菩提心。迦葉佛清楚了知他們清淨發心，就為其宣說了大乘不退轉輪陀羅尼金剛句諸法無生法門，令五婆羅門子當下獲取無生法忍。

迦葉如來此刻告訴五位善男子道：「若光鬘童子最初即在你等面前讚嘆佛陀、不禮讚外道，你等又怎會想到拜見如來？對如來生信更從何談起！」

如此不退轉之大菩薩，對諸佛菩薩無有任何懷疑，只不過為度化其他眾生，方便善巧示現而已。有些經論中說道：以其說過「光頭沙門怎會有菩提」之語，釋迦牟尼佛未成佛前還需在尼連禪河邊苦行六年，此乃業力成熟之必然報應。此種說法實為不了義之善巧方便說法，因無明愚癡眾生若以粗言惡語暗中詆毀有清淨戒律之人，此等愚眾必將長期陷於邪道惡趣中。為顯示此種因果不虛之理，方才有上述言說，大菩薩實際上不會受一絲一毫業障之困縛。

此外，有些人對其功德之人言說粗言惡語後心生後悔，失望之極時便覺自己已不再擁有任何希望。為遣除此種灰心喪氣之情緒，才有如上方便說法。若最後有者菩薩在迦葉佛前說粗語都有成就可能與機會，我等被愚癡所覆之眾生當然更有懺悔業障之機會。此種教言正包含令眾生未來懺悔、再勿造作惡業、發菩提心之密意。

光鬘婆羅門子如是度化五婆羅門子，自己則在迦葉如來教法下出家，並受持如來教法，成為智慧無上童子。迦葉如來授記說：「我涅槃後，智慧無上童子會於娑婆世界成佛，號釋迦牟尼佛。」

以上述因緣為主之眾多因緣皆表明：佛陀於生生世世之漫長時日中，已了達盡所有、如所有一切學處，其無垢智慧於每一世都愈發增上，並究竟清淨了諸煩惱障、所知障及粗細習氣，且以大智慧而現量見到萬法本性，實已獲一切智智。佛如是照見十方三世所攝二諦之真相，恰如視掌中庵摩羅迦果一樣一目了然。世尊具足十力、十種自在，於人天諸世界中宣說佛法如出無與倫比之獅吼聲，成為所有眾生之導師；又摧毀魔眾，從而成為眾生估主；其智慧身常有周遍，具備一切圓滿功德。

《如來廣智經》中云：「如來智慧深廣無邊、稀有罕聞。」又云：「目犍連，設若十方不可言說微塵數剎土世界中，所有眾生均已成佛，一一佛陀各有不可言說微塵數頭顱，一一頭顱各有不可數之口，一一口中各有如是不可數之舌，如是難以思量、不可言說之廣長舌亦無法說盡如來智慧。何以故？目犍連，如來智慧無量無邊、不可勝數、不可思議、無法度量、無從揣摩；如來具足不可思議、無法言說之智慧。」

以上圓滿宣說了釋迦牟尼佛廣行智慧之種種因緣。

不同佛前之最初發心

無等大師釋迦牟尼佛初發菩提心之情況，據《未生怨王懺悔經》中云：「無數不可思議劫前，如來正等覺勝他幢如來出世傳法。於其教法下，文殊師利菩薩轉世為一說法上師，名為智王。有一日他去王宮化緣，並討得滿滿一缽食物。釋迦牟尼佛彼時轉生為一商主之子，名淨臂童子。當時他正躺在母親懷中，一見比丘後，立即就自行走到他面前討食物，比丘便分給童子一份摸達嘎食（一種食物名）。

童子又跟隨比丘來到如來前，比丘將缽交給他，令其親自供養佛陀。童子即將之供養佛陀及諸眷屬，結果一缽食竟取之不盡、用之不竭。童子隨即皈依比丘，比丘則為他傳戒，並令其發菩提心。

童子父母為尋兒子隨後趕來，淨臂又開始勸請父母皈命佛陀，父母最終就與五百人一同在佛前出家，並發菩提心。此乃釋迦牟尼佛初發菩提心之經過。」

與上述因緣較接近之記載，可見於《呵斥破戒經》，此經有如下記述：

「久遠之前，極光如來出世傳法時，彌勒菩薩曾為一轉輪王，並初發菩提心。四億劫之後，釋迦牟尼佛於勝他幢如來前開始發菩提心。他於一千年中以種種資具及昂貴珍品供養、承侍如來，以此廣積善業。待如來涅槃後，他又建成長、寬、高各為一由旬、一由旬、半由旬之七寶舍利塔，並為獲得無上菩提而發願。」

另《報恩經》中記載阿難曾問佛陀：「世尊對諸比丘如是關愛，不知世尊發菩提心已有多長時日？」佛陀告訴他說：「無數劫前，有兩人因廣積惡業而致身墮地獄。獄卒令二人推拉馬車，且不得停下來歇息，並不斷以大鐵錘痛擊他們。其中一人因身單力薄已無力再拉，但他被錘打致死後又立即復生並再度遭罪。此時另一人則對他生出強烈悲心，此人祈請獄卒：『我一人拉車即可，請務必將他釋放。』獄卒聞言頓生嗔恨，掄起鐵錘就砸向發悲心之人，結果此人被砸死後立即轉生三十三天。」釋迦牟尼佛接著又說道：「當時在地獄中心生慈悲之眾生即為我前身，我最初發菩提心之對境即為地獄眾生，後來便開始對一切眾生皆發慈悲心。」

又《毗奈耶經》中記載，有聲聞眷屬曾問釋迦牟尼佛最初如何發心，佛陀回答說：「久遠之前有一具光國王，他擁有一色如睡蓮般潔白之象，此象七肢分外強健、莊嚴。國王將大象交與馴象者馴服，馴象者馴服牠後又將之交與國王。國王與馴象者某日同騎此象前往森林狩獵，進入林中後，大象嗅到雌象氣味後即開始瘋狂奔跑，疾如厲風，兩人頓覺天翻地覆。國王心生極大憂怖，他令馴象者立即管束住大象，怎奈馴象者卻說道：『仙人咒語我已施用過，亦用鐵勾勾招過牠，繩索、鐐銬也全都試用過，不過國王應知，凡此種種均無法調伏貪心，所謂貪心可謂此消彼長、生滅不已。』想盡一切辦法均無法制止住狂象躁動後，馴象者只得對國王說：『看來所有辦法都已對此象無能為力，國王還是抓緊樹枝、力爭脫身吧。』國王只能依言與馴象者相繼抓住樹枝，狂象則一路奔跑而去。

「脫離險境後，國王對馴象者說道：『你怎能將未馴服之大象交與我？』馴象者辯解說：『我確實已將其馴服，但牠一聞到雌象氣息就無法自制，我亦無可奈何。不過，因牠已被馴養過，不久牠即會自行返回。』

「七日過後，大象狂野之心漸趨正常，牠已能約略憶念起自己被馴養之情景，於是便又從林中返回王宮。馴象者大喜過望，他急忙將情況彙報國王。國王猶自怒氣難消：『看來你並未真正馴服此象。』馴象者信誓旦旦保證說：『我真真切切已將其馴熟，國王若不信可親自測試。你只需放一燃燒鐵球，然後令此象吞入肚中，牠定會依令行之。』

「正當大象未有絲毫猶豫、正欲吞下鐵球時，馴象者提醒國王：『大國王，牠若真吞下燃燒鐵球，則必死無疑。』國王不甘心地問道：『牠既已被馴服，為何還要給我們製造大麻煩？』馴象者回答說：『大國王，我已說過，我所馴服者乃牠身體，並非其心。我只為一調伏身體之馴象師，根本不能堪稱為心之調伏者。』國王緊接著問他：『在此世間有無能調心之人？』馴象者此刻受天人勸請脫口而出：『大國王，惟如來正等覺方能調伏身心。世間人因貪欲增加，儘管為摧毀貪心亦會行種種精進之道，不過大多半途而廢。我以各種方法馴服具有美妙身相之大象，而無色相之微細心，惟賴佛陀教言方可調伏。佛陀具大威力，又斷盡煩惱，實為真正英雄。任何人只要依止佛陀，無形之心都可調柔。』

「具光國王聽到馴象者說佛陀擁有精進、威力等功德後，立即開始行廣大佈施以積累資糧，並在發心後又發願道：『以此廣大佈施力，願諸眾生得佛果，往昔如來未調伏，所有眾生皆度化。』他當時即如是發無上菩提心並發願。」

其它本師傳中有極明、極賢國王之因緣，惟名字與上文不同而已，實際所指乃為同一國王。

又曾有諸多弟子向釋迦牟尼佛詢問道：「世尊初發無上菩提心後，最早是於哪位佛陀前供養飲食？」佛陀回答說：

「久遠之前，我曾轉生為一廣大城市中之大光陶師，彼時亦有一位名為釋迦牟尼佛之佛陀出世傳法。他擁有智慧第一、神通第一之兩大弟子，分別叫作舍利子、目犍連，亦有一侍者名為阿難。佛陀帶諸比丘眷屬前往廣大城市化緣時，因佛陀當時患有風濕病便傳語阿難道：『阿難，你應前往大光陶師處，向其索要酥油、芝麻油、蜜湯等物。』阿難依言前往，將佛陀吩咐告知大光後，大光與兒子親自帶上酥油、芝麻油、蜜湯來至佛前，並以酥油、芝麻油為佛陀敷抹、沐浴，後又服侍佛陀喝下蜜湯。待佛陀病癒後，大光在佛陀腳下頂禮並發願說：『以我供養之功德，願我將來轉生於釋迦族，並能擁有與你相同之功德與果位；願我能令梵天界以下所有可憐眾生皆得以無畏、無懼而得度化。』如是發願畢，其子亦發願道：『願我將來能通達色法本性，並能承侍佛陀。』

「當時之陶師之子即為如今之阿難尊者。」

陶師最初為獲無上菩提而發願之事蹟，在《賢劫經》中也有相似記載。此經云：「往昔我為劣人時，釋迦牟尼如來前，供養陶器盛滿油，最初發起菩提心。」而世尊轉生為海塵婆羅門時發下五百大願，實乃為調化剛強難化之娑婆世界眾生而發菩提心之開端，此理上文已宣說過。

此外，依靠佛陀而造作之微小善根，或依佛陀而發之諸願亦絕不會空耗。其中的道理佛經中有云：久遠之前，勝伏如來出世傳法。如來某日與兩大殊勝弟子及菩薩、梵天眷屬同往富麗莊嚴之國王王宮化緣，途中偶遇三位童子。這幾個孩童均打扮得鮮亮、得體，他們一見佛陀立刻生出信心。其中一童子由衷倡議說：「值遇殊勝福田，我們理應盡心供養。」另外兩位則為難說道:「此處又無鮮花等供品，我們以何作供養？」那最先倡議之孩童聞言便把一無價珍寶——雙股珍珠項鍊拿出來欲供養佛陀，另兩位夥伴便效仿他，也各自取下雙股珍珠項鍊以為供養。帶頭供養者又問他們二人：「供養時你們欲發何願？」其中之一手指緊挨如來右側之人說道：「如來右方之人為諸弟子中智慧第一者，我願能與他相同。」另一位則指著如來左邊神變第一之眷屬說道：「我願獲取如他那般之成就。」兩位又問他欲發何願，他則堅定說道：「我願成就與佛陀無二無別之果。」

勝伏如來聽聞他所發大願後，欣喜授記道：「你所願極為廣大，亦善妙非常。以你願力故，在你每邁出一步之短暫時間內，即可迅速積累成百上千轉輪王所造善根；亦可累積親睹成百上千帝釋天、梵天、如來莊嚴身相所需之善根。」此時，兩位發聲聞乘心之童子所供珍珠項鍊自然掛於佛陀左右肩上；另一位童子之發心已為如來發心，他所供養之珍珠項鍊，傾刻間就化為佛陀頂上之宮殿，且內有如來身相。勝伏如來又面帶笑意為兩童子授記道：「待他成佛時，你倆分別為他眷屬中智慧第一、神通第一之弟子。」

當時之兩童子即為後來之舍利子、目犍連尊者。

如是上述種種因緣皆在敘述釋迦牟尼佛初發心之情況，

其它經典中有關釋尊於不同佛前發心之記敘尚有多處。所謂最初發心據《經觀莊嚴論》所言可分兩種：其一，以粗大名言而發之世俗菩提心；其二，以細微法性而發之勝義菩提心。《經觀莊嚴論》又將以名言而發心之因抉擇為五種：

「友因根本力，聞力善習力，生穩不穩固，稱他說發心。」

也即是說，佛陀在勝他幢如來前發心是憑友力而發心，因文殊菩薩當時變為說法上師智王，他以善巧方便勸請童子，並將之帶往如來前使其發心、積累善根；而當釋迦牟尼佛轉生為三位童子中之倡議者時，他看到勝伏如來後便供養雙股珍珠項鍊，並發願獲如來果位；再看他轉生為地獄中拉馬車者加巴謝達時，因悲憫朋友而初發悲心。這後二者皆屬因力發心，實乃其前世種姓甦醒、成熟後方才發心。三孩童中，當時發心廣大者即為後來之釋迦牟尼佛；各自發心欲成為神通、智慧第一者即分別為後來之目犍連、舍利子尊者，他們當時即如是發心。地獄因緣中加巴謝達之發心既可稱為因力發心，亦可稱為根本力發心，因《經觀莊嚴論》有云：

「彼根為大悲，恆思利他眾。」發菩提心之根本即為對眾生生起慈心、悲心，故而可稱之為根本力發心。同時，加巴謝達之發心亦為其大乘種姓甦醒之緣故。（因之又可稱其為因力發心。）

至於具光國王之發心則是以聽聞力而生菩提心，因當時馴象者明確告訴國王，他只能馴服象身，無法調伏象心，唯有佛陀方可調心。如是宣說佛陀功德後，國王便開始廣行佈施，並於佛前發心。因他乃聽聞別人話語後發心，故可稱之為聽聞力發心；再看大光陶師，當其供養釋迦牟尼佛食物時，自己發願欲與釋尊一模一樣，此乃依前世善根力而發心。

以他前世造善業之因而能值遇如來出世，並能積集資糧、發成佛願；而海塵婆羅門五百大願之發心，因其此生與多生累劫之前世皆不斷修習大乘所攝善法，故而最終獲取超勝其他菩薩之廣大悲心，並以此大悲心而守持濁世不清淨剎土。

發心之因並非五項全需具足，其中之一力都能令人生起菩提心，且最終成為真正菩提心。最初憑五因中之一因而發起菩提心，隨後在勝解行地時，於其它世代、不同界域，亦可有各種不同之再度發心。此等發心通過自力生起後，將日趨穩固，直至登地之後，生生世世都不會退失發心，且越來越增強、殊勝。

原本大乘種姓之人都可含概於因力發心具足者，不過依不同因緣仍可說為種種不同之最初發心。如上所述之幾種初發心情況，若按次第而言，發心順序應為兩主之子、三孩童中一童子、加巴謝達、具光國王、大光陶師、海塵婆羅門，此種次第可謂互不相違。但加巴謝達因對地獄眾生生悲心而發願；三孩童中一童子因目睹佛陀而後生信、並供養珍珠項鍊，然後發願；與此二者相較，具光國王、大光陶師之發心分明超勝彼等，因這二人皆因真正知曉佛陀功德後才猛然生起欲樂心，然後發願欲獲佛果，商主之子亦與國王、陶師情況相同。

有人以願菩提心、行菩提心來為發心分類，實則除佛經中所言以外，我們欲對前後次第一言斷定實在有很大困難。無論如何，初發心後，後來之發心將愈發增強、穩固（此點無可懷疑）。及至海塵婆羅門時，他已對整個大乘佛法生出堅定信心，並令無數眾生趨入大乘道，自己亦以大悲心守持不清淨剎土，此乃真正利他菩提心之開端。因此，文殊菩薩首先令其發無上菩提心，以此善根使其種姓覺醒，接下來依次第發心，此種說法當然可以成立。或者以三童子中發願成佛者之發心，及加巴謝達地獄中生悲心為開端，商主之子之發心等次第而來也無矛盾之處。但因佛經中未有明顯表述，我們自己完全以理證作推斷、判定確實相當困難，所以無論上述次第如何排定，我們均應明白：佛經中常常碰到之有關初發心之描述，種種不同之原因乃在於各個階段不同，因此不會自相抵觸。

一般而論，僅僅依靠佛陀為獲佛果而發願，其無上菩提之果報也必將成熟，絕不耗盡。如魔王波旬僅僅偽裝發菩提心，但他也已得未來成佛之授記。不過在未得聖道之前，特別對初學者而言，雖菩提種子未毀滅，但遭遇惡劣外緣時，他所擁有之菩提心相續在隨後之來世中未必會連續現前，有可能出現忘失、中斷等情況，因此發心有穩固、不穩固之別。五種因中，只具有友力、未具備其餘四力，則此發心之因即為不穩固；若依其它四種力而發心，則此菩提心方堪稱穩固。

此外，《經觀莊嚴論》又云：「各地所發心，勝解清淨心，異熟之發心，如是斷惑心。」所謂勝解行發心是指處於勝解地時所發之心；至不清淨七地時，已修成自他平等心，故可稱其發心為清淨意樂發心；至三清淨地時，功德自然而成，因此可將其地之發心名為異熟發心；及至最終獲得佛果時，實已斷除一切障礙，所以稱其發心為斷惑發心。另外，隨五道十地之境界愈加廣大，其相應功德亦可謂越發增強。因其差別所致，不同生世中都會再度發心，故而不同佛經中才宣說了種種不同之發心。

同樣，對無生法忍亦有各種不盡相同之界定：小品無生法忍於加行道忍位即可獲得；第一地菩薩已展現諸法真諦，他們所得之無生法忍可謂中品；登八地菩薩位時，其出入定已無分別，無念智慧亦已成熟，他們所得之真正無生法忍即可稱之為大品無生法忍。因此可知，無生法忍不可一概而論，不同階段各有各自所屬之無生法忍。概而言之，隨其所證空性境界之愈發增強，其所獲無生法忍之境界、意義也日漸究竟、深廣，故而上引佛經中才有種種對無生法忍的不同描述。

與之類似，如來對眾生所作之授記亦需具體分析。有些眾生造作無上菩提心之細微因，需經長時護持方能成熟無上菩提，但如來見其初發心時就為之授記；有些眾生得一地菩薩果位時就得如來授記；而登八地菩薩位者，自然就得如來授記。如無等大師釋迦牟尼佛轉生為婆羅門子智賢時，在他見到燃燈佛之當下即登八地，隨即就理所當然得燃燈佛授記。在佛陀所獲各種授記中，此授記最為人熟知並受重視，也最為重要，燃燈佛之所以成為過去佛之依據也由此而來。此外，雖身為不退轉之菩薩，但暫時未得如來授記之情況也時常發生，故《廣智經》中如是說道：「目犍連，眾生根基各有差異，故應了知如來所說法亦相應有所不同。」《首楞嚴經》（《健行三摩地經》）也對授記略分四種：對未發菩提心者之授記；對剛發心者之授記；秘密授記；對得法忍者之真實力授記。

供養無量佛

釋迦牟尼佛曾於無量劫中、在無量如來前廣造善根，此中道理在《毗奈耶本事經》中有記述：「第一俱胝劫，從釋迦佛始，護國佛之間，七萬五千佛，我已行供養。經歷一俱胝，我恆供養佛，為得佛果故，我無愁慮心。第二俱胝劫，自從燃燈佛，至根幢佛間，七萬六千佛，我已行供養。經歷二俱胝，我恆供養佛，如是生世中，我無厭煩心。第三俱胝劫，善妙如來始，迦葉佛之間，七萬七千佛，我已行供養。經歷三俱胝，我一一供養，行持菩提道，無稍厭倦心。我為菩薩時，供養諸如來，所有世間尊，授記我成佛。我前所發願，現已皆圓滿，不住如來境，攝受諸有情。」在阿難請問後，世尊也宣講了種種供養佛陀之經歷。

要略言之，釋迦牟尼佛曾於無量無數不可思議如來前積集善根，於每一如來前殷勤供養，並守持無量法門，最終圓滿無量願力，守持無量剎土，成熟無量眾生。此等經歷不可言說，實乃無邊無際，為增強信心，今略而說之。

久遠之前，釋迦牟尼佛曾轉生為一響聲婆羅門，當時有一無障授記如來已住世無數年。響聲於如來前行種種供養，諸供養品中有光明赫赫之珍寶華蓋、覆蓋整個大地之黃金地板、寬一由旬之純金無量殿等等。此種十方莊嚴之宮殿有八萬餘座，每一宮中均置盛裝美女一千、擊鈸樂器一千；宮中遍地撒滿鮮花，天人妙香、薰香裊裊襲來，令人頓感悅意、欣喜；以如來威神加持，所有宮殿皆自然漂浮於空中，並恆時傳出讚嘆佛、法、僧之音及宣流三解脫、四聖果、無常、苦、空、無我、八解脫、等持、三摩地、神變、神通、滅盡定、解脫相應之聲；當宮殿飄盪於空中時，香水、天人花雨陣陣降下……響聲即將上述種種莊嚴、美妙之境悉數供養如來。他尚且作讚嘆如來之偈頌，並長久恭敬承侍如來。

釋迦牟尼佛又曾轉生為喜見國王，統領四大部洲，統治的城邑各個興盛繁榮。他於每一部洲都擁有八百萬城市，每一城市均呈四方形、且寬十由旬；所有城市外均有幻化所成柵欄，全以金線相連；內中庭院皆由珍寶製成；瞭望哨樓亦以黃金建造，並以珍寶瓔珞覆蓋；大地純以無價之珍寶鋪就；七寶村落皆由金質瓔珞相連，且唯有造無量善根之人方可居於其中；七寶樹莊嚴周遍……總之城市內外財富充溢、圓滿；人們享樂之時，琵琶、擊鈸之音自然傳出；欲聞乾闥婆音時，此種聲音亦能自然鳴響。各種所欲均可隨意現前，想在千萬年中於此地安享妙欲也能自在滿願，喜見國王統治下的國土即具足如是無比安樂。

當時甘露光如來正出世傳法，喜見便將四大部洲全用彩旗來裝飾，供養如來正等覺及其眷屬。國王妻子、兒子及眾眷屬亦行供養，如來與八十萬聲聞眷屬於八百萬年中歡喜享用他們所供養的甘美飲食等物。

又釋迦牟尼佛曾轉生為獅慧國王，精通一切論典及聲明學問。他召集國中所有沙門、婆羅門，並供養他們飲食，還以嘎西布包裹飲食等物。如是八萬年中，他日日夜夜均厲行上供下施，並於沙門、婆羅門前聽聞論典意義，仔細觀察眾生種種心態。為了達智慧之力與非力道理，他即如此精進修學。

未得授記不喪氣

久遠之前，釋迦牟尼佛曾轉生為如大薩拉樹般之月喜婆羅門，種姓清淨，性格善良，精通三吠陀並瞭解通達往事之理。他主要宣說順世外道之論典，無礙通達供施之因，頗具大士夫相，對三吠陀所有教義均運用自如。他對業力成熟道理深明不昧，為使外道、劣種人、乞討者都能維持生活，他於二千、三千、四千日中長時間對其行廣大佈施，又以此種方式於隨後之八十萬年中勤行上供下施，且在自己上師面前從未請問能令人極其執著之事理。

當時無憂如來正出世傳法，其聲聞眷屬如天上繁星一般無邊無際，菩薩眷屬亦廣大無量。月喜婆羅門不由心中暗付：我雖勤行種種稀有難得之上供下施，但卻從未供養過如來及其聲聞等眷屬，不知有何方法能令其皆歡喜應供？是否我供養之舉多有過失，如來及眷屬才不願應供？他隨後又思慮是否因如來、聲聞眷屬等按時享用飲食、過時即不進食之原因，才導致此種結局，總之他一直對此事如鯁在喉。

某日清晨，月喜婆羅門起床後，便與婆羅門女及諸婆羅門眷屬乘騎臼馬所駕馬車前往如來居處。如來當時正坐於一樹下，婆羅門望見如來身儀後不由想到：過去一直以為如來乃一比丘，現在看來實為錯謬千里。如來絕不僅僅呈現比丘相，他之形象確實莊嚴、殊勝無比，我一定要對如來供養殊勝飲食等物！

想及此，他便在如來前先報上三遍自己姓名，然後懺悔並發願道：「世尊，我過去錯認你僅僅為一比丘，我現已知錯並懺悔。在我有生之年，一定要供養，承侍如來與眷屬。」

無憂如來慈悲說道：「如來出世並非只為某一人之利益，你於有生之年供養之願望無法施行。」月喜婆羅門聞言並未放棄供養念頭，他又再三祈請說：「如無法一生供養，世尊能否答應我七日供養之懇請？」

世尊這才默許了他所提的請求。

月喜聞言即刻返回，他馬上告知諸親友，請眾人務必盡心盡力供養佛陀。自己則於住所外又建一十二由旬大之院落專供佛陀應供之用，然後又勸請龍王道：「我欲供養如來及眷屬，望你等多多關照，能以香水遍灑地面。」接著又請諸夜叉備好坐墊、乾闥婆調好樂器、翁形鬼負責裝飾華蓋，還要求其它龍應竭盡全力使整個地區涼爽宜人、不冷不燥，且均需以珍寶裝飾完美。

一切準備妥當後，無憂如來帶眾眷屬歡喜入於庭院中且相繼落座。此時，香水及花雨自然降下，乾闥婆開始彈撥樂器，而佛陀則以神變將院落邊緣之圍牆變幻成一百由旬長之藍寶石牆面，牆頭則純以水晶製成。月喜等眾人獻上種種飲食、布匹，以日、月為主之諸天子也極具威嚴地遍布現場。待供養圓滿後，月喜在如來前發願道：「我實為一切眾生而行供養，以此善根，願所有眾生都能獲無上菩提果位。」

佛陀此刻頷著微笑，日、月等天子將院落最邊沿之地都照耀得明晃赫然。月喜此時又祈請道：「凡接觸如來光芒之眾生，對如來皆已生起永不退轉之信心，祈請如來能令眾生善根成熟。另外我還想再問，如來又以何因緣而微笑？」無憂如來就告訴他說：「婆羅門，佛光周遍照耀，所有接觸之眾生於無上菩提道中皆不會退轉。他們會於清淨剎土中成佛，成佛利眾後則會示現涅槃。此等人眾現均已種下菩提種子。」言畢，如來便率眷屬起身回返。

月喜婆羅門為眾生能得如來授記，即如是於七日中恭敬供養如來。雖自己未得授記，但他並不灰心頹喪，亦從未生起過諸如「我得不到無上菩提果位」之類的念頭。

又釋迦牟尼佛轉生為童行菩薩時，正值如來正等覺大蘊如來出世傳授菩提道法門。他即對如來及其聲聞僧眾於九十六俱胝時日中供養、承侍，並為得無上菩提而發願，不過他同樣未得如來授記。

當寶支如來出世時，當時有一轉輪王名為美現，釋迦牟尼佛彼時即轉生為一智賢商主。如來為眾生宣說大乘道法門，智賢則於一千年中以種種資具供養如來及其眷屬，並為獲無上菩提而發願。他也同樣未得寶支如來授記，及至燃燈佛出世時才得授記。

又無數不可思議劫前，精進無量如來出世傳法，釋迦牟尼佛當時轉生為一婆羅門女，名為智慧無量。當如來宣說無量剎土之功德時，智慧無量一直供養並承侍佛陀。她還發願未來要守持如來剎土，並為此目的迴向善根、精進修持。為獲清淨剎土，她於無數俱胝時間中供養、承侍如來，並終在廣大清淨之如來剎土中示現成佛。

釋迦牟尼佛現今於十方不同世界之剎土中，擁有種種名號、顯現各種智慧，分別以不空成就如來等不同名號，住持不可思議之無數如來剎土。有關此道理之廣大、細微評析，於《寶源經》中有廣述，請參閱。

久遠之前，釋迦牟尼佛曾轉生為一馬車具緣商主。有一次如來與六萬兩千眷屬同渡恆河，商主不惜花費巨資於恆河上架橋，並製造船隻，令如來與眷屬順利渡過。他還以種種飲食供養如來，且使其心滿意足，並為獲無上菩提而發願。

釋迦牟尼佛轉生為一國王時，曾於梵天如來與六萬兩千阿羅漢聖者前供養承侍三月，供養物品包括檀香屋室、鮮花、莊嚴妙香、神饈、安樂資具等。

當釋迦牟尼佛轉生為另一國王時，曾於檀香如來及眷屬前供養香水、寶瓶等物，又以祈請承侍如來沐浴以為供養。

又釋迦牟尼佛轉生為另一國王時，以種種資具於月亮如來前供養承侍三月。

又當釋迦牟尼佛轉生為另一國王時，以種種資具於調根如來前供養三月。

又當釋迦牟尼佛轉生為另一國王時，以無量供品於寶山如來及其聲聞僧眾前供養五年。

當釋迦牟尼佛轉生為另一國王時，曾於證法如來前以擊鈸等妙音及食物進行供養，後又發願欲獲無上菩提。

釋迦牟尼佛又曾轉生為一婆羅門，他在根幢如來前以偈頌、甘美飲食作為供養，並發願得無上菩提。

釋迦牟尼佛轉生為一國王時，於安樂如來前供養食物、布匹等物，後又建成高、寬各一由旬、一聞距（俱盧舍）之遺塔。

當釋迦牟尼佛轉生為另一國王時，以各種資具供養富樓那如來與眷屬三月。

又釋迦牟尼佛轉生為聞性施主時，於不住行如來前供養資具，並獲不住法門，又發願得無上菩提。

當釋迦牟尼佛轉生為婆羅門根施時，於一萬年中以種種資具供養除苦如來。

釋迦牟尼佛又曾轉生為一國王吉祥藏，他將自己美麗、善妙之女兒供養給一位苦行婆羅門。

釋迦牟尼佛轉生為悅意比丘時，於一大劫中供養畏宣師等兩千萬如來，以種種供養使其皆心生歡喜。

《毗奈耶本事經》第一回、《賢愚經》、《富樓那請問經》、《一百本生傳》等經論中，再加各種契經，都對釋迦牟尼佛因地時供養之舉多有描述。《呵斥破戒經》中記載，釋迦牟尼佛轉生為名字皆為自乳之轉輪王次數，達十二俱胝之多；轉生為名叫大天之國王次數，亦達四俱胝之數。同樣，轉生為名為梵天熾燃、甘蔗枝、眾人敬、美色等姓名之轉輪王，次數亦非常眾多。無論姓甚名誰，他們全在如來前殷勤供養。

當釋迦牟尼佛久遠之前住於有緣地時，曾於無量劫中供養無量如來，但均未獲如來授記。《廣智經》中有云：「過去世時，我曾為喜色法之意樂根基眾人捨棄無數美女；在喜音聲之眾人前，則以種種妙音於如來佛塔前進行供養。如此做時，從未自我滿足。又於喜味眾人前捨棄眾多甘美之味、喜香眾人前佈施種種妙香，均未曾有過自我滿足之感。喜觸之覺受眾人前，巧以各種柔軟觸所以為供養；喜法眾人前則施與各種心識法，皆不曾自我滿足過。在喜涅槃境界之眾人前，定不損害其意樂……是故諸菩薩應修學種種意樂，並了知一切意樂皆為滅法。」

最終得菩提授記

此外，《如來法藏經》等經典中又云：釋迦牟尼佛轉生為轉輪王等國王時，於名號相同之無數如來前供養並受持佛法。既如此，供養名號不相同之如來數更不待言。也就是說，釋尊因地時轉生為轉輪王，曾於名號皆為釋迦牟尼佛之諸佛及其眷屬前供養資具並承侍，且於無上菩提道中修持不斷；又於百千皆名為燃燈佛之佛陀前、百千皆名為熾燃佛之佛陀前勤行供養；尚且於六千萬名號皆為薩拉王如來之佛陀前多次出家；於五百萬皆共名為聖支佛之如來前，則以轉輪王之身份供養承侍；還於五千萬名皆為熾燃佛之如來前、九十俱胝皆共名為郭芝雅那如來之佛陀前、九千俱胝同名為迦葉佛之佛陀前盡心供養。

當眾多如來皆不出世時，則於九百萬緣覺前，於有生之年全力供養；於五百劫中，又供養成千上萬緣覺；於五百劫中轉生大梵天，後又來到贍部洲轉生為國王，然後又轉生天王，接著又轉生人間無數世，彼時除緣覺外無有如來出世；十三劫之後，隱藏如來出世傳法，釋迦牟尼佛再從梵天轉生人間，並成為善見轉輪王。當時人壽九萬年，他即於有生之年盡心供養如來。

如是過了七百無數劫後，他又供養承侍一千名號皆為瞻結如來之佛陀，然後又相繼供養六萬兩千如來、八萬四千如來、五百如來、六萬兩千如來等佛陀，也均未得授記，因其當時有執著心及我所見之故；見燃燈佛時之所以能得授記，是因為他在見到燃燈佛之當下即獲無生法忍。《大解脫經》中云：「久遠之前於清淨劫時，我於九十二俱胝如來前供養承侍，但始終未得如來授記。若宣說曾授記我之如來名號，則多生累劫亦難窮盡。過了如是無數劫後，不變光如來出世時，我於其前聽聞《大解脫經》，聞已受持，並終獲無生法忍，同時亦得如來授記。」

釋迦牟尼佛於《聖僧伽吒經》中亦云：「九十九無數劫之前，勝寶如來出世傳法，我於彼時素喜佈施，曾於十二俱胝月亮如來前供養種種資具，又相繼於十八俱胝寶賢如來、十八俱胝精部如來、二十俱胝頂髻如來、二十俱胝迦葉如來、十六俱胝無垢光如來、九十五俱胝釋迦牟尼如來前行廣大供養，並精心承侍。接著再於九十俱胝拘留孫佛、十八俱胝迦那迦牟尼佛、十三俱胝吉祥賢佛前廣行供養，再於二十五俱胝劫勝佛、十二俱胝毗婆尸佛前盡心、供養，最終得此聖僧伽吒法門，諸如來均為我授記。此前因種種因緣，我未得如來授記；聞聽《聖僧伽吒經》後，瞻部洲天降七寶雨，我當時即獲菩提授記；再過漫長時日後，我又不得授記。又是一大阿僧祇劫後，燃燈佛出世，我當時轉生為一婆羅門子，名為妙雲，彼時我方得授記。當下再憶念自己過去無數劫中所行之六度萬行，竟彷佛近在昨日。得授記後，我令很多眾生均趨入正法法門。」

至於釋迦牟尼佛如何於燃燈佛前得授記，則如下文所述：

無等大師釋迦牟尼佛行菩薩道時，歷經兩大阿僧祇劫後轉生為一婆羅門子，名為智賢童子。當時燃燈佛正受明燈國王迎請，住在燈煌王宮中。明燈國王下屬有一財子國王，於十二年中一直廣行佈施，他那時正準備行最後一次廣大佈施：財子欲以金杖、金瓶及金盤、四寶臥具、五百銀幣、盛裝美女等五大佈施品上供下施。

此時於另外一城市中有兩婆羅門子智賢、智慧，正於一上師前學習吠陀論典，按當地習俗，弟子應以財物供養報答上師恩德。當兩人正為供養之事苦思冥想時，忽聽聞財子國王欲行最後一次以五大供品大佈施之消息，而且國王明確指示佈施對象為精通吠陀之人。二人不由想到：我們精通吠陀，又廣聞多學，若前去索求，想來也許能滿願。

財子國王此刻也受天人勸請道：「近日有智賢、智慧婆羅門子欲來你處，望你能將五大佈施品賜與智賢婆羅門子。如此一來，你十二年中所行之廣大佈施定可獲得極大果報。」國王聞言不禁想到：天人都為二人前來勸請，想必他們定是與眾不同之大尊者。

其後不久，國王即遠遠看到兩位相貌端嚴之婆羅門子向自己的王宮走來，這二人隨後於準備接受供施之婆羅門行列中安坐。財子又暗自思付起來：天人所謂之智賢婆羅門子可能是兩位中那一人吧。於是他便主動走到兩人面前指著智賢問道：「你是否即是智賢婆羅門子？」「正是我。」智賢回答道。

國王便將智賢安排在整個隊列之首座，並以各種飲食供養眾人，而將五大佈施品則悉數贈與智賢。智賢接受了其中金杖等四件，至於美女則未敢納受，他對國王婉拒道：「我乃行持梵淨行者，怎能接受女人為眷屬。」但那盛裝女人一見相好貌端之智賢，立刻就對他心生愛意。她此時竟主動勸解智賢說：「無論如何，你都應接受我。」智賢則堅持說：「我斷不能接受。」

國王原本就已將此女人列入佈施之列，而如今智賢又不肯接受，於是她只得怏怏返回燈煌王宮。回去後，她將自身金飾全部取下交與一製作花鬘之人，並囑咐他說：「如此昂貴之飾品全部交與你，只求你能日日送我供養天尊之青蓮花。」此人立刻答應下來。

智賢婆羅門子將四大佈施品帶回供養上師，上師又將五百銀幣回贈給他，自己並未接受。智賢當晚就於夢中感得十種夢兆：飲大海之水、空中行走、手握太陽、手握月亮、國王令自己坐上馬車、騎跨仙人、乘騎白象、騎跨天鵝、騎跨獅子、騎跨巨石。夢醒後他自己心下暗想：不知誰能為我解析此等夢境？

離智賢住處不遠之地有一位具五神通之仙人，智賢就向他打探。仙人回答說：「我無法對你作授記，你應前往燈煌王宮，那裡有明燈國王正欲迎請燃燈佛，如來定會親自為你授記。」

依仙人所言，於燃燈佛前往王宮之當日，智賢也趕赴燈煌王宮。

國王當時為供養佛陀，下令全國所有人眾務必將鮮花集中起來以作供佛之用。當別處地方均已難覓鮮花蹤影時，被智賢拒絕之女人找到做花鬘者索要青蓮花。那人為難的說道：「國王已下令將所有鮮花全部收走。」女人聞言不甘心地對他說：「你去水池中仔細探察一番，以我福德力，也許尚存少許未被採摘之青蓮花。」

結果因智賢福德力所致，當做花鬘者來到水池邊時，發現池中竟還有七朵青蓮花搖曳生姿。女人得知後立即命令他道：「速為我採來。」他惴惴不安地回答說：「我實在不敢，若國王知道一定會重重懲罰我。」女人勸慰他說：「此池中之花朵是否已被採光交與國王？」做花鬘者據實說道：

「這倒是實情，所有花均已被採過。」女人就說：「現在還有七支，這難道不是我福報現前？把花採來交與我不會給你增添任何麻煩。」那人只得說道：「我可以採下七朵青蓮花給你，只是你萬勿讓國王發現，只能悄悄攜帶花束。」女人再次安慰他說：「確實是我福報現前才有青蓮花留存，你儘管放心採摘，我藏於水瓶中就是。」做花鬘者最後終於將七朵青蓮花全部採上岸來交給女人，她就將之藏於水瓶中帶往城市。

智賢也欲供養佛陀花鬘，但他在花園等地四處搜尋都未見一朵鮮花之痕跡。再次返回一花園中時，恰逢手捧水瓶之女人。因智賢福德力現前，青蓮花竟枝枝從藏身之瓶中顯現出來。智賢便對女人說：「給你五百銀幣，能否將花賣與我？」女人抓住機會、憤憤不平地回答他：「原先你不願接納我，現在倒願接受這青蓮花？我怎能把花賣給你！」言畢沒多久，女人又改口道：「你要青蓮花欲意何為？」智賢向她解釋說：「我欲供養佛陀。」

女人聽罷就趁機說道：「我不要你五百銀幣，只希望你在供養後，能發願讓我生生世世作你妻子。若果真能如是發願，我可將青蓮花白白奉送。」

智賢坦率回答她說：「我性喜佈施，將來會把妻子兒女、甚至自身血肉都統統佈施乾淨。」女人則堅定說道：

「只要你能發願讓我永遠作你妻子，我就絕不會為你的佈施製造任何違緣。你欲佈施何物，我皆心甘情願隨喜、奉送。」

女人說完就送給智賢五朵青蓮花，自己留下兩朵也欲親自供養佛陀。女人最後又發願道：「在你生生世世行菩提道時，願我都能成為你共同行持善法之王妃。」

明燈國王此時已將整座城市清潔、裝飾一新，他手撐具一百福條之寶傘，與眾大臣共同迎請如來；財子與其臣下也出城恭迎如來。眾人在如來腳下頂禮後就祈請如來入城，燃燈佛與眾多僧眾便歡喜進入城中。當如來雙足踏上城門階梯時，大地即震動六次；天人也降下鮮花、妙香；盲、瘋、聾等人全部恢復正常；身陷牢獄之人頓時解脫枷鎖；所有產婦皆出離痛苦、恐怖；地獄眾生也心生悲意；眾生各個快樂洋溢，駿馬、大象等畜生皆出歡喜鳴音……總之以如來功德力感召，種種瑞相自然紛呈。

智賢、智慧與那女人手捧鮮花來到燃燈佛所，當時在場之人可謂人山人海，大家均想擠上前去供養佛陀，因而三人一時無法近前。燃燈佛早已知道此等態勢，他發現智賢婆羅門子可謂眾人中有極大福德者。為令他順利近身，如來便幻化出傾盆大雨從天而降，一時眾人紛紛四散避雨。智賢這才有機會近前拜見如來，當他一睹如來令人視而不厭之身相後，立即生起極大歡喜心，馬上以五朵青蓮花供養如來。

如來以神威加持力令這些青蓮花當下就大如車輪，這些華蓋般之青蓮花當如來行走、停留之時，於其頂上始終形影相隨。女人親睹之後也生出歡喜心，將剩餘兩朵青蓮花供養給佛陀。此兩朵鮮花亦在如來加持下大如車輪，並於如來耳旁變成華蓋。

眼見大雨傾盆已使整個場地泥濘不堪，智賢便欲將自己金色髮髻鋪在地面供如來行走。他邊剪下髮髻，邊發願道：

「具智之如來，我若得菩提，無生死雙足，速踩我頭髮。」滿其心願，燃燈佛雙足終於踏上智賢頭髮。一直跟隨智賢之智慧此刻忍不住嗔心大起，他以不滿語氣惡狠狠說道：「諸位請看，燃燈佛竟像對待畜生那般踐踏婆羅門子智賢頭髮。」

燃燈佛踩過智賢頭髮後，一邊回望地上金色髮絲，一邊告訴諸隨行比丘道：「你們切不可踩踏這些頭髮，此婆羅門子實為已在無量如來前廣積大善根之大士夫。」他又對智賢授記說：「過一大阿僧祇劫後，你將於娑婆世界成為整個三界之祜主、導師、明燈、如來正等覺，號釋迦牟尼佛。」

獲如來授記後，智賢騰身七多羅樹高之地，且頭髮又重新長出並分外端嚴。當其住於虛空中時，大多數眾生都親眼目睹，他們紛紛發願說：「待你成佛時，我們均願成為你聲聞眷屬。」女人也發願說：「直至你成佛前，我都願作你妻子；等你成佛後，我也願成為你聲聞弟子。」

明燈國王將散落於地之頭髮根根撿起，財子國王見到後馬上請求能將之賜與自己。明燈國王滿其心願將其全部送與財子，財子一一數來發現共有八萬根。大臣們此時爭相索求，財子便一人分與一根。等諸大臣各自回家後，他們就為每根頭髮各建一座佛塔以為供養。

智賢獲燃燈佛授記後，明燈國王、財子國王、城中臣民皆已知曉他未來應具不可思議功德，大家自此後就盡心盡力、以歡喜心對他盡心供養。

智賢在一片歡樂氛圍中並未忘記智慧，他問智慧：「我已得無上菩提授記，不知你現在又發何心？」智慧慚愧說道：「我所有之一切都已毀滅盡淨，因燃燈佛足踏你頭髮時我競嗔心頓起，我當時說：『如來就如對待畜生一般踐踏智賢頭髮。』」智賢聞罷勸請智慧道：「請過來與我一同在如來前出家。」

二人出家後，智賢精進修學三藏，如法攝受眷屬，並於死後轉生兜率天；而智慧則因對佛妄說惡語，死後便立墮地獄中。智賢以供養如來青蓮花之果報，在得到佛果之前恆享大樂，此善根亦成就他成佛之因緣；得佛果後，五百匝得人尚以鮮花、樂器等種種供品對他誠心供養。

上述因緣與《燃燈佛授記經》中所載妙雲婆羅門子得如來授記之故事大致相同，個別情節稍有出入；塔洛（譯師）所翻譯之《佛傳因緣經》中亦云智賢婆羅門得如來授記。若與上文所引記敘相較，只在文字、意義等方面稍有偏差，此處所詳敘之因緣，大體即按智賢婆羅門得授記之因緣鋪陳。

與此道理相同，我們也可以理解各種因緣情節或多或少有些出入的原因。過去有多位上師曾說過，智賢與妙雲童子只是名字不同而已，實指乃同一人。

至於貪執智賢之女人善取，即為後來之耶輸陀羅；有些佛經中言釋迦牟尼佛未出家時之王妃名為沙措瑪，沙措瑪其實是眾多王妃之總稱，其中之一當然可叫耶輸陀羅；另有名為持稱者也即耶輸陀羅，她乃釋迦族持杖之女，是羅睺羅之母親；釋迦族鈴聲之女名為熱瑪（隱藏姆），當義成王子看到她時，目不轉睛之際，竟將手中鐵箭捏成粉末，然後就將之娶為王妃；王子之王妃尚有釋迦善世之女，她名為獸生。當其宣說寂滅話語時，王子非常歡喜，還將自己的項鍊送給她，並娶其為王妃。

上述三人乃義成王子最主要之三位王妃，王子其他女眷尚有八萬人，耶輸陀羅乃其中最殊勝之王妃。有眾多上師都曾指出，一些經典中言沙措瑪實指熱瑪，此為總稱用作別稱之例，此種說法確實言之有理。

釋迦牟尼佛如是於燃燈佛前得授記，並獲無生法忍。其本體安住於法身中沒有絲毫動搖，同時也在十方世界幻化出無量無邊之化身，於每一剎那都能圓滿如大海般深廣之積集資糧、懺悔罪障、成熟眾生之功德，此種剎那間之豐功偉業實乃無法言喻。

當迦葉如來於此剎土出世傳法時，釋迦牟尼佛彼時轉生為一智賢無上婆羅門子，並於死後轉生兜率天成為最後有者，名為白頂天子菩薩。當其與世間之因緣成熟時，便以五照見（如來依五種觀察選擇降誕人間：國王迦毗羅婆窣堵、種姓剎帝利、氏族甘蔗釋迦、生母摩訶摩耶，時會五濁惡世。）降臨人間，其後又經歷入胎、誕生、出家、成佛等種種過程，此中詳細情況可從《廣大游舞經》、《毗奈耶經》等與本師傳相關之經典中得知。

釋迦牟尼成佛後於不同環境、各種根基眾生前三轉法輪之詳情；及開示廣大、甚深佛法；擁有照見萬法之智；為利益一切眾生而生慈悲心；對眾生作三世無障之授記；顯示種種神變令眾生脫離苦海，並獲暫時及究竟樂，如是共同所化眾生前所顯示之行持、事蹟，個中因緣、經過可於其它傳記中得知。

上述釋迦牟尼佛因地時廣行菩薩行之各種事蹟，乃從佛經中大概歸納後而宣說，與本傳記較接近之其它論著有：《善見大史》、《譬廣大士傳》、《善財童子傳》等。本傳記之記敘次第是以六波羅蜜多為順序，不按此順序亦能成文。

在藏地，普遍流傳有一些佛經中講述過、非常可靠又異常精彩的本師傳故事，完全可作釋迦牟尼佛傳記之補充；若無以上補充材料，本傳記所敘亦基本涵蓋釋迦牟尼佛前世行菩提道之主要內容。凡夫對釋迦牟尼佛傳記之深廣內容，實不可以三言兩語輕易斷言。聽到本傳記中的任何一個因緣後，僅僅於一剎那間生起信心，解脫的種子就會播植在自相續中，無量無邊功德就此孕育、產生。若全部聽聞、完整閱讀，並對之生起恭敬心與信心，所得功德更無法用言語描述。以此種方式瞭解了大乘菩薩道之內容，並對其生起信解心，此種作為對自他都能帶來極大的利益。正如馬鳴論師所說的：「以殊勝感人故事，宣說如來與佛法，不信之人令生信，對佛法生歡喜心。」

以上圓滿宣說了釋迦牟尼佛發心、供養並得如來授記之深廣道理。

佛法功德不可思議

以上宣說了釋迦牟尼佛廣行佈施等種種事蹟。有關佛陀於三大阿僧祇劫中力行不可思議之六波羅蜜多、並以此殊勝因緣而致後得佛果時、擁有不可思議之智慧、功德等道理，可於《趨入如來不可思議功德智慧經》、《佛力幻變經》、

《宣說如來不可思議法經》中詳細得知。

在如此殊勝難遇之佛陀前，我們首先要生出信心，此點斷不可缺，如云：「佛說諸善法，根本為意樂。」《十法經》中亦云：「信心乃勝乘，以此得佛果，世間信最勝，具信不能毀」。「無信心之人，不生諸善法，如種被火焚，青芽豈能生？」《寶多羅經》中則云：「如對佛與法生信，對佛子行為生信，對無上菩提生信，大士勝心則生起。以信心力成大士，廣大難思作供養，供養佛法僧三寶，則生殊勝菩提心。信心前行如母親，攝受增上諸功德，遣除懷疑度生死，信心猶如安樂城。信心無垢令心淨，斷除我慢恭敬因，信心如足如寶藏，亦如雙手持善法。信心令人喜佈施，以信心對法生喜，能了達智慧功德，且終獲如來聖果。能令利根更聰慧，有信心者無能毀，信心遣除煩惱因，自生功德能尋覓。信心能令不貪執，各種妙欲享樂境，信心斷除懈怠因，實為最殊勝精進。具信心者離魔境，開示解脫殊勝道，信心因地功德種，不壞且令智慧增，具信心者見諸佛。」

若對如來生起信心，暫時則可恆享人天安樂，最終則能按各自意樂、根基而發願，並且於三菩提道中皆可獲得果位。最初即便得聲聞果位，

最終亦必於無上菩提道中取得佛果。

《妙法蓮華經》中有云（鳩摩羅什大師翻譯之《妙法蓮華經》與藏文譯本幾無多少差異，大師本人又因荼毗時舌頭不壞而與漢地「四大譯師」之譽名實相稱。故下文所引之《法華經》文句，絕大多數都出自大師譯筆。）：「佛告舍利弗：『諸佛如來但教化菩薩，諸有所作常為一事，唯以佛之知見示悟眾生。舍利弗，如來但以一佛乘故為眾生說法，無有餘乘，若二若三。舍利弗，一切十方諸佛、法亦如是。』」

此經又云：「佛子行道已，來世得作佛，我有方便力，開示三乘法。一切諸世尊，皆說一乘道，今此諸大眾，皆應除疑惑。諸佛語無異，唯一無二乘，過去無數劫，無量滅度佛，百千萬億種，其數不可量。如是諸世尊，種種緣譬喻，無數方便力，演說諸法相，是諸世尊等，皆說一乘法，化無量眾生，令入於佛道。又諸大聖主，知一切世間，天人群生類，深心之所欲，更以異方便，助顯第一義。若有眾生類，值諸過去佛，若聞法佈施，或持戒忍辱，精進禪智等，種種修福慧。如是諸人等，皆已成佛道。諸佛滅度後，若人善軟心，如是諸眾生，皆已成佛道。諸佛滅度已，供養舍利者，起萬億種塔，金銀及玻璃，硨磲與瑪瑙，玫瑰琉璃珠，清靜廣嚴飾，莊校於諸塔。或有起石廟，梅檀及沉水，木（楠）並餘材，磚瓦泥土等。若於曠野中，積土成佛廟。乃至童子戲，聚沙為佛塔。如是諸人等，皆已成佛道。若人為佛故，建立諸形象，刻雕成眾相，皆已成佛道，或已七寶成，（鍮）鉐赤白銅，白蠟及鉛錫，鐵木及與泥，或以膠漆布，嚴飾做佛像，如是諸人等，皆已成佛道。彩畫作佛像，百福莊嚴相，自作若使人，皆已成佛道。乃至童子戲，若草木及筆，或以指爪甲，而畫做佛像，如是諸人等，漸漸積功德，具足大悲心，皆已成佛道。但化諸菩薩，度脫無量眾，若人於塔廟，寶像及畫像，以華香幡蓋，敬心而供養。若使人作樂，擊鼓吹角貝，簫笛琴箜篌，琵琶鐃銅鈸，如是眾妙音，盡持以供養。或以歡喜心，歌唱頌佛德，乃至一小音，皆已成佛道。若人散亂心，乃至以一華，供養於畫像，漸見無數佛。或有人禮拜，或復旦合掌，乃至舉一手，或復小低頭，以此供養像，漸見無量佛。自成無上道，廣度無數眾，入無餘涅槃，如薪盡火滅。若人散亂心，入於塔廟中，一稱南無佛，皆已成佛道。於諸過去佛，在世或滅後，若有聞是法，皆已成佛道。未來諸世尊，其數無有量，是諸如來等，亦方便說法。一切諸如來，以無量方便，度脫諸眾生，入佛無漏智，若有聞法者，無一不成佛。諸佛本誓願，我所行佛道，普欲令眾生，亦同得此道。未來世諸佛，雖說百千億，無數諸法門，其實為一乘。諸佛兩足尊，知法常無性，佛種從緣起，是故說一乘。是法住法位，世間相常住，於道場知已，導師方便說。天人所供養，現在十方佛，其數如恆沙，出現於世間，安隱眾生故，亦說如是法。知第一寂滅，以方便力故，雖示種種道，其實為佛乘。知眾生諸行，深心之所念，過去所習業，欲性精進力，及諸根利鈍，以種種因緣，譬喻亦言辭，隨應方便說。今我亦如是，安隱眾生故，以種種法門，宣示於佛道。」

如是宣示一乘法實乃罕有無比。又此經中云：「諸佛興出世，懸遠值遇難，正使出於世，說是法復難，無量無數劫，聞是法亦難，能聽是法者，斯人亦復難。譬如優曇華，一切皆愛樂，天人所稀有，時時乃一出。聞法歡喜讚，乃至發一言，則為已供養，一切三世佛，是人甚稀有，過於優曇華。汝等勿有疑，我為諸法王，普告諸大眾，但以一乘道，教化諸菩薩，無聲聞弟子。汝等舍利佛，聲聞及菩薩，當知是妙法，諸佛之秘要。以五濁惡世，但樂著諸欲，如是等眾生，終不求佛道。當來世惡人，聞佛說一乘，迷惑不信受，破法墮惡道。有慚愧清淨，志求佛道者，當為如是等，廣讚一乘道。舍利佛當知，諸佛法如是，以萬億方便，隨宜而說法，其不習學者，不能曉了此。汝等既已知，諸佛世之師，隨宜方便事，無復諸疑惑，心生大歡喜，自知當作佛。」

迦葉大尊者曾請問過佛陀：「世尊，三界眾生意樂各不相同，他們所得涅槃究竟為一抑或二、三有別？」佛陀對此回答說：「三世萬法一切等性，所得涅槃唯有一種，何分二、三！」正所謂：「諸法平等空，無二亦無一，彼等無分別，諸法無可見。以此大智慧，現見諸法身，無有三乘法，唯持一乘道。諸法皆平等，恆時無不平，如實了達後，無死即涅槃。」《妙法蓮花經》中又云：「於如來前聽聞《妙法蓮花經》，即便僅聽聞一偈，能對之生隨喜想者皆可獲菩提心。如來雖已示現涅槃，如能聽聞此法門，僅聞一偈並發心、隨喜，善男子善女人，此人即已獲菩提授記，此人則為供養承侍過無數如來。」

又云：「若讀誦、繕寫、受持、恭敬、供養、頂禮此經，甚或一偈，此等眾生皆已獲無上菩提授記。未來若有人言：『成就佛果者到底是何景象？』彼時即可指此類人為發問者決疑道：『受持此經之人皆當作佛。』何以故？因受持此法即使一偈，人天眾生皆已如恭敬如來般恭敬此人；能受持全部法義，所得功德更不待言，應知此人必獲阿縟多羅三藐三菩提。」

此經還宣示道：「慈悲世間之世尊涅槃後，悲憫瞻部洲眾生之大悲心使其不住涅槃，再以人形應世為眾生宣此法門。宣流者可為他眾廣泛分別開演，甚至秘密說與盜賊之流。善男子善女人，汝等當知，此說法者正為如來信使，此人正行如來事業，此人即為如來所派遣。」《妙法蓮花經》中尚且如是宣示：「若欲住佛道，成就自然智，常當勤供養，受持法華者。其有欲疾得，一切種智慧，當受持是經，並供養持者。」如欲具體了知受持此經之功德，則應仔細參閱此經。

佛剎廣大清淨 佛陀壽量無邊

無等大師釋迦牟尼佛以其大悲心及發願力，雖於五濁興盛剎土中示現成佛，但如來秘密、不可思議之境界，絕非凡夫及聲聞根機眾生所可測度。因此我們就不應以世間觀念、自己所謂之耳聞目睹來衡量、決斷釋迦牟尼佛何時成佛、壽量八十、所化剎土不清淨等情況，此種斷言實非合理。

雖為調化眾生，釋迦牟尼佛如是顯現所化剎土、住世壽量、行事傳法之時間等狀況，但一切佛陀平等智慧身之功德，除佛之外的所有眾生都無法揣度。諸佛剎土原本清淨無垢、廣大無邊，佛之壽量以虛空邊際都難以比擬。無等大師釋迦牟尼佛之剎土實為毗盧遮那佛佛剎之一部分，其弘法時間絕不僅僅只在濁世時間內，亦絕不在短暫時間內即顯示涅槃，此中道理正如《妙法蓮花經》所云：「自我得佛來，所經諸劫數，無量百千萬，億載阿僧衹，常說法教化，無數億眾生，令入於佛道。爾來無量劫，為度眾生故，方便現涅槃，而實不滅度，常住此說法。我常住於此，以諸神通力，令顛倒眾生，雖近而不見。眾見我滅度，廣供養舍利，咸皆懷戀慕，而生渴仰心。眾生既信服，質直意柔軟，一心欲見佛，不自惜身命。時我及眾僧，俱出靈鷲山，我時語眾生，常在此不滅，以方便力故，現有滅不滅。餘國有眾生，恭敬信樂者，我復於彼中，為說無上法，汝等不聞此，但謂我滅度。我見諸眾生，沒在於苦惱，故不為現身，令其生渴仰，因其心戀慕，乃出為說法。神通力如是，於阿僧祇劫，常在靈鷲山，及餘諸住處，眾生見劫盡，大火所燒時，我此土安隱，天人常充滿。園林諸堂閣，種種寶莊嚴，寶樹多華果，眾生所遊樂。諸天擊天鼓，常作眾伎樂，雨曼陀羅華，散佛及大眾。我淨土不毀，而眾見燒盡，憂怖諸苦惱，如是悉充滿。是諸罪眾生，以惡業因緣，過阿僧祇劫，不聞三寶名。諸有修功德，柔和質直者，則皆見我身，在此而說法。或時為此眾，說佛壽無量，久乃見佛者，為說佛難值。我智力如是，慧光照無量，壽命無數劫，久修業所得。汝等有智者，勿於此生疑，當斷令永盡，佛語實不虛。如醫善方便，為治狂子故，實在而言死，無能說虛妄。我亦為世父，救諸苦患者，為凡夫顛倒，實在而言滅。以常見我故，而生驕恣心，放逸著五欲，墮於惡道中。我常知眾生，行道不行道，隨所應可度，為說種種法。」

正如上述道理所示，諸佛已獲最究竟智慧身，於法界無邊時空、剎土中，恆常、周遍顯示種種智慧遊舞。對此等正理生起殊勝定解，是不退轉菩薩能擁有不退轉信心之根源。對此，我們一定要堅信不疑。《寶積父子相會經》中云：

「過去無量劫時，有一根頂如來，彼如來即為釋迦牟尼佛。」又如云：「為度諸有情，示現大勇士，雖八十俱胝，已

成如來相，尚除法之念，亦發菩提心。三千六十億，佛剎皆清淨，如來方便力，汝已早成就，依然初發心，隨順其他相。汝於將來時，示現眾如來，也以種種相，行持大士事。」

《聖寶源經》中宣說了不空成就如來佛剎清淨無垢、廣大莊嚴，及如來身處因地菩薩位時所行種種稀有行為、事業，並揭示道：不空成就如來等諸多名號不同之如來，及其所住名號各異之剎土，皆為釋迦牟尼佛所化現。

《首楞嚴經》中云：「文殊菩薩前往眾多如來剎土中時，見上方有一剎土名為一燈，住持此剎土之如來功德經劫亦難以言盡，且此剎土無有聲聞名。文殊菩薩向此如來詢問其名號，如來答言：『汝可返回問於釋迦牟尼佛。』文殊菩薩隨即回來詢問釋尊，釋尊答曰：『住持彼剎土之如來號宣說諸法幻化王如來，亦即是我，我在彼處正轉不退轉法輪。』」

又云：「離此往東越三萬兩千世界，有一世界名為攝集剎土，住持此剎土之如來號普明光嚴幻化王如來，壽量可達七百無數劫，此如來亦為釋迦牟尼佛。」而《獅吼經》中則說道：「從此往北過六十恆河沙微塵數世界，有一顯喜剎土，住持此剎土之如來號法勝。有一菩薩名為勝蘊來此剎土後，法勝如來對其宣示道：『釋迦牟尼佛即是我法勝如來，於娑婆世界中、以種種化現為眾生開示佛法。』」《指鬘經》也說在無量無邊之其它剎土，有無數正住世之如來，均與釋迦牟尼佛無二無別；

乃至未來眾生未空盡之前，釋迦牟尼佛將不斷示現成佛。正因如此，我們理應瞭解：一切如來皆具如是殊勝功德。

同樣，諸大菩薩初發心時雖有大悲心大小之差異，但獲得清淨意樂發心後，守持清淨剎土之菩薩於不清淨剎土中，並非不行持如來事業；守持不清淨剎土之菩薩，亦非不住持清淨剎土。只不過暫時於各道中，為調化根機不同之眾生，諸菩薩於不同時間示現住持各種不同剎土而已。待取得最究竟果位後，諸佛如來可於法界無邊剎土中，無有窮盡地不斷示現種種化身，此中緣由我等當知。凡夫俗子以其低劣智慧根本無法了達如來甚深密意，獲得甚深智慧之人則可斷除對如來無盡善巧方便、不可思議智慧之一切懷疑，並獲清淨、真實見解。

佛陀所宣佛法實具不可思議之功德，當中功德最殊勝者首推《妙法蓮華經》。（藏文本中對此經功德以散文方式宣說，麥彭仁波切在引用時是摘要、零散功用，故要從藏文翻譯很難盡如人意。在此則再次直接引用鳩摩羅什大師漢文譯本，主要用其宣說此經功德部分之偈頌文字。）此經對佛法，特別是對《法華經》之功德有如下闡釋：

「佛說稀有法，昔所未曾聞，世尊有大方，壽命不可量。無數諸佛子，聞世尊分別，說得法利者，歡喜充遍身。或住不退地，或得陀羅尼，或無礙樂說，萬億旋總持。或有大千界，微塵數菩薩，各各皆能轉，不退之法輪。復有中千界，微塵數菩薩，各各皆能轉，清淨之法輪。復有小千界，微塵數菩薩，餘各八生在，當得成佛道。復有四三二，如此四天下，微塵諸菩薩，隨數生成佛。或一四天下，微塵數菩薩，餘有一生在，當成一切智。如是等眾生，聞佛壽長遠，得無量無漏，清淨之果報。

復有八世界，微塵數眾生，聞佛說壽命，皆發無上心。世尊說無量，不可思議法，多有所饒益，如虛空無邊。雨天曼陀羅，摩訶曼陀羅，釋梵如恆沙，無數佛土來。雨旃檀沈水，繽紛而亂墜，如鳥飛空下，供養於諸佛。天鼓虛空中，自然出妙聲，天衣千萬種，旋轉而來下，眾寶妙香鑪，燒無價之香，自然悉周遍，供養諸世尊。其大菩薩眾，執七寶幡蓋，高妙萬億種，次第至梵天，一一諸佛前，寶幢懸勝旛。亦以千萬偈，歌詠諸如來。如是種種事，昔所未曾有，聞佛壽無量，一切皆歡喜。佛名聞十方，廣饒益眾生，一切具善根，以助無上心。」

「若人求佛慧，於八十萬億，那由他劫數，行五波羅蜜。於是諸劫中，佈施供養佛，及緣覺弟子，並諸菩薩眾，珍異之飲食，上服與臥具，旃檀立精舍，以園林莊嚴。如是等佈施，種種皆微妙，盡此諸劫數，以迴向佛道。若復持禁戒，清淨無缺漏，求於無上道，諸佛之所歎。若復行忍辱，住於調柔地，設眾惡來加，其心不傾動。諸有得法者，懷於增上慢，為斯所輕惱，如是亦能忍。若復勤精進，志念常堅固，於無量億劫，一心不懈息。又於無數劫，住於空閑處，若坐若經行，除睡常攝心，以是因緣故，能生諸禪定，八十億萬劫，安住心不亂，持此一心福，願求無上道。我得一切智，盡諸禪定際，是人於百千，萬億劫數中，行此諸功德，如上之所說。有善男女等，聞我說壽命，乃至一念信，其福過於彼。若人悉無有，一切諸疑毀，深心須臾信，其福為如此。其有諸菩薩，無量劫行道，聞我說壽命，是則能信受。如是諸人等，頂受此經典，願我於未來，長壽度眾生，如今日世尊，諸釋中之王，道場獅子吼，說法無所畏。我等未來世，一切所尊敬，坐於道場時，說壽亦如是。若有深心者，清淨而質直，多聞能總持，隨義解佛語，如是之人等，於此無有疑。」

「若我滅度後，能奉持此經，斯人福無量，如上之所說。是則為具足，一切諸供養，以舍利起塔，七寶而莊嚴，表剎甚高廣，漸小至梵天，寶鈴千萬億，風動出妙音。又於無量劫，而供養此塔，華香諸瓔珞，天衣眾伎樂，然香油蘇燈，周匝常照明。惡世法末時，能持是經者，則為已如上，具足諸供養。若能持此經，則如佛現在，以牛頭旃檀，起僧坊供養，堂有三十二，高八多羅樹，上饌妙衣服，床臥皆具足，百千眾住處，園林諸浴池，經行及禪窟，種種皆嚴好。若有信解心，受持讀誦書，若復教人書，及供養經卷，散華香末香，以須曼薝蔔，阿提目多伽，熏油常燃之。如是供養者，得無量功德，如虛空無邊，其福亦如是。況復持此經，兼佈施持戒，忍辱樂禪定，不瞋不惡口，恭敬於塔廟，謙下諸比丘，遠離自高心，常思唯智慧，有問難不瞋，隨順為解說，若能行是行，功德不可量。若見此法師，成就如是德，應以天華散，天衣覆其身，頭面接足禮，生心如佛想。又應作是念，不久詣道場，得無漏無為，廣利諸人天。其所住止處，經行若坐臥，乃至說一偈，是中應起塔，莊嚴令妙好，種種以供養。佛子住此地，則是佛受用，常在於其中，經行及坐臥。」

「若人於法會，得聞是經典，乃至於一偈，隨喜為他說，如是輾轉教，至於第五十，最後人獲福，今當分別之。如有大施主，供給無量眾，具滿八十歲，隨意之所欲，見彼衰老相，髮白而面皺，齒疏形枯竭，念其死不久，我今應當教，令得於道果。即為方便說，涅槃真實法，世皆不牢固。如水沫泡燄，汝等咸應當，疾生厭離心。諸人聞是法，皆得阿羅漢，具足六神通，三明八解脫。最後第五十，聞一偈隨喜，是人福勝彼，不可為譬喻。如是輾轉聞，其福尚無量，何況於法會，初聞隨喜者。若有勸一人，將引聽法華，言此經深妙，千萬劫難遇，即受教往聽，乃至須臾聞，斯人之福報，今當分別說。世世無口患，齒不疏黑黃，唇不厚褰缺，無有可惡相，舌不乾黑短，鼻高修且直，額廣而平正，面目悉端嚴，為人所喜見，口氣無臭穢，優缽華之香，常從其口出。若故詣僧坊，欲聽法華經，須臾聞歡喜，今當說其福。後生天人中，得妙象馬車，珍寶之輦輿，及乘天宮殿。若於講法處，勸人坐聽經，是福因緣得，釋梵轉輪座。何況一心聽，解說其義趣，如說而修行，其福不可限。」

「若於大眾中，以無所畏心，說是法華經，汝聽其功德。是人得八百，功德殊勝眼，以是莊嚴故，其目甚清淨。父母所生眼，悉見三千界，內外彌樓山，須彌及鐵圍，並諸餘山林，大海江河水，下至阿鼻獄，上至有頂處，其中諸眾生，一切皆悉見。雖未得天眼，肉眼力如是。」

「父母所生耳，清淨無濁穢，以此常耳聞，三千世界聲。象馬車牛聲，鐘鈴螺鼓聲，琴瑟箜篌聲，簫笛之音聲，清淨好歌聲，聽之而不著，無數種人聲，聞悉能了解。又聞諸天聲，微妙之歌音，及聞男女聲，童子童女聲。山川險谷中，迦陵頻伽聲，命命等諸鳥，悉聞其音聲。地獄眾苦痛，種種楚毒聲，餓鬼飢渴逼，求索飲食聲，諸阿修羅等，居在大海邊，自共言語時，出於大音聲。如是說法者，安住於此間，遙聞是眾聲，而不壞耳根。十方世界中，禽獸鳴相呼，其說法之人，於此悉聞之。其諸梵天上，光音及遍淨，乃至有頂天，言語之音聲，法師住於此，悉皆得聞之。一切比丘眾，及諸比丘尼，若讀誦經典，若為他人說，法師住於此，悉皆得聞之。復有諸菩薩，讀誦於經法，若為他人說，撰集解其義，如是諸音聲，悉皆得聞之。諸佛大聖尊，教化眾生者，於諸大會中，演說微妙法，持此法華者，悉皆得聞之。三千大千界，內外諸音聲，下至阿鼻獄，上至有頂天，皆聞其音聲，而不壞耳根，其耳聰利故，悉能分別之。持是法華者，雖未得天耳，但用所生耳，功德已如是。」

「是人鼻清淨，於此世界中，若香若臭物，種種悉聞知。

須曼那闍提，多摩羅旃檀，沈水及桂香，種種華果香，及知眾生香，男子女人香，說法者遠住，聞香知所在。大勢轉輪王，小轉輪及子，群臣諸宮人，聞香知所在。身所著珍寶，及地中寶藏，轉輪王寶女，聞香知所在。諸人嚴身具，衣服及瓔珞，種種所塗香，聞香知其身。諸天若行坐，遊戲及神變，持是法華者，聞香悉能知。諸樹華果實，及酥油香氣，持經者住此，悉知其所在。諸山深險處，旃檀樹華敷，眾生在中者，聞香悉能知。鐵圍山大海，地中諸眾生，持經者聞香，悉知其所在。阿修羅男女，及其諸眷屬，鬥爭遊戲時，聞香皆能知。曠野險隘處，獅子象虎狼，野牛水牛等，聞香知所在。若有懷妊者，未辨其男女，無根及非人，聞香悉能知。以聞香力故，知其初懷妊，成就不成就，安樂產福子。以聞香力故，知男女所念，染欲癡恚心，亦知修善者。地中眾伏藏，金銀諸珍寶，銅器之所盛，聞香悉能知。種種諸瓔珞，無能識其價，聞香知貴賤，出處及所在。天上諸華等，曼陀曼殊沙，波利質多樹，聞香悉能知。天上諸宮殿，上中下差別，眾寶華莊嚴，聞香悉能知。天園林勝殿，諸觀妙法堂，在中而娛樂，聞香悉能知。諸天若聽法，或受五欲時，來往行坐臥，聞香悉能知。天女所著衣，好華香莊嚴，周旋遊戲時，聞香悉能知。如是輾轉上，乃至於梵世，入禪出禪者，聞香悉能知。光音遍淨天，乃至於有頂，初生及退沒，聞香悉能知。諸比丘眾等，於法常精進，若坐若經行，及讀誦經典，或在林樹下，專精而坐禪，持經者聞香，悉知其所在。菩薩志堅固，坐禪若讀誦，或為人說法，聞香悉能知。在在方世尊，一切所恭敬，愍眾而說法，聞香悉能知。眾生在佛前，聞經皆歡喜，如法而修行，聞香悉能知。雖未得菩薩，無漏法生鼻，而是持經者，先得此鼻相。」

「是人舌根淨，終不受惡味，其有所食噉，悉皆成甘露。

以深淨妙聲，於大眾說法，以諸因緣喻，引導眾生心，聞者皆歡喜，設諸上供養。諸天龍夜叉，及阿修羅等，皆以恭敬心，而共來聽法。是說法之人，若欲以妙音，遍滿三千界，隨意即能至。大小轉輪王，及千子眷屬，合掌恭敬心，常來聽受法。諸天龍夜叉，羅剎毗舍闍，亦以歡喜心，常樂來供養。梵天王魔王，自在大自在，如是諸天眾，常來至其所。諸佛及弟子，聞其說法音，常念而守護，或時為現身。」

「若持法華者，其身甚清淨，如彼淨琉璃，眾生皆喜見，又如淨明鏡，悉見諸色像，菩薩於淨身，皆見世所有，唯獨自明瞭，餘人所不見。三千世界中，一切諸群萌，天人阿修羅，地獄鬼畜生，如是諸色像，皆於身中現，諸天等宮殿，乃至於有頂，鐵圍及彌樓，摩訶彌樓山，諸大海水等，皆於身中現。諸佛及聲聞，佛子菩薩等，若獨若在眾，說法悉皆現。雖未得無漏，法性之妙身，以清淨常體，一切於中現。」

「是人意清淨，明利無濁穢，以此妙意根，知上中下法，乃至聞一偈，通達無量義，次第如法說，月四月至歲。是世界內外，一切諸眾生，若天龍及人，夜叉鬼神等，其在六趣中，所念若千種，持法華之報，一時皆悉知。十方無數佛，百福莊嚴相，為眾生說法，悉聞能受持。思唯無量義，說法亦無量，終始不妄錯，以持法華故。悉知諸法相，隨義識次第，達名字語言，如所知演說。此人有所說，皆是先佛法，以演此法故，於眾無所畏。持法華經者，意根淨若斯，雖未得無漏，先有如是相。是人持此經，安住稀有地，為一切眾生，歡喜而愛敬。能以千萬種，善巧之語言，分別而說法，持法華經故。」

總而言之，隨身攜帶此經、經常念誦、繕寫此經等所具功德，可詳閱《妙法蓮華經》相關章節。佛陀親口說過：「一切如來所宣諸經中，此經最為第一。」

普賢大菩薩有無數眷屬，有一次他曾帶領無量眷屬以不可思議之幻變，從東方寶嚴勝王如來處來此娑婆世界，釋迦牟尼佛彼時正於靈鷲山傳講《妙法蓮華經》。普賢大菩薩親耳聽聞佛陀如是說道：

「善男子善女人，此等菩薩均能觸類旁通，此《妙法蓮華經》乃最究竟真如，與法界本體無二無別。」當時在場諸菩薩聞已皆齊讚「善哉」。

若了知一切諸法法性平等，則對一乘道當能通達。如來依方便法門於小乘根機眾生前暫時宣說聲聞法門，凡獲聲聞果位者，就如釋迦牟尼佛於本經中授記舍利子等阿羅漢，可獲無上菩提果一樣，此等眾生亦必獲最究竟之大菩提果位。對如來剎土無量無邊、如來壽命無法衡量等最究竟之甚深法要，以依賴法性之無垢智慧可對其深信不疑，此種信心我等必須生起。

此經實為殊勝無比，因其所宣說者完全為聖者了義智慧，有智及有緣之諸菩薩理應依此經典通達無漏智慧。正為助眾人早日了達究竟大法，本文才大量摘引此經。為利益濁世眾生，恐其無法完整閱讀此經，才方便宣說了有關此經功德之部分內容。

普賢菩薩騎六牙白象，攜諸菩薩眷屬經常守護說此《法華經》之上師，若說法上師言語文字中稍有錯漏，普賢菩薩立即現前而為糾正。說法者亦能親見菩薩身相，並獲其心咒加持。不僅如此，佛經中對此經之功德尚有眾多描述及讚嘆。佛陀曾召集眾眷屬並為其宣示道：「我將此法囑咐汝等，汝等亦應為他眾廣泛宣說，以此作為對如來之真正報恩。」因此，我們理當以恭敬心盡心盡力守持佛法，並為他人多方宣說。

究竟觀想佛陀之法

我們若能觀想、供養具無量功德之釋迦牟尼佛，則已等同於觀想、供養一切如來。《幻師妙賢請問經》中云：「妙賢若人供一佛，則供十方一切佛，諸如來與我法界，恆時無二無別故。彼等如來亦接納，供養諸佛功德增，彼獲清淨平等性，諸佛本性無分別。」

《華嚴經》中則如是說道：「僅僅見如來，能斷諸業障，遠離眾魔業。」又云：「何人憶念佛，乃佛諸功德，此人定遠離，惡趣痛苦怖」。「眾生之利樂，皆從佛力生，當知佛福德，無能相等同。諸佛遍法界，利益眾生故，化身無量數，為眾宣法理」。「如虛空遍佈，如水中影像，為利益眾生，諸佛時現身」。「佛一毫毛許，功德無等倫，世人難了知，浩翰如虛空。」

故而我們實應依靠瞭解佛的功德後所生信心，一心一意觀想佛陀、念誦佛陀名號及心咒，且需時時刻刻勵力行之。若無法做到每時每刻都能觀想，則應於七日等短暫時日內，一心觀想聖尊，如此行持亦有極大功德。《聖寶雲經》中云：「若能以猛厲信心於七日內遠離其它作意，唯恆時觀想功德不可思議之佛陀，七日過後之第八日黎明時分，自己身著清潔衣服，並做供品且念誦儀軌，當晚即能親睹如來；若所誦儀軌不完整，或無專心致志之意，臨死時也必能以此善根而面見佛陀。」

同樣，《現今如來住世等持經》中亦有此意，此經大意部分摘錄如下：「在家、出家菩薩住於寂靜地時，應再三觀想如來，即便僅聽聞別人宣說如來身相，亦應將其觀在心間，且持誦名號。如此作意觀想並守持清淨戒律，從一日至七日均能心不散亂地如理作意，七日過後應能於晝時親睹如來慈顏。若白晝時未能面見世尊，夜晚降臨後亦可於夢中瞻仰世尊顏貌。」

「同理，若已聽聞西方極樂世界阿彌陀佛住世之訊息，聞罷即應再三以如上所述之方式作意、觀想。就如貪欲熾盛之人聽聞某地有一絕色妓女，雖來親睹其容，但內心早已垂涎三尺、愛慕頓生，竟能於夜夢中與其行不淨行，且獲安樂；同樣，具有現今如來住世等持之人，於此世界聽聞無量光如來名號後，立即隨念如來名號、觀想如來功德、等持，定能親見無量光佛等諸如來，並於其前請問法理。如此觀想佛陀當能目睹佛陀，此乃因佛神威加持及自己善根力、等持力所致，正如我們自己之容顏呈現於鏡中時，自身色法並未移至鏡中，但憑因緣依然可現前鏡中影像；與之類似，依上述方式精進修持亦可見到如來並親聆法義，尚能得到授記而心生歡喜。」

「究其實，如來從未從別處來至此處，自己亦未從此處前往如來處，但以自己清淨心則可於心間現前如來身影。與之相同。三界一切萬法均為心之顯現，至於心之本體則於心內心外遍尋都無有實法可得。心亦憑因緣而產生，實為如夢如幻之緣起性，無有任何實質可言。所謂無實之法從本體而言，從未曾產生，亦無有所緣，了達此理即獲得遠離一切假立之智慧。」

「諸菩薩，現今如來住世等持可以四法獲取。何為四法？堅定不移之信心、永不退轉之精進、不依他人之智慧、依止善知識。」吾等若能精進於此四種獲取等持之因，必能現前現今如來住世等持之果。「得此等持後，此人輕而易舉就能親瞻十方如來；且同時獲取聽聞、憶念、智慧、證悟、六度、等持、總持、神變等無量功德；並能於無上菩提道中永不退轉；再無轉生無暇之處之可能；還可獲取諸如生生世世相好莊嚴、種姓高貴、眷屬眾多、夢中亦不離如來等種種不可思議之功德。」有關此方面之論述，本經典中有廣說。

此經又云：「未來若出現令人恐怖之情形時，何人若聽聞後行持此等持，則此人已供養我及過去、未來諸佛。」有一菩薩曾問護賢；「大菩薩如何修持此等持？」如來對此則回答說：「護賢，我現今正住於你面前宣講佛法。護賢，菩薩應觀如來正等覺之身相，每一相好皆以百般福德形成，對如來一切相均應如是了知。」

「心中如是觀想佛陀形象後，尚應如此觀想作意：奇哉！三世出有壞如來正等覺之身相竟如是莊嚴、稀有。同時亦應心中發願：我於未來亦當身成如是莊嚴。」如此等等，不一而足，此經中有眾多關於如此作意之論述。

如理作意後，所謂我與菩薩根本無有實存，對此一定要生起定解。對實無一法可得之作意功德，此經中亦有廣說，應參閱貫通。

《七百般若經》中云：「文殊，行持一緣等持之菩薩可疾獲無上正等覺佛果。」又云：「文殊，所謂一緣實乃無生空性之異名。欲行持一緣等持之善男子善女人，應首先了達智慧波羅蜜多之教義，待盡皆明晰後再行一緣等持。何以故？文殊，無生空性法乃無迷亂法、不可迷亂法、不應迷亂法，其奧義不可思議、無法思維、無法揣摩。

文殊，欲行持一緣等持之善男子善女人，應於寂靜地安坐清淨坐墊上，以歡喜而無有散亂之心，不著一切相，以跏趺式依無緣方式唯一只觀如來相，諸法應如是作意。同時亦應持誦所觀如來之名號，一邊聽聞如來名號，一邊觀想、作意如來居處。若能如是觀想一如來，則已等同於觀想未來、過去、現在一切如來。何以故？因一切如來一本體之故。文殊，一如來實已具足無量佛陀之功德、辯才；同樣，獲一緣等持者，依無生空性之理，則能了知一切無量法門之類別。如能通達此等持，則已通達如來所了達之境界，阿難所了達之法亦可現前。行持一緣等持之人，有生之年即可為四大部洲眾生宣說佛法。文殊，有菩薩會如是思維：到底何為一緣等持？對此等菩薩可如是作答：『此等持乃具不可思議功德，若能為他眾宣講，並令其守持，一切法皆可現前。唯具於所說之理無有脆弱、懷疑之心態者，方可獲此等持。」

此經中還說：「有分別念及邪見（有緣見解）之人無法修持此等持。比如有人擁有一長久未擦拭之如意寶，別人問其價值時，此人說道：『此乃無價之寶，必得仔細擦拭後才能了知其珍貴之處。』交給買者後，通過一番擦拭終於現出如意寶原來模樣。同理，太陽光芒遍照一切處，無邊大海同一鹹味，以一緣等持即能宣說一切萬法均為無生空性。」

《聖攝持善根經》中第十七回後，亦宣說了有關一緣等持之內容。而《彌勒獅吼經》中則記載道：

無量劫之前，如來正等覺星光如來出世傳法。在其涅槃後，有一菩薩名為大精進，長相善妙端嚴。他後來轉生到一大薩拉樹般之婆羅門家中，成為其家之子。當時有眾多比丘，均以種種方式描摹如來正等覺之身像。有一比丘於綢緞上描畫佛像，所成畫像莊嚴、精美異常。

彼時婆羅門已成為國王，此比丘便前往大精進菩薩父王之王宮中。當大精進親睹佛像後，他不禁想到：佛之畫像都如是莊嚴、美妙，佛之真身更不待言！我要能擁有與之相同之身相則實為善妙。想及此，他便對佛陀生起大信心，且歡喜充滿。

大精進從此就對所謂成家立業生起強烈厭離心，他付度道：一邊住於家中，一邊妄圖生起佛陀身相，這絕無實現可能！我一定要出家證道。

當其十六歲之時，諸根已完全成熟，他便在父母腳下頂禮道：「我欲於如來教法下出家，請父母務必開許。」父母焦急勸阻道：「童子，萬勿如此言論。你為我們最可愛、唯一之子，若我們不能見到你承歡膝下，我二人一定會鬱鬱死去。」大精進決絕說道：「我並不想傷害二老，但我一定要出家！」父母滿心疑惑：「太子，你到底意欲何為？」大精進為向父母表白出家之志，就狠心說道：「從現在直至我能出家前，我不再進食、亦不修行、也不上床安眠、身上亦不塗抹酥油、不論善與非善之語皆閉口不言。」言罷就來到一處未灑掃之地閉口呆坐。

第一日他滴水未進，父王將甘美飲食帶來勸其進食，而他晝夜均不答言。第二日亦未進食，五百母親之親友以甘美飲食請其進餐，大精進看都不看一眼，更不開口搭理。這一日也未食任何食物。第三日依然不吃不喝，五百父親之親友又如前日一般祈請，他也同樣如前日一般拒絕。第四日還是未曾進食，其他五百婆羅門又來請求，他依然如前拒絕。就這樣，他一連五日未曾進過任何飲食。父母於宮中將貝殼、金銀珍寶、藍寶石、妙衣等堆集一處，又帶八萬四千如天女般之盛裝美女前來勸請。總之，父母將宮中所有善妙之物全都拿到他眼前，父母各自之五百親友、眾多臣民、八萬四千美女等人也各持種種甘美食物，日夜在他面前祈請他能進食、能安享飲食妙欲。眾人亦勸解他道：「在家亦可廣行佈施、積累福德，更何況在家還能與女人盡享欲樂，對提供如此悅意環境之王宮怎能輕言放棄？」

面對各種勸請，大精進毫不為之所動，他既不張望眾人，亦不開口講話，於第六日中依然不進點滴飲食。除觀想佛陀外，他無任何別種作意，更未生起進餐之念。父母親友、眾多美女及其他民眾均哀哭不止，他們全在他腳下苦苦懇請，但他根本不看眾人臉面。

當此之時，於國王宮殿中有一天尊開始於空中示現大神變，且對眾人說道：「何人求菩提，彼心如山王，其心堅固力，永不可動搖。大地會震動，火亦能成水，此人之發心，永無法改變。勿令其不悅，亦不造罪惡，未來俱胝劫，盲人般漂泊。他乃為利眾，趨入菩提道，為出家精進，不難獲菩提。不為欲受用，而行菩提道，為利諸眾生，尋佛智獲樂。三千大千界，妙衣遍其中，尚有天人物，他亦不生貪。愚癡所造作，惡業需懺悔，智者懺罪後，惡業不共住。」

聽罷天人如是勸請，大精進之父母、親友及眾人盡皆當下懺悔己過，他們紛紛對太子說：「你既主意已決，那就隨自己意願出家吧。只是這飯一定要吃，否則就會餓死。」大精進菩薩雖已連續七日未曾進食，但因他一心觀想佛陀，故而天人一直暗中善護其身：他潤澤臉色未曾改變，諸根亦未失毀，大精進菩薩即如是於七日中絕食明志，根本不理會家中大小事件。

隨後他就如棄唾液般捨棄王位，在八萬四千美女及父母痛苦哀泣聲中，攜帶佛像離開王宮，並終至一唯有猛獸出沒、而無一人之寂靜地安住下來。他於其處搭建好一支架，然後將佛像端放於上。接著便於像前草墊上以跏趺坐式安坐，身軀挺直，一心觀想佛陀。在其後之修行過程中，他恆時如是思維：佛陀畫像都如此莊嚴相好，真正身相又怎能以言語喻之。如來所具端嚴妙相甚為稀有，何人若能親見其容，此人福報之大實已超越言詞所能詮釋之境界。他又想到：我想必當能親睹如來身相。

森林中一天尊了知大精進菩薩心態後，就特意告訴他說：「朋友，你內心所生欲見如來身相之分別念實際已是如來身相，你目前所見之畫像實際正為如來真身。若能意識到此點，則為已睹如來身體。」大精進菩薩聞言立刻想到：所謂如來身相實與畫像無二無別。他又如理思維：如來畫像從不曾有過思維及分別心，一切萬法亦無思維、無分別，如來身體同樣不離此種法相；此畫像僅是假名安立而已，萬法均為假立不實。所謂名字其本性必定為空，自性無有絲毫動搖，如來身體亦不離此法相；此畫像無得、無證、無思、無現量、無果、無證果、無住、無依、無來、無去、無生、無滅、無染污、無清淨、無聲、無理、無非理、無貪滅、無嗔滅、無癡滅、無蘊、無界、無處、無前際、無後際、無中際，一切萬法均如是，如來身體亦不離此法相；此如來畫像無動、無行，一切諸法均如是，如來身體亦不離此法相；如來畫像無見、無聞、無嗅、無嚐、無觸、無思、無睡、無起、無呼吸、無作意、一切法亦復如是，如來身體亦不離此法相；如來畫像不屬欲界、不屬色界、不屬無色界、一切法無不如是，如來身體又焉能離此法相；如來畫像無裡、無外、無中、無始、無終、無去、無行、無取、無捨、無能作、無所作、無墮、無真、無假、無證諦、無貪欲、無憂愁、無輪迴、無涅槃，一切諸法莫不如此，如來身體又何曾離此法相？

大精進菩薩一直如是思考如來身相，晝夜不捨跏趺坐式，夜以繼日修持五神通、四梵住、無礙辯才，亦修持普現等持。待其修成後終獲清淨天眼，能照見遠超此世間範圍之十方無量如來；又能以天耳無礙聽聞一切如來說法妙音，且聽聞一如來音聲時並不妨礙其他如來音聲同時傳來。大精進即以此種聞法方式令諸如來皆心生歡喜。

在七月之時日內，大精進如是以跏趺坐而安住，每日除以觀想佛陀為食外，再不進食任何飲食。諸天人知其發心清淨後，紛紛對其身體作加持，令其始終能保持昂揚心志。大精進當時並未身著袈裟，亦未現見如來，也未曾受戒，但他實已獲如來智慧。對此等行持，我們理應效法、追隨。

世尊後對迦葉說：「諸菩薩理應如大精進菩薩一般恭敬如來身相，並了知如來法身無增無減。若能如此證得，則必定可生無比大智，亦能現見十方無量無邊之如來，並聽受諸佛宣說妙法。」

大精進從森林中出來後，便前往大小城邑、村落、王宮等地，對眾人廣宣佛法，令兩萬人都發下無上菩提心，無量無邊眾生均趨入聲聞乘。包括大精進父母、王妃等眷屬在內之人眾，皆發起無上菩提心。

如是無等大師釋迦牟尼佛因地時轉生為大精進菩薩，其當時之種種行為實為我們後來追隨之目標。其他諸大菩薩之清淨行為與發心，亦值得我等隨學。

（供佛有極大功德，但僅憑供佛、不行其他善事，並心生傲慢則不應理。）佛經中說：「末法五百年時，善男子善女人中會有一些不精通大乘法、貪欲反倒暗暗滋生之人，此類人僅僅依賴供養佛像之功德，就欲獲得成就、神通等果位。他們自認為唯有自己才知供養如來身像，他人都不可能如此行持，因之便以如此微少之善根而自讚毀他。除供養佛陀身像外，此等人既不聽法求傳承，亦不誦經、禪定、內觀。如此行持之出家人或在家眾，亦能得到他人所供養之法衣等受用。」故而佛陀殷殷教導道：「迦葉，我自覺入大乘行者當如是行持：守持清淨戒律、希求正法、廣聞博學。而此類人卻不守持戒律、不希求正法，僅僅以供養佛陀身像滿足度日。」世尊又曾開示過：「迦葉，如來為此等善男子善女人之利益而宣說如是真理，此等人聞聽此法門後理應了知自己過失，並改過自新。」

以人觀佛而修止觀瑜伽

上引經典之教義歸納而言又該如何行持？

首先應為一切眾生皆獲安樂而發菩提心；然後應內心思維：我如今已獲暇滿人身並值遇如來教法，此時不應言說世間低劣之事，亦應明瞭：造作供養如來身像等善事雖有無量功德，但依靠財物積累福德，乃如來主要為在家人所宣說之法門，最殊勝之功德應為出家人隨念佛陀，出家人應守持清淨戒律，並內觀修行。既如此，我亦應按如來教言盡力修持。無始劫來直至如今，我們皆被各種分別念牢牢綑縛，似被狂風猛摧、被烏雲覆蓋、被海上巨浪鼓盪，日日夜夜均無自在而陷於迷亂。不僅未獲殊勝功德，反而在種種痛苦中備受煎熬。從現今始，應想盡一切辦法認知疾病般只能增上違緣之分別念大網中解脫出來。既然一剎那間觀想佛陀都能帶來無量無邊之利益，因之更應依觀想佛陀而修寂止、勝觀瑜伽，並祈請諸佛菩薩加持我圓滿止觀修持。

如是一心一意發下猛厲誓言後，即應前往遠離一切憒鬧之寂靜地方，也即是白天無人來人往、夜晚無嘈雜音響等禪定刺之地，並於舒適坐墊上具足禪定威儀而端坐。圓滿修完前行後，應將一拌長之釋迦牟尼佛像置於雙目能悅意、適中瞻望之地。此佛像應請技藝高超之畫師精心描摹，畫像理應大小適度、精妙莊嚴。擺好畫像後要對之生起信心，並隨念如來之加持，隨即就以緣起咒開光。擺放如來畫像時不應離眼過近或過遠，雙目應能直視畫像。然後一邊觀看，一邊如是思維：此乃如來真正身相，所謂如來實為無量無邊，獲取佛果之因則為不可思議之智慧、福德資糧。如來於整個世間可謂曇花般偶爾應世，其身相具足三十二相，八十隨好，令人視而不厭。人天世間，燦然明然之莊嚴佛陀身相，有緣眾生曾於此剎土中共同目睹過。他為眾生廣演佛法，並顯示神變，行、住、坐、臥等行持皆為眾生利益，又以善巧方便廣作不同事業，並以此方式而成熟無邊眾生善根。

無等大師本師釋迦獅子王降生於釋迦族，後示現成佛，並於靈鷲山等不同地方為菩薩、聲聞等不同根基之眾生宣講佛法。對世尊此等經歷也需一一作意、觀想，並於其後如是思維：如此善妙之如來身相現今就呈現於眼前畫像上，如來早已具足戒律、等持及見解脫智慧等無量無漏法之功德，他以大慈大悲心而攝受我等眾生，並為眾生行持無數苦行。從上文所敘之海塵婆羅門初發心開始，歷經以上所宣示之種種磨難，經三大阿僧祇中厲行六度萬行，且因之而積累起無邊不可思議之智慧、福德資糧，然後方能遠離一切障礙、摧毀四魔、進而圓滿所有功德，獲得了知萬法實相之大智慧，及至輪迴未空盡之前，始終成為一切眾生究竟皈依處、估主、無偏親友。如此殊勝之無上如來，我們無論憶念、頂禮、持誦名號、瞻仰佛像、一心觀想等，做任何微小善根亦能成殊勝菩提因，此為如來不可思議之發願力、智慧力所致。因此，我們實在應慶幸自己有如此之殊勝因緣及大福報。

一邊如是作意思維，一邊隨念佛陀，同時生起堅定信心。還需注意：觀想、隨念佛陀畫像、功德之心識不可過緊、亦不可過鬆，張弛有度，務必以不失正知正念之方式持續專注觀想。除觀想佛陀外，再無其他任何分別念，唯一觀照者只為佛陀。如此修習，天長日久、心就能不斷專注於所緣境。總而言之，以九種住心法（九種住心：內住、續住、安住、近住、調伏、寂靜、最極寂靜、專注一境、等持。）次第成就欲界一心禪定之前，應精進於上述修習內容。

在觀想佛陀時，我們可觀想如來總體身相；為未來獲得聖法、滅盡昏沉，我們又可專注觀想佛陀之頂髻；為獲等持、斷除掉舉，我們則可觀注如來心間吉祥旋；為修有所成、能得大福德及安樂，可將心專注於如來眉間白色、如右旋海螺般之白毫；為佛法妙音傳遍一切處、眾生均能同沾佛法利益，應專心致志於六十種妙音來源之如來喉間、三條海螺紋樣之處……無論採用何種方式，只要隨自己意願，心專注於佛陀身相即可。

如此修持時，恰如徒手抓蛇一樣，剛開始時難以調伏，自心急躁、分別念迅猛、粗大，此正所謂第一階段如峭壁落水之動搖覺受。此時應如是思維：自己之心識恆時處於飄搖不定之中，出現此種狀況亦在所難免。《妙臂請問經》中云：「心如電如風如雲，亦如大海起波浪，須臾隨意散外境，動搖迷亂當調伏。」此亦可算正常現象，因每一眾生都被此種散亂分別念所控制，哪裡能有所謂自在。我應盡力不懈怠，努力精進修持。若真能勤勉不捨，將來絕無不能成辦之事！一邊如理作意，一邊暗自發願，堅持不懈地長久將心盡量專注於佛像，日久功成，以前較粗大、猛厲、迅疾之分別念定會逐漸熄滅。

不過此時又有一新階段會出現，在此時期內，微細、眾多之雜念紛紛顯露，此即所謂第二階段如山谷流水之獲得覺受。山谷水流聲勢浩大、湍急奔騰，但與峭壁落水相比、其流速已明顯減緩，故選用此喻。此時應不斷修持，將心繼續安住下來，如此修行至一定階段，心識所起之分別念出現頻率會日漸放緩，心已能基本安住下來。

此時再詳細觀察，仍有細小之分別念不斷閃出，此即所謂第三階段如江河走水之修行覺受。江河緩慢流動，遠望幾無察覺，唯沿岸觀之方見其不捨奔流。

再繼續精進不輟，便不會再產生此前修行時所感諸苦，亦不必勞心勞神，此時之精進行持方可謂已入正軌。如是修持後，細微之分別念亦日漸消失，自己將心專注於任一所緣境時皆能安住很長時間，紛擾外緣也難以撼動其安住之心，至此則進入第四階段如大海離於波濤之穩固覺受。此時心已能完全安住下來，且非常穩固，故以此喻明之。

從此之後，即無需過分勤作，再接再勵長期修持下去，即達於第五階段如山王穩固般之究竟覺受。此時已至覺受極至，此覺受與無勤作行實乃一意貫通。將心專注於任何一處，皆能自然融入此法，無需任何勤作，自然明然安住於此法中，任何分別念都無法動搖，至此則已修成所謂欲界一心。此時因心能安住，故而各種不同之覺受都可出現。

在此種境界中安住修持，即可獲所謂身心輕安之境界。如能獲取身心輕安，則將心專注一處之時，身心可在很多天當中無勞累之感，整個身軀如棉花一般調柔，且心內充滿明晰、安樂之感覺。若所獲輕安最初尚有沉重、穩固之感，則應繼續再修，直至滅盡此等作意。此時就如影子一般微薄、乾淨，行者會現前與正行禪定相同之境界——出現寂止。

此種修持才可稱其為寂止，因其乃輕安之心。此種心屬於初禪未致定心（雖尚未證初禪根本定，但依初禪未至定力，於欲界煩惱亦能斷

除。），凡得此寂止之心者，不管有相抑或無相空性法門，無不可修。原本修寂止需有四種作意

（修定時引心趨境的四種警覺性：勵力運轉作意、有間缺運轉作意、無間缺運轉作意和無功用運轉作意。）、六力（修止過程中能成九種住心的方法：聞力、思力、正念力、正知力、精進力、串習力。）等眾多修法以為輔助；若能以正知正念攝心專注，如此修持即可以最自然之方式現出五種覺受，亦即將上述眾多要求所欲達成之目標全部涵蓋。

修成此種寂止時，因心堪能之緣故，身軀亦具色澤光潤、充滿安樂、力量等特徵，心也清淨無染，任運行持眾多事業，身心遍布無邊喜樂。尤其可貴者乃在於煩惱減少，能感覺與內在大樂相同之覺受。以能依此種寂止觀想佛之福德力，再加佛之加持力，行者即可親見，或於覺受狀態下，或於夢中得見如來，並聽聞法語，無量功德就能在自己相續中生起。

此等寂止修成後，應繼續修持勝觀瑜伽。首先應將修持寂止時所用佛像再次當作所緣處，並一心一意觀想。最後面前無佛像時，仍能在心間隨意現前佛陀身相，至此境地方可謂修成寂止。此時雖無有佛像，但於自己心間，因等持像已成，故可自然明然現前。最初時，如來身相於自己根識前就如鏡中影像一般可明然顯現；再往後，即能於自己根識前真實現前，並可在別眾面前也能觀見自己根識前所成影像，此乃前譯眾多實修教言中所謂之第一意識、二根識、第三覺性之對境。

在最初已能明觀佛像後，應深入勝觀修持，具體方法如下：

首先內心如是作意：心中所觀具足相好莊嚴之燦然佛像，實乃因自

心之一種串習力而現前。如是之佛身無所從來，亦無所而去，若善加觀察即可明了，此種身相實無所有，內外均了不可得，完全是依賴於心，並通過長久修持等緣起力而顯現。若對顯現之來源——心善加觀善，即能發現裡裡外外均無心藏身之處，它原本就遠離一切所依。既如此，無本之心所顯現之形象又何能實有？因此，此等顯現沒有絲毫本性存在。

同理，所謂如來真實出世，實際所指是說眾生清淨善根與如來大悲發願力因緣聚合後，就如人面會於清淨鏡中呈現一般，佛陀亦會無欺顯現於世間眾生前。究竟而論，所謂如來之蘊、界、處所攝諸法，絲毫許亦不存在，只不過凡夫難以推測其法界平等智慧身而已。《智顯莊嚴經》中云：「所謂真實如來者，無盡善法之影像，此無真如亦無佛，世間眾前現影像。」《現今如來住世等持經》中則說道：「諸佛菩薩由心立，心本清淨性光明，無垢不與眾生混，若知此道獲菩提。」

依此種智慧觀察就能瞭解顯現之理，了知此理就會理解：正如如來顯現一樣，一切縕、界、處所攝現有諸法，全都依憑種種因緣聚合而如幻顯現，並被眾生感知。此等諸法唯賴各自因緣匯聚而能顯現，若詳加觀察，任何一法都無微塵許自性可得，恰似如夢如幻之顯現一樣，諸法實無來去、無生滅。貪執顯現、從不善加觀察之凡夫、愚者皆認為生滅等萬法真實不虛，就如眼中有翳之人千方百計妄圖驅除虛空中之毛髮一樣，無始劫來，被無明眼翳所遮蔽之人，彼等完全不知萬法究竟實相。而真正證悟實相之大士，並非否認萬法之顯現，他們早已深刻體會到正當顯現之時，萬法其實毫無實性可言。證悟者皆明此理：萬法本自無生，盡屬空性。正如《無熱請問經》中所言：「緣生皆不生，彼生皆無性，佛說緣生空，知空即智者。」

《般若經》中又云：「諸法如幻如夢，涅槃如幻如夢，若有超勝涅槃之法，亦如幻如夢。」《三摩地王經》則云：「如夢亦如幻，陽焰乾闥婆，夜燈本性空，諸法如是觀。」《中觀根本慧論》云：「如幻亦如夢，如乾闥婆城，佛說生寂滅，其相亦如是。」因此，佛之身相在心間顯現時，根本無有本體可言，我們應了知萬法均無有本體，我也無自性，所謂我之自性實乃如來自性，也即如來自性是一切諸法自性。《智顯莊嚴經》中云：「恆無生法即如來，一切諸法似如來，執相凡夫愚癡眾，世間無法反執實。」《攝集經》中又說道：「如我本性即眾生，眾生本性即諸法，無生與生皆不念，此即智度之勝行。」

《中觀根本慧論》對此亦闡釋道：「如來過戲論，而人生戲論，戲論破慧眼，是皆不見佛。如來所有性，即是世間性，如來無有性，世間亦無性。」在究竟實相義中，一切諸法遠離生與不生等所有戲論之網，成為本來平等法界。《慧海請問經》中說道：「此法無垢淨善性光明，如同平等虛空本無生，不來不生不住亦不滅，此乃如來手印淨無動。」《華嚴經》中有云：「細微難證如來道，無念無思極難見，自性寂靜無生滅，通達教理方明此。本性為空寂無苦，解脫相續同涅槃，無邊無中無言說，三世解脫如虛空。」

聖者羅睺羅說過：「無可言思智慧到彼岸，無生無滅虛空之本性，各別自證智慧之行境，頂禮三世如來之佛母。」龍猛菩薩亦曾揭示道：「自知不隨他，寂滅無戲論，無異無分別，是則名實相。」如是抉擇遠離言說、戲論、所緣對境的真如之瑜伽士（修行人），首先以了達諸法如幻之等持，專注於夢幻般如來身相，以觀看如來畫像、聽聞法要等方式修學如夢如幻之各種行為。接下來應於無可言說、平等、各別自證對境之空性中入定，依此方式，當能獲取相應法忍。再繼續修學，於不久之將來，必能無疑獲得見道之智慧。

上述道理，也即以竅訣方式宣說現今如來住世等持、一緣等持之實修方法。

日常觀修佛陀法要

對上文所宣講之止觀修法，不能直接進行修持之人，應時刻隨念本師釋迦牟尼佛，可念誦《釋迦牟尼佛修法儀軌——加持寶藏》（見於上冊正文前）。觀想佛陀後，以定解心發堅定誓言，然後念誦三遍皈依偈：乃至菩提之間永皈依，一切殊勝佛法及僧眾，以我修行悆誦之福德，為利眾生願成就佛果。

在修完四無量心後，可入於緣起性空之幻化般境界，並念誦「啊，無生空性以及緣起性」至「乃至菩提前以大悲攝」等內容，再按儀軌要求觀想釋迦牟尼佛真實處於自己面前。如能以清淨心、堅固信心依善巧方便法修持，一剎那間也能圓滿多劫之資糧。故而對能令人積累資糧、懺清罪障、增加善根之七支供，務必要盡心念誦。

為圓滿所求、所發諸願，應按儀軌教言誠心祈禱，並依猛厲信心將自身軀體幻化成微塵數身軀，一一在釋迦牟尼佛前頂禮、供養種種供品。此時應如是思維：從今乃至菩提間，我與眾生盡皈依。在此種心念中應不忘念誦佛號：頂禮供養皈依本師出有壞善逝真實圓滿正等覺釋迦牟尼佛。然後，通過祈請、念咒語：達雅他嗡牟尼牟尼瑪哈牟尼耶梭哈，觀想如來身體發出遍滿虛空之光芒。光芒接觸我與眾生後，所有障礙皆得以清淨，痛苦皆得以清除；眾生各個皆具安樂；自相續中生起信心、等持、總持、辯才、智慧等大乘道之功德；最終皆獲不退轉果位。

再盡力念誦心咒，此時所觀想之如來光芒已達無量無邊

之多。正如《寶積經•光照品》中云：「以此不可思，善業之因緣，遠離愚癡故，現出種種光。」又云：「如是具因緣，顯現無量光，眾生諸意樂，各滿其所願。」也即是說，釋迦牟尼佛可於一光中現出二、三等乃至無數光芒。

諸種光有眾多類別：淨雲現光；淨眼光、淨耳光、淨鼻光、淨舌光、淨身光、淨意光；淨色光、淨聲光、淨香光、淨味光、淨觸光、淨法光；淨地光、淨水光、淨火光、淨風光、淨空光；淨蘊光；淨諦光；淨辯才光；淨白黃等光；淨勝德光；淨龍嚴光、淨象嚴光、淨獅嚴光、淨勝龍光、淨調龍光、淨調夜叉光；淨金剛力光；淨空性光；能生起前世善根之淨全淨光；能令千萬如來剎土震動之淨法性光；降伏魔怪之淨降魔光；能令持名號者遣除危害之淨福幢光；能令持名號者遠離怨敵之淨利幢光；能令持名號者斷除貪心之淨寂幢光……等等。

凡持誦光之名稱即可遣除邪行、破戒等一切過患，僅稱誦一光名稱亦能令受持者具足清淨戒律、圓滿等持、滅盡愚癡等煩惱而獲安樂，又能具足滅除痛苦、超離戲論、了知三世生起等眾多功德。如此眾多之光芒中，僅無愁光等一光即具八萬支分光。

總而言之，如來所具不同光芒數量遠遠超越如來世界中微塵數數目，並以此類光芒利益一切有情、度化所有眾生、滿足眾生各種願望。《菩薩契經》中云：「諸佛光無邊，光網不可思，佛剎如大海，遍於十方界。」此外，我們還應憶念《華嚴經》、《寶多羅經•吉祥賢品》中相關內容。

此處應盡量修持上面所宣示之止觀瑜伽，同時亦應修持較相應之寂止、勝觀。待最後收坐時，應供上曼茶，並做讚頌、祈禱、迴向、發願等應為之事。至於祈送（其它修法中至最終圓滿時，應將所修本尊恭送回剎土，並念誦祈禱文。）、攝次（其它修法中至收坐時，應將修生起次第時所觀想之本尊攝收、融入自己本性中等法。）則無需進行，因無論於何處觀想如來身體，如來之身軀即安住於何處。與虛空等同之如來身相本無來去，亦無增減，不管何人、何時、何地憶念佛陀，佛陀都會住於其前。

行者於座間時當念誦各種經典，並以頂禮、供養、轉繞等行為盡量廣造善根。若不能如此行事，就應隨念佛陀，並再三內觀無常、苦、空、無我等正念，並及涅槃即寂靜等正理。

至於臨入眠時之前行善法，則應在近入睡時觀佛陀聖光遍於一切處之光明想。正如《解意法門經》所云：「諸比丘，若勤修等持，如何方能獲得智慧？諸比丘，比丘應善觀光明想。諸比丘，譬如春日無雲虛空中高掛皎月、湛湛晴空中朗日普照，日月光明能遣除一切黑暗。諸比丘，比丘亦應如是善加守持光明想，善加作意、修持並了達。猶如白晝觀修光明想一般，一切時處均應如是修持。日如何修，夜則如是修；夜如何修，日亦如是修。以前如何修，未來亦如是修；未來如何修，以前亦如是修。下如何修，上則如是修，上如何修，下亦如是修。」

行者理應如是分析，並以無貪執之心安住於白晝之觀想而修光明，此為一切等持之依處，若數數修習，必生智慧。我們應如是按儀軌時刻精進隨念佛陀，並為一切眾生皆獲圓滿佛果，而誠心實意將此善根迴向。若能經常於幻化般世俗諦中入定，再於離一切戲論之勝義諦中入定，最後成就止觀時，必能獲得現見如來、聽聞正法等殊勝聖道功德。即便未真正修成止觀，以上述方式僅作相似修行也能獲得相應之如來加持與悉地，並可出現於夢中現見如來等眾多瑞相。

如何辨析夢之吉凶，《聖四修經》中對此有詳述。經中文殊師利菩薩告訴具賢天子道：「障礙同類因之四夢相為：眼見有垢染之水池所現月影、眼見不淨湖泊中所現月影、雲霧彌漫之空中所成月相、微塵飛揚之空中所出月輪；業障同類因之四夢相為：從一懸崖上墮至極深深淵中、行進於凹凸不平之道、走上狹窄道路、迷失方向並出現恐怖；煩惱障同類因之四夢相為：受嚴重毒害後心煩意亂、聽聞猛獸恐怖癆人之吼叫、自己處於造作惡業之狡詐眾生群中、自身及衣物均骯髒污穢；獲陀羅尼同類因之四夢相為：目睹裝滿珍寶之寶藏、親見蓮花所嚴飾之湖泊、自己獲得一身白衣、自己頂上有天尊持傘安住；獲等持同類因之四夢相為：親睹美女供養自己鮮花、空中淺灰色天鵝群發出美妙鳴音而飛翔、光芒四射之如來以手指觸摸自己頭頂、如來正於蓮花上坐禪；現見如來同類因之四夢相為：見到月亮升起、太陽升起、蓮花開放、梵天之寂靜行為；菩薩自相同類因之四夢相為：見枝繁葉茂之大薩拉樹上碩果累累、銅器中盛滿黃金、空中遍滿寶傘及勝幢與飛幡、目睹大轉輪王；降魔同類因之四夢相為：自己行走於壓服住眾大勢力之一大勢力身上、大勇士凱旋而歸、國王行加冕大典、自己獲菩提後降伏魔眾；獲不退轉相有同類因之四夢相：以白頭巾纏於頭上、行無緣之上供下施、自己坐於法座上、如來得菩提且宣示正法；得菩提同類因之四夢相為：見到寶瓶、匝肖鳥（一種鳥名）圍繞自己、草木等植物無論自己身行何處都恭敬頂禮不已、金色光芒遍佈十方。」

依此經宣說之理即可了知夢兆吉凶，並應精進行持斷除過失、積累功德等方便法。其它佛經（藏文原文為《王妃經》，是否確鑿無疑尚有待查考。）中描述了罪障清淨之夢相：「夢見如來降臨且觸摸自己頭頂；光芒遍照十方；目睹鮮花盛開等。」另有些經則云：若夢見蓮花，即可成辦一切事業。《解脫經》則說：「清淨罪障之夢相為：依橋樑渡過大江大河、別人為自己沐浴、身體被雨水淋濕；若夢到自己前往僧眾行列中、自己進入佛塔或佛殿中瞻仰諸佛菩薩像，則為自己獲諸佛菩薩加持之相；如夢見自己得到水果且食用，則為即生得果之象徵。」出現一次夢相則表明已清淨一個無間罪；若連續出現五次夢相，則表明已全部清除五無間罪。另外，對《寶積經•夢境品》等經論中所闡述之道理亦應瞭解。

一旦面臨死亡，雖有佛經中所宣示之十一種觀修法等菩薩所應修習之死亡法門，若歸納而言，《聖涅槃智慧大乘經》中已將此類修法全部涵蓋。也即是說，一菩薩（修行人）臨近死亡之時，應了達、修證《聖涅槃智慧大乘經》之奧義。無論身處何地，當自己確已步入死亡境地時，應觀想自己頂上有本師釋迦牟尼佛安住，要做到這點。必須以猛厲信心專注觀想。接下來應如是思維：不獨自己一人，所有眾生都難逃死亡規律。無盡輪迴中，我與其他眾生雖歷經無數生死流轉，但除感受死亡痛苦外，從未曾賦予死亡任何意義。如今，我應力爭使死亡富有價值與意義。

還應繼續思維：此等內外所攝一切未來、過去、現在諸法，全為剎那生滅之無常本性。所有有為法中，有些相續馬上滅盡，如閃電、水泡等般迅疾；有些則如此世界一樣，相對而言相續持續時間稍長一些。不過無論相續多短多長，不滅盡之法無有絲毫存在可能，所有世間器情最終全部滅盡無遺。如來最終都示現涅槃，我一介凡夫更勿需多言。佛陀因此曉諭我等：一切有為法盡皆無常。

然而可憐眾生卻不知有為法之規律，他們不喜分離、死亡，對聚會、生產倒歡欣鼓舞，正因貪執輪迴，故而反覆旋轉於輪迴中。此次我應將即將到來之死亡，作為自己難得之善知識，從中了知並抉擇一切有為法盡屬無常之理。

我自己臨死時需如此作意：生生世世中都願我了知萬法無常之真諦，並不貪執一切有為法，願我此願必能實現。祈請本師釋迦牟尼佛及一切諸佛菩薩加持我！

如是思維後，當按《聖涅槃智慧大乘經》所云繼續思索、修習。此經有云：「諸法性淨故，當觀無實想，具菩提心者，當觀大悲想。性空光明者，當觀離貪法，心乃智慧因，別勿尋正覺。」此段文字是指：首先應觀想，於無邊無際之世界中，以自己為主之眾多眾生都將有為無常法執為常有，將輪迴、痛苦執為快樂。故而應對於生死流轉之輪迴中感受無邊無際痛苦之眾生心生強烈悲心，並發願為令此等眾生遠離生老病死之危害、且將其全部安置於無上菩提之果位，自己一定要成就三界怙主如來正等覺之果位。為度化一切眾生超離痛苦，自己應修持具有如是菩提心基礎之慈悲心。

同理，若對以死亡為主之一切萬法詳加觀察就能瞭解：諸法本性乃根源於自己之分別念，在分別念操縱下才產生所謂痛苦、快樂等感受。究竟實相中，死亡、痛苦等法絲毫許亦不存在，我們理應如是思維。更進一步，萬法本來就為無實空性，換而言之，死亡等諸法本體即不成立，但如夢如幻之顯現則並非斷滅。如審慎觀察，有無等邊皆不可言說，本質均為空性與光明，空與不空都不存在。現如今之自己心性，原本就為光明、空性雙運，在如此之心性本來面目中，輪涅所攝法原本等性。本師釋迦牟尼佛之智慧與自己之心，在心性自然本智之境界上，原來就無二無別。若從中不散亂，且能生起定解，此時就能證悟自己心之本性。除此而外，再無任何所謂佛陀存在。實際言之，本無所謂生死，生死不過是分別念假立而已。在遠離分別念之心性本體中，根本無有任何生死。若能入定於此種境界而安然離世，中陰迷亂等顯現則不會現前，應能往生如來剎土。

不具足上述境界之人，臨死或中陰時，只要不忘憶念本師釋迦牟尼佛，僅僅依此也能往生清淨佛剎。（注：全知麥彭仁波切在此處以無比之大悲大智，為身值末法濁世之眾生開顯出一條解脫捷徑。無論何種根基之人，只要能依此法門修持，臨終之時則決定往生！特別是其最後所述之方便法門，稍有神志之毫虛老人亦可藉此而擺脫輪迴。若再要置尊者之悲心切切於不顧，不珍視到手之如意寶、仍一意棄明投暗，則何堪為人？何堪為人，請三思！）

此外，即生中不管遇到何種痛苦、恐怖，只要能隨念佛陀，必定能從中獲得解脫。平日若值遇幸福快樂之境遇，心中應明白此皆因佛陀之慈悲方能得以現前。既如此，快樂等一切善妙法皆當觀想為普賢云供而供養於佛前。自己尚應恆時思維：三解脫、六度等法要實乃佛陀恩德所化，他為我等眾生發起菩提心，並竭盡心力行持菩薩行。如是隨念佛陀實為最極重要，隨念佛陀乃一切菩薩道之基礎，具備無量利益及能生一切聖道之功德。

如今之時代中，眾多修行人只看重自己所屬之宗派在修法、念誦等方面所具特徵，反倒於佛祖釋迦牟尼佛不知修持及念誦。從實質而言，進入佛門之佛教徒，若對佛陀缺乏堅定信心，此等所謂行者實為愚癡無知之徒。因唯有釋迦牟尼佛才以其不共之慈悲，發心住持我等現今所居之剎土，並攝受濁時眾生，且於眾生前行持如來事業。

所有三藏法門，包括能令五濁興盛時之眾生，於短暫一生中即獲佛果之密道金剛乘，佛法及弘揚顯密教法之高僧大德、僧眾，也均依佛陀之慈悲力才得以顯現。釋迦牟尼佛如果當初不攝受此剎土之眾生，亦不放射顯密教法光芒，我等

眾生恐連三寶名聲都難以聽聞，更何談修持顯密佛道？因］此，無論修持新、舊等何種教派，對釋尊必須具備強烈、堅定之信心，此點斷不可缺。還需對其格外恭敬，並精進觀修釋迦牟尼佛。

若有人生如是念頭：儘管自己信心之對境非釋迦牟尼佛，不過若本人對早已離貪且具出家相之另外如來，或諸寂靜、忿怒本尊等具足信心，這二者又有何不同？

對此疑問之答覆為：如從本性而言，二者當然沒有任何差別，因一切如來之智慧身原本就為平等性，且其斷證境界絕無高低差異。但若以名言諦衡量，從顯現而言，所有宗派信奉之寂靜、忿怒本尊修法及念誦，均依釋迦牟尼佛之大慈大悲力而得以出現。正如瞻部洲一切水流均源自無熱惱湖一般，顯密所有修法，包括最細微之修法，皆因釋迦牟尼佛之大悲力而存世。就像祈禱自己根本上師後所得之加持，超勝祈禱其他上師所能得到之加持一樣，因自己前世宿緣所致，若祈禱其他佛，得到加持之速度，肯定不如祈禱釋迦牟尼佛來得迅疾。

若有人又心生疑惑：既如此，我等可否只祈禱釋迦牟尼佛，無需再祈禱其它本尊？

問題之實質並非如此。因無論自己祈禱哪一本尊，此本尊之本體並非超越、游離於釋迦牟尼佛本性之外。我們理應知曉：一切諸佛於法性平等性中可謂無二無別，釋迦牟尼佛只是以不同身相顯現種種不同本尊而已，從而成為我等濁時眾生之估主、皈依處。如果自認為自己修習之本尊與釋迦牟尼佛乃為異體，並因之而捨棄釋尊，如此「專修」本尊絕難成就。

又或者有人如是思維：無上密乘中，自己根本金剛上師之本體與三世諸佛無二無別，並且其恩德在顯現上已大過三世諸佛，因即便三世諸佛住世，只要上師未出世，則自己必不能得加持，也因之而無法成就。

因此，供養上師一毛孔之功德就已勝過供養三世諸佛之功德，令上師歡喜也即令三世諸佛歡喜，且能得到不共加持。這也是眾多金剛乘教典中，再三讚嘆上師之緣由，因上師已代表三寶總體，或可稱之為第四寶。如云：「當知殊勝師，功超三世佛。」除觀修上師瑜伽外，哪裡還有更殊勝之法門？

對此可回答道：原本確實如此，密宗中除聖道上師瑜伽外，再無比其更殊勝之獲得加持之修法。但為自己開演密宗教理之上師，實際上正是釋迦牟尼佛之化身。《涅槃經》中云：「阿難勿痛苦，阿難勿呻吟，我於未來世，幻化善知識，利益汝等眾。」修持依釋迦牟尼佛之慈悲力而得以顯現的顯密教法之諸上師，實際上正是釋尊之語生子；實修實證之上師，已獲釋尊智慧相續中之勝義，與世俗菩提心之加持，他們即為佛陀之意生子。故而無論修持哪一個上師瑜伽，我們都應明瞭：釋迦牟尼佛實與上師無任何本質差異。不僅修上師瑜伽需如此作意，修持任何上師、本尊之法時，都應深信他們與佛陀無二無別，且三世諸佛都無二無別。若非如是，則對諸如來存有勝劣、取捨念頭之人，將永無成就之日。

瞭解上述釋迦牟尼佛之恩德後，我們應對釋尊生起極大恭敬心，然後開始修持與他無二無別之上師、本尊修法並及念誦，如此行持必得成就。因此，隨念世尊修法儀軌進行修持、念誦時，我們應將對自己宣示顯密佛法之上師、三世三寶全部匯集於佛陀身上，然後再行念誦及修行。在此儀軌中，按顯宗要求是以隨念佛陀為主要修行內容，加上觀佛陀與上師無二無別之修法要求並非不可行，亦不一定必須如此，因只隨念佛陀亦能成辦事業之故。

念誦佛陀名號時要稱呼「本師」之原因為：三界導師亦可用於佛陀名號；因觀世尊與自己對其有信心之上師無二無別之故，也可用「本師」稱呼佛陀。或將無上密宗之根本上師作為本體，其形象觀為釋迦牟尼佛之身形，以此修上師瑜伽也能行之有效。因上師是諸佛總集根本，無論將上師觀為哪位佛陀，此種修持均無矛盾之處，只要自己對上師、佛陀具足信心，何種修法都同樣得到加持，此乃鐵定規律。

吾乃具諸煩惱縛，檀為低劣之凡夫，然我所言此善說，皆依如來之聖教。佛陀實語曾讚說，若聞釋迦佛名號，皆獲菩提不退轉，隨此道者真有福。不可思議福德源，如來加持力所現，釋迦佛修法儀軌，諸具智者當勤修。願以淨心所造論，善根迴向諸有情，悉皆綰入大乘道，獲得遍知如來果。願諸世間一切眾，遠離恐怖等痛苦，大德住世佛法盛，有情安樂增吉祥。

《釋迦牟尼佛修法儀軌》之廣釋，已由麥彭江陽嘉措撰著圓滿。願一切吉祥！

索達吉譯竟於廈門閩南佛學院公元二〇〇二年五月三日

後記

當《釋迦牟尼佛廣傳》終於能夠完整呈獻在讀者諸君面前時，一直沉於譯書的心，才稍稍得以片刻鬆弛，但同時，更為沉重的感慨又不覺油然而生。對一個智識健全的現代人來說，即便足不出戶也不難感覺到窗外蜂擁而至的漫天濁浪，無需太多的洞察力，相信你立刻就能從周圍人們的臉上讀出掩飾不住的焦灼、貪執、浮躁、空洞。在全民的欲望都隨著金錢的指引而擺盪飄浮的當下，有多少人會沉下心來，用全部身心感受釋尊偉大的思想與行持？但作為一名佛教徒，如果連佛陀的傳記也沒閱讀過，實在令人遺憾。

對許多人來說，往往一生甚至多生的生命，都不足以使他們放下成見，感悟佛法的甘露。在這樣一種愚癡而盲目的氛圍包裹下，不知道有多少人在尚未理清人生思路時，無明就已將他們帶往黑暗的輪迴了。既如此，我們迷茫而躁動的視線可否轉向佛學這片純淨的田園？不經意間，也許就會柳暗花明、曲徑通幽了。

而擺在你們面前的這本《釋迦牟尼佛廣傳》，恰恰就是一塊能引生人們對佛陀及佛法生信的指南針。憑藉它的指引，相信有緣者會一步步登臨佛法絕頂。儘管我們未曾值遇釋迦牟尼佛出世，不過能得其教法已經令人歡喜不盡、慶幸再三了。如果你是佛教徒，那麼無論你修學漢傳、藏傳、南傳等佛教，也無論你屬於天臺、華嚴、淨土、禪宗等何種宗派，本傳記都值得再三聞思並修學。作者全知麥彭仁波切雖示現為藏傳佛教中一代大成就者，但他在創作這本巨著時，絕不是以狹隘的宗派主義觀點架構全書，而是以自己超凡的智慧與慈悲，令本書成為一切教法精華之集大成者。特別是在〈修行品〉中日常觀修佛陀法要這一節，尊者更以無比的悲智，將一生成就的無上大法以通俗的語言、最廣大的殷殷悲心，毫無保留地傾囊相授。任何具信心之有緣者，哪怕你剛剛邁入佛門，抑或已垂垂老矣、無力再修高深法要，只要依尊者教言次第行來，就絕無再墮輪迴之理！而相關的持誦名號、深入禪定、本尊及上師修法等方便、究竟法門，你都可在本品中找到圓滿答案。

若欲報答佛恩，成了知佛陀為眾生而初發心、行持六度萬行、守持剎土等深廣行跡，聞思且在本傳記指導下實地修持，都不失為一條圓滿所願的堂堂大道。而對那些非佛教徒來說，不管你有無對佛教的種種看法，我想大凡稍有人格及智慧之人，無不希望自己能擁有幸福、美滿的人生。既然如此，不離世間又超越世間，一方面能令人游刃有餘於社會人群，一方面又能讓我們高屋建領地縱覽全局的佛教思想，難道就不值得你深入鑽研一番？那就從閱讀本書開始，自己去看，自己去想，用眼睛，更用心靈！

任何想深入經藏，打破生死牢關者，本書都可為你們提供人生指導、指示修行津要。佛是誰？他到底做了些什麼？那就藉著作者的傳神筆觸，讓我們回溯這位先覺者的足跡吧。東西方的很多知識分子、有智之人，近些年來一直把拯

救人類文明的希望投注在雪域高原上。在愈演愈烈的現代科技浪潮中，總有許多求索者將目光逆流而上，滿懷熱望地落在藏傳佛教這塊寶藏上。於是，越來越多的藏文佛典經論開始流向中原、飛向世界，越來越多的人們開始沐浴在藏傳佛教的昊日輝光中。不過由於種種原因，這部藏文佛教大論園地中的燦

爛明珠，卻一直未被人翻成漢語。守著這塊如意寶，但卻束之高閣人未識，箇中滋味自是一言難盡，特別是在五濁興盛時期，本書更是對治煩惱之無上良藥。正是在這種動機驅動下，我多年來一直夢想著將之譯成漢語。而今，在上師三寶及護法神的加持下，這部論著終於可以走進廣大讀者的心間了。

對很多人，特別是文人而言，如果本書以文言文形式翻譯，可達文辭優美、意境深遠、信、達、雅兼顧之目的，但在一個日新月異的資訊時代，人們又大多懶散懈怠之時，頗為費解的文言文可能會阻礙很多來去匆匆的現代人投入閱讀。因此，在絕不對內涵有所增減變動的前提下，行文風格則多向白話文靠攏。原文所用教證，亦盡量以白話文譯出，對其中之專有人名、地名、經名等詞彙，力爭多沿襲慣例譯法。碰到新的、陌生的詞彙，若無固定譯文，則隨其意而新翻，或逕用音譯，此點特向讀者作個交待。

語言的堅冰已被打破，直掛雲帆濟瀚海之探寶旅程，就待讀者朋友自己拉開帷幕了。

翻譯過程中，得到過許多人的熱心幫助，藉此機會一並致謝。並誠摯祝願這些人，以及製造違緣之人非人、病魔、怨敵、乃至一切眾生，都能暫時如釋迦牟尼佛那樣，只要對他眾有利，哪怕僅僅是為一隻小螞蟻也能犧牲自己。並最終獲取圓滿無上正等覺之佛果。

譯者於廈門公元二〇〇二年五月三日

高談文化 | 華滋出版 | 拾筆客 | 九韵文化 | 信實文化 |
CULTUSPEAK PUBLISHING CO., LTD

追蹤更多書籍分享、活動訊息，請上網搜尋 拾筆客

What's Being
釋迦牟尼佛廣傳（下）

作　　者：麥彭仁波切
譯　　者：索達吉堪布
封面設計：霍容齡
總 編 輯：許汝紘
編　　輯：孫中文
美術編輯：曹雲淇
總　　監：黃可家
發　　行：許麗雪
出版單位：九韵文化
發行公司：高談文化出版事業有限公司
地　　址：新北市汐止區新台五路一段99號15樓之5
電　　話：+886-2-2697-1391
傳　　真：+886-2-3393-0564
官方網站：www.cultuspeak.com.tw
客服信箱：service@cultuspeak.com
投稿信箱：news@cultuspeak.com

印　　刷：威鯨科技有限公司
總 經 銷：聯合發行股份有限公司
香港經銷商：香港聯合書刊物流有限公司

本書所錄佛像由震旦文教基金會提供、唐卡由長河藝術文物館提供

2019 年 1 月 二版
定價：新台幣 550 元

國家圖書館出版品預行編目（CIP）資料

釋迦牟尼佛廣傳 / 麥彭仁波切著 ; 索達吉堪布譯.
-- 二版. -- 新北市 : 高談文化, 2019.01
冊 ; 公分. -- (What' s Being)
ISBN 978-986-7101-91-4(下冊 : 精裝)
1.釋迦牟尼(Gautama Buddha, 560-480 B.C.)
2.佛教傳記

229.1 107023332